D1721351

İLKER BAŞBUĞ

SUÇLAMALARA KARŞI
GERÇEKLER

Kaynak Yayınları No: 695

Yayıncı Sertifika No: 14071

ISBN: 978-975-343-827-8

1. Basım: Aralık 2013
8. Basım: Şubat 2014

Genel Yayın Yönetmeni
Sadık Usta

Editör
Elif Temel

Redaktör
Gökçe Şenoğlu

Sayfa Tasarım
Güler Kızılelma

Kapak Tasarım
Nihal Sevim

Baskı ve Cilt
Pasifik Ofset Ltd. Şti.
Cihangir Mah. Güvercin Cad. No: 3/1
Baha İş Merkezi A Blok Kat: 2 34310 Haramidere/İstanbul
Tel: 0212 412 17 77 Sertifika No: 12027

ANALİZ BASIM YAYIN TASARIM GIDA
TİCARET VE SANAYİ LTD. ŞTİ.
Galatasaray, Meşrutiyet Caddesi Kardeşler Han No: 6/3 Beyoğlu 34430 İstanbul
www.kaynakyayinlari.com • iletisim@kaynakyayinlari.com
Tel: 0212 252 21 56-99 Faks: 0212 249 28 92

İLKER BAŞBUĞ, 1943 yılında Afyonkarahisar'da doğdu. 1962'de Kara Harp Okulu'ndan, 1963'te Piyade Okulu'ndan mezun oldu. 1971 yılına kadar Kara Kuvvetleri Komutanlığı'na bağlı çeşitli birliklerde Takım ve Bölük Komutanlığı yaptı. 1973'te Kara Harp Akademisi'ni kurmay subay olarak bitirdikten sonra Genelkurmay Plan Harekât Daire Başkanlığı'nda Karargâh Subaylığı, Kara Harp Akademisi Öğretim Üyeliği, Belçika/Brüksel'de NATO Uluslararası Askeri Karargâhı'nda Cari İstihbarat Plan Subaylığı, Kara Kuvvetleri Komutanlığı Plan ve Prensipler Başkanlığı Savunma Araştırma Şube Müdürlüğü ve 247. Piyade Alay Komutanlığı görevlerini sürdürdü.

İngiltere Kara Harp Akademisi ve NATO Savunma Koleji'ni de bitiren Başbuğ, 1989'da tuğgeneralliğe terfi etti. Bu rütbeyle Belçika/Mons'ta Avrupa Müttefik Kuvvetleri Yüksek Karargâhı'nda (SHAPE) Lojistik ve Enf. Daire Başkanlığı ile 1. Zırhlı Tugay Komutanlığı görevlerinde bulundu. 1993'te tümgeneralliğe terfi etti. Ardından Jandarma Asayiş Komutan Yardımcılığı ve Belçika/Mons'ta Milli Askeri Temsil Heyeti (NMR) Başkanlığı görevlerinde bulundu. 1997'de korgeneral olan Başbuğ, 2. Kolordu Komutanlığı ve Milli Güvenlik Kurulu Genel Sekreter Başyardımcılığı görevlerinde bulunduktan sonra 2002'de orgeneralliğe terfi etti. Bu rütbeyle Kara Kuvvetleri Komutanlığı Kurmay Başkanlığı, Genelkurmay 2. Başkanlığı, 1. Ordu Komutanlığı, Kara Kuvvetleri Komutanlığı ve Genelkurmay Başkanlığı görevlerinde bulundu. 30 Ağustos 2010'da emekliye ayrıldı. Başbuğ, TSK Üstün Cesaret ve Feragat Madalyası, TSK Üstün Hizmet Madalyası, Pakistan İmtiyaz Nişanı, TSK Şeref Madalyası, Gambiya Özel Şeref Madalyası, ABD Liyakat Madalyası, Arnavutluk Altın Kartal Madalyası ve Kore Cumhuriyeti Tongil Liyakat Madalyası sahibidir.

İlker Başbuğ'un *Terör Örgütlerinin Sonu* (2011), *20. Yüzyılın En Büyük Lideri Mustafa Kemal* (2012) ve *20. Yüzyılın En Büyük Lideri Atatürk* (2012) adlı kitapları vardır.

İLKER BAŞBUĞ

SUÇLAMALARA KARŞI GERÇEKLER

İÇİNDEKİLER

İKİNCİ BÖLÜM
ÇALINAN İKİ YILDA YAZDIKLARIM

Haksızlıkları ve acıları
benimle birlikte yaşayan
ve paylaşan aileme...
Sevil, Feride ve Murat'a...

ÖNSÖZ

6 Ocak 2014 tarihinde, Silivri Cezaevi'nde geçirdiğim ikinci yılı da tamamlayacağım.

Ortada, çalınan kocaman iki yıl var.

Benim hayatımdan, ailemin hayatından ve yakınlarımın, sevenlerimin yaşamından çalınan koca iki yıl...

Daha bu hırsızlık, gasp ne kadar devam edecek onu da bilmiyorum.

Benden iki yıl çaldılar, ama yaşamından daha fazla yıl çalınan o kadar kişi var ki, onları unutmak mümkün mü?...

Bu tarihi süreçte;

Yargı aldığı kararlarla sınıfta kaldı.

Siyaset, sadece konuşarak ve seyrederek sınıfta kaldı.

Medya, gerçeklere dokunmaktan çekinerek sınıfta kaldı.

Türk Silahlı Kuvvetleri, muvazzafı ve emeklisi ile silah arkadaşlarına vefasızlık göstererek sınıfta kaldı.

Cezaevlerinde bulunanlar ise, aileleri ve sevenleriyle hep dimdik ayaktaydılar. Ne eğildiler ne de büküldüler.

Bu iki yıl içerisinde yüreğimi, aklımı ve vicdanımı kullanarak tarihe not düşmek üzere, zaman zaman düşünce ve değerlendirmelerimi kamuoyuyla paylaştım.

Başlangıçta, ilk bölüm için kısa bir değerlendirme yazmayı düşündüm. Ancak, yazmaya başlayınca kalemimi durduramadım. Ortaya "Tarihe Düşülen Notlar" başlıklı bölüm çıktı. Elinizdeki bu kitabın birinci bölümünde "Tarihe Düşülen Notlar"ı okuyacaksınız. Bu bölümün amacı kimseyi karalamak veya suçlamak değildir. Sadece tarihe not düşülmeye çalışılmıştır.

İkinci bölümde ise, hem hapishanede hayatın nasıl devam ettirildiğine dair anılarım, iki yıllık sürecin değerlendirmesi ve saptamalarım hem de bir kısmı medyaya da yansıyan ve hayatımdan gasp edilen bu iki yılda yazdıklarım bulunmaktadır.

Bunların bir kitap içinde derlenip toparlanmasıyla kitabın, ileride bu dönem üzerinde inceleme yapacak ve yazacaklar için bir kaynak oluşturulması düşünülmüştür.

Silivri Cezaevi'nde bulunduğum birinci yıl içerisinde, *20. Yüzyılın En Büyük Lideri Mustafa Kemal (1881'den 1923'e)* ve *20. Yüzyılın En Büyük Lideri Atatürk (1923'ten 1938'e)* adlı iki ciltlik kitabı yazdım.

Ebedi Başkomutanım Mustafa Kemal Atatürk için bir şeyler yapabilmenin, yazabilmenin bana verdiği sonsuz mutluluğu kelimelerle izah etmekte zorlanırım.

Eğer elimizde, Kaynak Yayınları'ndan çıkan ve otuz ciltten oluşan *Atatürk'ün Bütün Eserleri* olmasaydı, inanınız ki *20. Yüzyılın En Büyük Lideri Mustafa Kemal* ve *Atatürk* adlı kitapları yazamazdım.

Bu vesileyle, *Atatürk'ün Bütün Eserleri* çalışması için Kaynak Yayınları'na teşekkür ediyorum.

İlker BAŞBUĞ
Silivri, Aralık 2013

BİRİNCİ BÖLÜM
TARİHE DÜŞÜLEN NOTLAR

Bir rejim, halkın adalete inanmaz bir hale geldiği noktaya gelince,
o rejim mahkûm olmuştur.

Montesquieu

21 MAYIS 1963'TEN 6 OCAK 2012'YE

1962 yılı Ağustos ayında, Kara Harp Okulu'ndan Piyade Asteğmen olarak mezun oldum. Subay temel kursuna katılmak üzere, Ankara'dan İstanbul'a, Tuzla'da bulunan Piyade Okulu'na geldim. Bu büyüdüğümüz, ailemizin yaşadığı İstanbul'a geri dönmek anlamına geliyordu. Mutluydum. Kurs altı ay sürdü. Kursu dereceyle bitirdiğim için tayin kurasına katılmadım. İstediğim, Kartal/Maltepe'de bulunan 2. Zırhlı Tugay 22. Mekanize Piyade Taburu'na tayinim çıktı. Nisan ayı içinde birliğimize katıldık. Kıt'a, Mustafa Kemal Atatürk'ün dediği gibi, subaylar için asli mekteptir. Dört elle görevimize sarıldık. Hayatımız birlik ile evimiz arasında geçiyordu. O yıllarda, Türkiye'nin temel sorunlarının başında Kıbrıs'ta yaşanan olaylar geliyordu. Kıbrıs'taki olaylar nedeniyle birliklere sık sık alarm veriliyordu. Günlerden 21 Mayıs 1963 idi. O gün, tabur nöbetçi subayıydım. Bu nöbet ikinci nöbetimdi. Taburda benden başka bir de nöbetçi astsubayı vardı. Akşam yemeğinden sonra, alarm talimatlarını gözden geçirdik ve alarm verilince yapacağımız işlemlerin neler olacağını anlamaya çalıştık. Tugay nöbetçi amirine gece tekmilini verirken, nöbetçi amirinin beni 5-7 devriye-siyle görevlendirdiğini de öğrendim. Görevlerin tamamlanmasını müteakip, devriye saatinde kalkmak üzere istirahata çekildim. Gece yarısını geçmişti ki çalan telefon sesiyle uyandım. Telefonun karşısında, tugay nöbetçi amiri vardı. Bana, tabura alarm verip vermediğimi sordu. Ben hayır deyince, alarm vermemi söyledi. Hemen kalktım. Tabur nöbetçi astsubayıyla taburu kaldırmaya başladık. Akşam okuduğumuz alarm talimatlarına göre, yazılı olarak alarmı alıp uyguladığımızı rapor etmemiz gerekiyordu. O raporu yazarken, tabur komutanının geldiğini haber aldım. Kendisini karşıladım. Çok telaşlıydı. Kendisine, tabura alarm verdiğimizi, bölüklerin toplanmakta olduğunu bildirdim. Bir ara, alarm için rapor vermem gerektiğini, ancak alarmın isminin ne olduğunu bilmediğimi söyledim. Benim yüzüme şaşkın şaşkın baktı ve "Oğlum ne alarmı, ihtilal (darbe) oluyor. Hemen, özellikle cephaneliklerin olduğu bölgeye gidip, güvenliklerini kontrol edin" dedi. Odadan çıktım. Emredilen bölgeleri kontrole gittim.

Ertesi sabah, Tugay Komutanı Şecaattin Kuloğulları bütün personeli büyük sinema salonunda topladı. Bizlere, dün gece yaşananları şöyle özetledi:

"Dün gece, Talat Aydemir'e bağlı bazı subaylar tugayın kontrolünü eline geçirdi. Tugay nöbetçi amirini de hapsettiler. Kendilerine bağlı birliklere alarm vererek birlikleri harekete hazır duruma getirdiler. Başlarında bulunan subay, bana telefon ederek tugayı ele geçirdiğini, benim gelmememi, gelirsem tatsızlık olacağını söyledi. Ancak ben onu dinlemeyerek beraberimdekilerle Tugay Nizamiyesi'ne geldim. Beni yakalamak için çıkarılmış emniyet timini emrime alarak tugaya girip, duruma el koydum. Bu işe katıldıklarını bildiğimiz subayları hemen tutukladık. Ancak, burada, sizin aranızda, onlarla beraber olduklarını bildiğimiz kişiler de var. Şimdi, onlara söylüyorum. Açıkça ayağa kalksınlar ve buraya gelsinler."

Herkes şaşkındı, birbirine bakıyordu. Pek ayağa kalkan da olmadı. Bunun üzerine, bizlerin tek sıra halinde dışarıya çıkmamız istendi. Sinema salonunun önünde, askeri kamyonlar (Reolar) vardı. Çıkanlardan bazılarının, Reolara binmesi istendi. Diğerleri görevlerinin başına döndü. Ben de görevlerine dönenler arasındaydım. Talihin garip cilvesi mi nedir, kıtaya katılır katılmaz 21 Mayıs darbe teşebbüsünün oluşuna şahit olmuş, daha sonra da, bu darbe teşebbüsüne katılan arkadaşlarımızın yaşadıkları acıları ve sorunları görmüştük. 2008 yılı Ağustos ayında, Genelkurmay Başkanı oldum. 25 Ocak 2010'da şunları söyledim:

"Darbe, darbe iddialarından hicap duyuyorum. Türkiye'de bazı olaylar yaşandı. Bugün artık bu olayların geride kaldığını düşünüyoruz. Biz diyoruz ki, demokraside, demokratik yöntemlerde en önemli husus, iktidarların seçimlerle, demokratik yöntemlerle el değiştirmesidir."

Ben ne teğmenken ne de Genelkurmay Başkanı iken, hiçbir zaman darbeci olmadım. Türk Silahlı Kuvvetleri'nde 48 yıl fiili hizmetten sonra, 30 Ağustos 2010'da emekli oldum. 28 Aralık 2011 çarşamba akşamı *20. Yüzyılın En Büyük Lideri Mustafa Kemal* adlı kitabımın son bölümü üzerinde çalışıyordum. O hafta, kamuoyunda "İnternet Andıcı" olarak bilinen davanın duruşmaları da devam ediyordu. O akşam duruşmaların cereyanına ilişkin aldığım bilgilerle pek uyuşmayan ve pek de beklemediğim bir haber aldım. Haber şöyleydi:

"Önümüzdeki günlerde İnternet Andıcı davası kapsamında tutuklanacaktım!"

Emekli olduktan sonra, medyada aleyhimize haberler çıkınca, açıkça tedirgin olduğumuz zamanlar oluyordu. Ancak bunları pek ciddiye almıyordum. İnternet Andıcı davası kapsamında, Genelkurmay Karargâhı'nda emrimde görev yapan birçok kişi, Ağustos 2011'de tutuklanmıştı. Bu durumdan büyük rahatsızlık duyuyordum. Tutuklamalar gerçekleştiği zaman, basın açıklaması yaparak, duruma tepki koymayı düşündüm. Ancak, avukatım dahil iki hukukçu, bunun doğru olmayacağını söyledi. Yapılması gereken, mahkemede tanıklık yapmaktı. Tavsiyeye uydum. Tutuklanacağıma ilişkin haberi alınca, tuhaf düşünceler içine girdim. Bir tarafta hürriyetinizin haksız şekilde elinizden alınması vardı diğer tarafta ise, şu anda tutuklu durumda bulunan ve emrinizde görev yapmış kişilerin de yaşadıkları sıkıntılara ortak olmak... Haber kaynağının güvenilirliği yüksekti. Bugüne kadar bu kanaldan gelen haberlerin çoğu doğru çıkmıştı.

Tutuklanmama Mahkemeden Önce Karar Verilmişti

Burada esas önemli olan nokta ise, yargı henüz bu konuda adım atmamışken, benim tutuklanacak olmamın belirli çevrelerde konuşulması ve tutuklama kararının verilmiş olmasıydı. Tutuklanma ihtimalinin yüksek olduğunu biliyordum. O akşam avukatım ile görüştük. Aldığım haberi söyledim. Duruşmada buna yönelik hiçbir işaret almadığını söyledi. Ona göre, ortada tutuklanmamı gerektiren bir beyan veya durum yoktu. Duruşma hafta sonuna kadar devam edecekti. Eşim ve çocuklarım durumu sakin bir şekilde karşıladılar. Duruşmalara ara verilen Cuma akşamı, televizyonlarda mahkemenin hakkımda suç duyurusunda bulunduğu haberleri çıktı. Cumartesi günü avukatım geldi. Üzgündü. Beklemediği bir durumun olduğunu, mahkemenin resen aldığı bir kararla, İstanbul Cumhuriyet Başsavcılığı'na benim için suç duyurusunda bulunduğunu söyledi. "Başka yerlerde alınan kararın" uygulanması için düğmeye basılmıştı.

28 Aralık akşamı, yani iki gün önce bana ulaşan haber adım adım gerçekleşiyordu. Mahkeme neden böyle bir kararı almıştı? 13. Ağır Ceza Mahkemesi'nin 7 Eylül 2012 günü yapılan duruşmasında, üye hâkim bu sorunun cevabını şöyle açıkladı:

"İnternet Andıcı dosya sanıklarının hemen hemen hepsinin ortak beyanı oldu. Komutan'a arz ibaresinin Komutan'a bu belgenin arz edildiği şeklinde anlaşılması gerektiği yönünde beyanlarda bulundular. Mahkememiz de birbiriyle uyumlu bu beyanlar üzerine gereğinin takdir ve ifası için Cumhuriyet Başsavcılığı'na bir ara kararla durumu aktardı."

Bu ifade iki hususu net olarak ortaya koymaktadır:

Birincisi, İnternet Andıcı ki metin kısmı sadece iki sayfadır, bir "suç belgesi"dir.

İkincisi, bu "suç belgesi"nin, alınan ifadelerden yola çıkılarak Komutan'a yani bana "arz edildiği şeklinde anlaşılması" gerektiğidir. Arz edildiğine ilişkin "somut" bir delil, beyan var mıdır? Cevap: Kocaman bir hayır!

Gelin, hep birlikte "asıl" nedenin ne olduğuna bakalım. Asıl neden, "kimileri"nin verdiği karara göre artık, Türkiye'de bir Genelkurmay Başkanı'nın da tutuklanmasının zamanının gelmiş olduğudur. En uygun kişi de, Türkiye'nin 26. Genelkurmay Başkanı'dır. Zaten oyun planı da buna göre yapılmıştır.

Tutuklanmama yol açacak soruşturmanın nasıl başladığı ortadadır. Asıl soru, hakkımda NEDEN soruşturma açıldığı ve NEDEN tutuklandığımdır. Bu sorunun cevabını hukuk içinde kaldığınız takdirde bulamazsınız. O zaman ortada hukuk dışı bir durum ve birtakım nedenler vardır. Buna rağmen bu soruya somut verilerden hareket edilerek cevap verilmesi yine de en doğru davranış olur. Umuyorum ileride bu sorunun cevaplandırılmasına imkân tanıyacak somut veriler, itiraflar ortaya çıkacaktır veya çıkarılacaktır.

Bu görüşümü muhafaza etmekle beraber, inandıklarımı ve yaptıklarımı kısaca hatırlamakta da yarar görürüm:

Türkiye devletinin ülkesiyle ve milletiyle bölünmez bir bütün, demokratik, laik ve sosyal bir hukuk devleti olduğuna yürekten inandım. Bunlara inanmak demek, Türkiye Cumhuriyeti'nin ulus devlet, üniter devlet, demokratik, laik, sosyal ve hukuk devlet yapısının korunmasının yanında yer alınması demektir. Ancak böylece Türkiye Cumhuriyeti'ni kuran Mustafa Kemal Atatürk'ün ve arkadaşlarının emanetine sahip çıkabilirsiniz.

14 Nisan 2009 tarihinde Harp Akademileri Komutanlığı'nda yapmış olduğum Yıllık Değerlendirme Konuşması, kabul etmek gerekir ki, Türkiye'nin ve Türk Silahlı Kuvvetleri'nin güvenlik sorunlarına değinen adeta bir "manifesto" mahiyetindedir. Konuşmada sivil-asker ilişkilerine, terörle mücadeleye ve laiklik karşıtı hareketlere etraflı bir şekilde değindim. Konuşmada öne çıkan konulardan teröre 95, dine 63, Türkiye'ye 55, demokrasiye 45, Cumhuriyet'e 44 ve etnisite kavramına 41 defa temas ettim.

Genelkurmay Başkanlığı dönemimde, hukuk devletinde olmaması gereken durumlara görev ve yetkilerim içinde kalarak tavır aldım. Türk Silahlı Kuvvetleri'ne ve personeline karşı yürütülen haksız ve hiçbir dayanağı olmayan saldırılara karşı durmaya çalıştım ve gerekli durumlarda da düşüncelerimi kamuoyuyla da paylaştım.

Avukatım, 2 Ocak 2012 Pazartesi sabahı soruşturmayı yürütecek Cumhuriyet Savcısı ile görüştü. İfade vermek üzere 5 Ocak 2012 Perşembe günü savcılığa davet edileceğimizi öğrendik. Ortada hiçbir suç unsuru yoktu. Diğerleri gibi ben de suçsuzdum. Tabii, bu benim tutuklanmayacağım anlamına gelmiyordu. Her açıdan, bu duruma da hazırdık.

5 Ocak Perşembe günü eşim, kızım ve oğlum ile vedalaşmamın ardından öğlen vakti evden ayrıldım. Öğleden sonra, Beşiktaş'ta Özel Yetkili Mahkemeler'in bulunduğu yere geldik. Bir medya ordusu bizi bekliyordu. Doğrudan, ifadeyi alacak Özel Yetkili Savcı Cihan Kansız'ın ofisine gittik. Kendisi bizi bekliyordu. İfadenin alınmasına başlandı. Sorular beklediğimiz şekildeydi. Hepsini cevapladım. Uzun süren ifade aşaması tamamlanınca, bize teşekkür etti. Bir şey söylemedi. Acaba tahminlerimizde yanılıyor muyduk? Odadan çıktım. Benden sonra odadan çıkmakta olan avukatım, Savcı Cihan Kansız tarafından tekrar çağrıldı. Avukatıma, tutuklanma talebi ile mahkemeye sevk edileceğimi, bunun için beklememiz gerektiğini söylemiş. Beklememiz için gösterilen odaya

geçtik. Tahminlerimiz doğrulanıyordu. Daha sonra -tabii doğru olup olmadığını bilemeyiz- Savcı Cihan Kansız'ın suç duyurusu kendisine geldikten sonra, iki gün boyunca ne yapacağını düşündüğünü öğrenecektik. Anayasanın 148. maddesi, Genelkurmay Başkanı'nın, Kara, Deniz ve Hava Kuvvetleri komutanlarının ve Jandarma Genel komutanının "görevlerinden" dolayı Yüce Divan'da yargılanacaklarına amirdir. Ancak, soruşturma safhasının nasıl ve kimler tarafından yürütüleceğine yönelik bir uygulama kanunu bugüne kadar, ne hikmetse çıkarılmamıştır. Ceza Muhakemesi Kanunu'nun 251. maddesi, bu maddede belirtilen suçların "görev sırasında" veya "görevden" dolayı işlenmiş olsa dahi, Cumhuriyet Savcıları'nca doğrudan soruşturmaya tabi tutulabileceği şeklinde değiştirilmişti. Mevcut yasalar çerçevesinde, Cumhuriyet Savcısı'nın davetine icabet etmemek veya ifade vermeyi kabul etmemek doğru olmazdı. Bu nedenle, Cumhuriyet Savcılığı'nda ifade vermiş bulunmaktayım.

Tutuklama talebiyle çıkarılacağımız 12. Ağır Ceza Mahkemesi Nöbetçi Hâkimi'nin bizi çağırmasını beklemeye başladık. Saat, gece yarısına yaklaşmaktaydı. Bu, hayatımda ikinci kez mahkeme huzuruna çıkışım olacaktı.

70'li yıllarda, Cumhurbaşkanlığı Muhafız Alayı'nda görevliydim. Bölüğümde bulunan bir er, askere gelmeden önce işlediği bir suçtan dolayı adli mahkemeye çağrılmıştı. Ere izin verip, göndermiştik. Ancak, mahkemeye gitmemişti. Bunun üzerine de adli mahkeme, bölük komutanı olarak hakkımda görevi ihmal suçundan dolayı suç duyurusunda bulunmuştu. İşte bu nedenle, Genelkurmay Askeri Mahkemesi'nde yargılamam yapıldı ve tabii ki beraat ettim.

Önüme Kim Çıkarsa Çıksın Devirip Ezip Geçebilirdim

Şimdi, hayatımda ikinci defa mahkemeye çıkacaktım. Sakindim. Olacağı biliyordum. Beklenenin olmaması zaten büyük sürpriz olurdu. Epey bekledikten sonra, gece yarısına doğru duruşma salonuna çağrıldık. Derme çatma, zemin katta bir yerdeydi salon. Salon küçük olduğundan kürsüler heyula gibi görünüyordu. Biraz sonra, hâkim gelip yerini aldı. Genç ve gözlüklü biriydi. Ancak işin komik yanı, adeta kürsü arkasında kaybolmuştu. Bir tek başı görünüyordu. Şahsıma yöneltilen suçlamayı ilk kez bu hâkimin ağzından duydum. Suçum şu idi:

"Silahlı terör örgütü kurma veya yönetme ve Türkiye Cumhuriyeti Hükümeti'ni ortadan kaldırmaya veya görevini yapmasını engellemeye teşebbüs etme."

"Terör örgütü kurma ve yönetme!" Bu sözleri duyunca, açık söylüyorum dünyam karardı. Önüme kim çıkarsa çıksın devirip ezip geçebilirdim. Çünkü isyan halindeydim. Tabii bunu, duruşma salonunda fiilen yapmam mümkün değildi. Sadece, sözler ile isyanımı dile getirebilirdim. Böyle bir suçlamayla karşı karşıya kalacağımı beklemiyordum. Hâkim, daha sonra sözü bana bıraktı. Ağzımdan şu cümleler aktı ve tutanağa geçti:

"Bu suçla itham edilen kişi Türkiye Cumhuriyeti Devleti'nin 26. Genelkurmay Başkanı'dır. Bunu tarihe not olarak düşüyorum. Ben, Genelkurmay Başkanı olarak Türk Silahlı Kuvvetleri'nin komutanıyım. Türk Silahlı Kuvvetleri, dünyanın sayılı en güçlü ordularından birisidir. Böyle bir orduya komuta eden birisinin, silahlı terör örgütü kurmak ve yönetmek ile suçlanması gerçekten trajikomiktir. Böyle bir iddiayı duymak, işitmek, silahlı kuvvetlere, ülkeye, devlete şerefiyle, onuruyla görev yapmış birisi için çok ağırdır. Bu iddianın, bu şekilde dile getirilmesi benim için en ağır cezadır. Bundan sonra ne ceza verilirse, bu beni daha fazla üzmez. Bu kanaate nasıl ulaşılmıştır. Basın açıklamaları, İnternet Andıcı ile Genelkurmay Başkanı itham edilmektedir. Bir iki basın açıklaması, İnternet Andıcı ile hükümeti yıkmakla itham ediliyorum, bu acıdır. Benim böyle kötü bir amacım olsa idi, 700 bin kişilik gücü elinde tutan bir komutan olarak bunu yapmanın başka yolları olabilirdi. Ben görevim boyunca her zaman yasaların çizgisinde oldum. Takdir mahkemenizindir. Bizler gelip geçiciyiz. Ancak, sizler tarihe not düşeceksiniz."

Bu konuşmamdan sonra hâkim, herhalde usulen sadece ve sadece İnternet Adıcı'na ilişkin bir iki soru sordu. Onlara göre hükümeti sallayacak, hatta devirecek olan iki sayfadan ibaret bir İnternet Andıcı'ydı. Saat 00.30'du. Yüzüme tutuklama kararı tebliğ edildi. Silivri'nin yolu bize de açılmıştı. Usûlen ilk önce Metris Cezaevi'ne gidiliyor hatta bir gün orada kalınıyormuş. Ben bunu istemedim. Doğrudan Silivri'ye gitmek istediğimi söyledim. İsteğim uygun görüldü. Terörle Mücadele Şubesi'nden görevlendirilen polisler, bir süre sonra hareket edebileceğimizi söylediler. Hepsi saygılıydı ve yaşanılan durumdan pek mutlu olmadıkları yüzlerinden anlaşılıyordu. Başlarında bulunan herhalde komiser idi, istersek adliyenin arka kapısından çıkarak binayı terk edebileceğimizi söyledi. Şiddetle karşı çıktım. Geldiğimiz gibi, alnımız açık, başımız dik ön kapıdan çıkacaktık. Öyle yaptık. Adeta, bir medya ordusu orada bizi bekliyordu. Mikrofonlar uzatıldı. Onlara şöyle dedim:

"Türkiye Cumhuriyeti'nin 26. Genelkurmay Başkanı terör örgütü kurmak ve yönetmek suçlamasıyla tutuklanmıştır. Takdir Yüce Türk milletine aittir."

Bu cümle, daha sonra adeta benim durumum için bir slogan oldu. Silivri'ye hareket ettik. Oldukça hızlı gidiyorduk. Bu arada televizyoncuların bulunduğu bir iki araba da, tehlikeli bir şekilde bizi izliyordu. Silivri Cezaevi Kampüsü'ne geldik. 5 no.lu Cezaevi'nde kalacaktım. Oldukça geç bir vakitti. Cezaevinde, bizi cezaevi müdürü başta olmak üzere oldukça kalabalık bir grup karşıladı. Hep beraber bir odaya girip, oturduk. Ben, uzun zamandır üzerinde çalıştığım Mustafa Kemal kitabı ile yaşıyordum. Neredeyse, her dakikam bu konu ile doluydu. Oturduğumuz bir iki saat süresinde de, bu kitaba ilişkin bazı düşüncelerimi ve ilginç anekdotları onlara anlattım. Bir ara şaka yollu şöyle dedim:

"Buraya geldiğim iyi oldu. Artık, rahat rahat kitabım üzerinde çalışırım."

Onları daha fazla uykusuz bırakmamak için artık, kalacağım yere gidebileceğimizi söyledim. Aslında, onlar beni cezaevinin şartlarına alıştırmaya çalışıyorlardı. Kalacağım büyük koğuşa geldik. O anda aklımdan, 1963 yılında, askerlik hayatımın ilk günlerindeki 21 Mayıs darbe teşebbüsüne şahit oluşum geçti. 48 yıl sonra emekli olmuştum. Neredeyse emekli olduktan bir buçuk yıl sonra, saçma sapan hatta inanılmaz iddialarla darbeye teşebbüs suçunu işlemekle suçlanıyordum. Yani askerlik hayatımın başlangıcı, bir darbe teşebbüsüne şahitliğim ile olmuş, bitişi de saçma sapan, asılsız ve inanılmaz iddialarla darbeye teşebbüs etme suçlamasıyla oluyordu. Kader mi, hayatın acımasızlığı mı? Ancak, içimde garip bir şekilde huzur vardı, tedirginlik ise hiç yoktu. Elimi yüzümü yıkadım. Pijamalarımı giyip, yatağa uzandım. Nedendir bilinmez, anında deliksiz bir uykuya daldım. Cezaevinde geçireceğim iki yılın ilk günü işte böyle başlamıştı.

OLAYLAR FARKLI CEREYAN ETSEYDİ NE OLURDU?

Güzel bir söz vardır:

"Bugünü anlamak için, dünü bilmeniz gerekir."

Bu nedenle, 2013 yılında gelinen noktanın daha iyi anlaşılabilmesi ve doğru değerlendirmeler yapılabilmesi için son on yılda yaşanan bazı olaylara kısaca değineceğim.

Tarihçiler, zaman zaman olaylar olduğu gibi değil de, farklı cereyan etseydi ne gibi sonuçlar olabilirdi diye düşüncelerini yazarlar. Burada, yeri geldiğince, biz de konulara bu açıdan bakmaya çalışacağız.

• 2002 yılı Kasım ayında yapılan seçimler sonucunda AKP iktidara geldi. İktidar partisinin ileri gelenlerinin geçmişteki bazı söylemlerinin ve davranışlarının Ordu içinde de bazı endişeler yaratması doğaldı. Önemli olan sivil-asker ilişkilerinin sağlıklı ve karşılıklı güven ve diyaloğa dayandırılmasıydı. Böylece, yetki ve sorumluluklar içinde kalarak düşünce ve teklifler uygun platformlarda yetkili makamlara iletilebilirdi. Bunun yanında, her zaman olduğu gibi Türk Silahlı Kuvvetleri'nin üst kademesi ile Genelkurmay Başkanı arasındaki, sağlıklı güven ve diyalog ortamı da, son derece önemliydi.

2002 Ağustos'unda Kara Kuvvetleri Komutanı Org. Hilmi Özkök'ün Genelkurmay Başkanlığı'na, Özkök'ten boşalacak Kuvvet Komutanlığı'na ise askeri teamüller çerçevesinde Org. Edip Başer'in getirilmesi beklenmekteydi. Ancak, beklenen gerçekleşmedi. Özellikle, 2003 yılı sonbaharından itibaren Türk Silahlı Kuvvetleri'nin üst kademesi arasındaki sağlıklı diyalog ortamının arzu edilen seviyede olmadığı ileri sürülebilir. Bu nedenle, 2002 Ağustos'unda normal askeri teamüllere uyulmuş olunsaydı, belki de Türk Silahlı Kuvvetleri'nin ve personelinin bugün karşılaştığı sorunlarla pek karşılaşmayacağı söylenebilir.

• ABD, 2003 yılında icra edilecek Irak'ı Kurtarma Harekâtı için Türkiye'den bir cephe açılmasını istedi. Ancak, bilindiği gibi bu konuya ilişkin Hükümet tezkeresi, TBMM'de yeterli kabul oyu alamadı. Yapılan etkin propagandanın da etkisiyle, tezkerenin geçmemesinin sorumluluğu Türk Silahlı Kuvvetleri'nin üzerine yıkıldı. 1 Mart Tezkeresi, TBMM'de yeterli kabul oyunu almış olsaydı, Türk Silahlı Kuvvetleri ve personeli bugün karşı karşıya kaldığı sorunlarla, büyük ölçüde yüz yüze kalmayabilirdi.

• Ergenekon davasında cebir ve şiddet içeren iki olay vardır. Bunlar *Cumhuriyet* gazetesine bomba atılması ve menfur Danıştay cinayetidir. *Cumhuriyet* gazetesine 5, 10 ve 11 Mayıs 2006 tarihlerinde el bombası atıldı.

Soner Yalçın, *Samizdat* adlı kitabında bu olayla ilgili şu değerlendirmeleri yapmaktadır: "Türkiye'nin en köklü ve muhalif gazetesi *Cumhuriyet*'e atılan üç el bombasını polis nasıl araştırdı? Ya da şöyle sormalıyım: Niye araştırmadı? Polis ilk iki bomba eylemiyle ilgili robot resmi çizdirecek tanık bulamamıştı. Üçüncü bomba atılması olayında tanık bulundu. Yine de robot resim çizimi nedense beş gün sürdü. Birinci bomba atıldığında yapmadılar, ikinci bomba atıldığında yapmadılar, üçüncü bomba atıldığında ancak yeterli güvenlik önlemlerini aldılar. Niye geç?"

Cumhuriyet gazetesine ilk eylem 5 Mayıs 2006 tarihinde yapıldığına göre, Yalçın'ın belirttiği gibi polis daha etkin hareket edebilseydi, daha sonraki eylemlerde olayların failleri yakalanabilirdi. Unutulmasın ki, bu eylemlerin failleri kısa bir süre sonra, 17 Mayıs 2006 tarihinde menfur Danıştay cinayetini işleyeceklerdir. Bu konudaki diğer önemli bir nokta da; 17 Mayıs 2007'de Savcı Zekeriya Öz'ün, Ankara 18. Ağır Ceza Mahkemesi'ne yolladığı bir mütalaa ile, Danıştay davasının İstanbul'daki Ergenekon davasına eklenmesi için ilk adımı atmış olmasıdır. Danıştay davasına, Ankara 18. Ağır Ceza Mahkemesi bakıyordu. Neredeyse, mahkemenin kararına 7 gün kala, 6 Şubat 2008'de Osman Yıldırım itirafta bulundu ve *Cumhuriyet* gazetesine atılan bombaları Veli Küçük, Muzaffer Tekin ve Oktay Yıldırım'dan aldığını söyledi. Yıldırım, 20 ay sonra ifadesini değiştirmişti. Alpaslan Arslan ise, üç bombayı da Süleyman Esen'den aldığını söylemişti. 12 Haziran 2007'de Ümraniye'de yapılan aramada el bombaları ele geçirilmişti. Ancak Savcılık, 17 Mayıs 2007'de Danıştay davasıyla ilgilenmeye başlamıştı bile. Eğer bu ilgi, Ümraniye'le ilgili ihbarın 12 Mart 2007'de yapıldığına dayanıyorsa, neden arama için 12 Haziran 2007 beklenildi? *Cumhuriyet* gazetesine yapılan ilk eylemlerde, gerekli işlemler yapılsaydı, büyük bir ihtimalle Danıştay cinayetinin failleri yakalanabilirdi. Elbette, buradan şöyle bir sonuç çıkarılmamalıdır. *Cumhuriyet* gazetesine yapılan eylemlerden sonra Danıştay cinayetinin işleneceği de biliniyordu.

Sonuç olarak şu söylenebilir: *Cumhuriyet* gazetesine yapılan ilk eylemler ile Danıştay cinayeti planlı ve kasıtlı bir şekilde Ergenekon davası ile birleştirilmiştir. Birleştirilmesinin nedeni ise açıktır: Ergenekon davası içerisinde cebir ve şiddet içeren eylem yoktur. Bu ise, söz konusu davanın çökmesi demektir.

• 2007 yılı, Türk siyasetinin en önemli olaylarının yaşandığı yıllardan biridir:

Mayıs 2007'de Cumhurbaşkanlığı seçimi yapılacaktı.

14 Nisan 2007 tarihinde, Ankara'da ilk Cumhuriyet Mitingi yapıldı.

24 Nisan 2007 tarihinde, Dışişleri Bakanı Abdullah Gül'ün, AKP'nin Cumhurbaşkanı adayı olduğu açıklandı.

27 Nisan 2007 tarihinde, seçimin birinci oylamasında Gül 367 oy aldı. İkinci oylama 2 Mayıs 2007 tarihinde yapılacaktı.

27 Nisan 2007 gecesi, Genelkurmay Başkanlığı internet sitesine bir bildiri konuldu. Daha sonra bu bildiri "e-muhtıra" olarak isimlendirildi. Hükümet, bu bildiri karşısında kesin tavır aldı. Bazı görüşlere göre, 27 Nisan bildirisi sonrasında ordunun direnme gücü test edilmişti.

1 Mayıs 2007 tarihinde, Anayasa Mahkemesi seçimin ilk turunu iptal etti. Aynı gün AKP seçim kararı aldı.

17 Mayıs 2007'de İstanbul Cumhuriyet Başsavcılığı, Danıştay davasıyla ilgilenmeye başladı. Yargılama süreçleri içinde gerekli yasal düzenlemeler tamamlanmıştı. Artık "askeri vesayete" son vermek için uygun ana da gelinmişti.

12 Haziran 2007 tarihinde düğmeye basıldı. Ümraniye'de bulunacak el bombalarına dayanılarak soruşturma konusu olan ve ileride Ergenekon davası olarak adlandırılacak olan dava, Danıştay cinayeti ile birleştirilecekti.

22 Temmuz 2007 seçimlerini AKP kazandı.

28 Ağustos 2007 tarihinde Abdullah Gül, Cumhurbaşkanlığı'na seçildi.

• 2008 yılının en önemli olayı ise, AKP'nin kapatılmasına yönelik Anayasa Mahkemesi'nde açılan dava oldu.

17 Mart 2008 tarihinde Yargıtay Başsavcısı, kapatma davasına ilişkin iddianamesini sundu.

Haziran ayı savunma ile geçti.

1 Temmuz 2008 tarihinde -Türk Silahlı Kuvvetleri'nde en yüksek rütbeye ulaşmış- (Em) Orgeneraller Hurşit Tolon ile Şener Eruygur tutuklandı.

30 Temmuz 2008'de ise Anayasa Mahkemesi, kapatma davasına ilişkin kararını açıkladı.

ASİMETRİK PSİKOLOJİK HAREKÂT VE YARGI YOLUYLA TSK'NIN İTİBARSIZLAŞTIRILMASI

Türk Silahlı Kuvvetleri'ne karşı yürütülen "askeri vesayete" son verme harekâtında iki uygulamanın öne çıktığı görülmektedir: Birincisi, Türk Silahlı Kuvvetleri'nin PKK terör örgütüne karşı yürüttüğü mücadelede başarısız olduğuna ilişkin kamuoyunda güçlü bir algının yaratılmasıdır. Bu açıdan, 21 Ekim 2007 tarihinde, PKK terör örgütü tarafından Hakkâri, Dağlıca Karakolu'na yapılan saldırı adeta bir kırılma noktasını oluşturmuştur. Dağlıca Bölgesi, Irak'ın Kuzeyi'nden gelen istikametlerin kesişme noktasını oluşturmaktadır. Daha önce boş bırakılan bölgeye bir tabur yerleştirilmişti. Arazi, bölgenin en zor kesimlerinden birisiydi. Dağlıca olayının önemli olan noktası, terör örgütünün son on yılda yaptığı eylemlerden en büyük çaplı olanı olmasıydı. Çatışmada 12 şehit verildi. 8 asker de kaçırıldı. Buna benzer olaylar, daha önce de yaşanmıştı. Ancak, bu sefer oldukça farklı bir durumla karşılaşıldı. Medyada korkunç bir bilgi kirliliği yaratılarak, Türk Silahlı Kuvvetleri'nin icra etmekte olduğu terörle mücadeleye karşı haksız, önyargılı bir karalama kampanyası, Asimet-

33

rik Psikolojik Harekât yürütüldü. Adeta, bu olay terör örgütünün bir başarısı olarak gösterildi. Amaç, kamuoyunda karamsarlık yaratmak, terörle mücadelede başarılı olunamayacağı düşüncesini yaymaktı.

21 Ekim 2007 tarihinde gerçekleşen Dağlıca olayının üzerinden neredeyse bir ay bile geçmeden Türkiye'de yeni bir gazetenin yayına başladığı görüldü. Yayına başladığı ilk günden itibaren bu gazetenin ana amacı, onların deyimiyle "Askeri Vesayet"e son verilmesiydi. Amaçlarından bir diğeri, her fırsattan istifade ederek haksız ve önyargılı davranışlarla Türk Silahlı Kuvvetleri'ne saldırmaktı. 2010'lu yıllara kadar bu gazete, kendisine verilen bu görevi yerine getirdi. Daha sonra da, gazetenin hedef ve yayın politikasını değiştirdiği söylenebilir. İleride, bu günlerin tarihini yazacakların önünde temel bir görev vardır: Bu gazeteyi kimler görevlendirmiştir? Kimler desteklemiştir? Bu sorulara gerçekçi cevaplar bulunmadan 2000-2010 dönemini sağlıklı bir şekilde değerlendirebilmek mümkün değildir.

2008, 2009 ve 2010 yıllarında yaşanan Dağlıca olayına benzer bütün terör olayları da aynı şekilde kullanıldı ve istismar edildi. Üstelik bunda başarılı da oldular. Kamuoyunda, silahlı mücadele ile teröre son verilemeyeceği algısının ve bunun bir sonucu olarak da bir karamsarlığın oluşması, siyasi makamları teröre son verilmesi için başka yolların aranmasına yöneltti. Hatta zorladı. Ama nasıl?

Cengiz Çandar, *Mezopotamya Ekspresi* kitabında Abdullah Öcalan'ın şu sözlerine yer veriyor:

"Hiçbir demokratik yoldan işbaşına gelmiş iktidar benimle masaya oturamaz. Bunu başta asker engeller."

"Ama nasıl?"ın cevabı, Abdullah Öcalan'ın kapalı, Henry Barkey gibilerinse açık şekilde söyledikleri gibi "askeri vesayetin" sonlandırılmasıydı. Bu nasıl gerçekleştirilebilirdi? Yürütülecek psikolojik harekât ile TSK'yı itibarsızlaştırarak ve personelini de yargı yoluyla tasfiye ederek...

İkincisi ise, yargı yolu kullanılarak Türk Silahlı Kuvvetleri emekli ve muvazzaf personelinin haksız bir şekilde, soyut, asılsız delillere dayanan iddialar ve iftiralarla suçlanmasıdır. 2009 yılı, bu açıdan adeta tepe noktasını oluşturdu. 2009 yılındaki olaylara bakmadan, daha önceki yıllarda yaşanan bir iki olaya bakmak da yararlı olacaktır.

• 9 Kasım 2005'te Şemdinli olayları oldu. Savcı tarafından hazırlanan iddianame adeta Ergenekon iddianamesinin bir prototipi gibiydi. İddianamenin yayımlanması büyük olay oldu. Davaya bakacak görevli mahkemenin adli mahkeme mi askeri mahkeme mi olacağı tartışıldı. Konu oradan oraya gitti. Sonuçta adli mahkemeler ağır cezalara hükmetti.

Söylenenin aksine, emekli ve muvazzaf askeri personelin adli mahkemelerde yargılanmasına ilişkin yakın tarihteki ilk örnekler, 18 Şubat 2006'da "Sauna Çetesi" ile 31 Mayıs 2006'daki "Atabeyler" adlı davalardır. Böylece belki de ilk defa muvazzaf askerler, sivil yargının karşına çıkmış, tutuklanmış ve yargılanmıştır.

• Nedense, Cumhurbaşkanlığı seçiminden önce, Mart 2007'de Özden Örnek'e ait olduğu iddia edilen "Günlükler" bir dergide yayımlandı. Ortalık epey karıştı. Özden Örnek, iddia edilen bu günlüklerin kendisine ait olmadığını açıkladı. Daha sonradan iddiaları tekzip ettiği ve ilgililer hakkında suç duyurusunda bulunmuş olduğu öğrenildi.

2003-2004 yılları arasında yaşanan bazı olayların bu günlüklerde yer aldığı ileri sürülüyordu. TBMM Darbeleri Araştırma Komisyonu Raporu'na göre, bu konuda soruşturma açan Cumhuriyet Savcılığı yetkisizlik kararı vererek soruşturma evrakını, yetkili olduğunu düşündüğü Genelkurmay Savcılığı'na gönderdi. Genelkurmay Savcılığı, görev ve sıfattan dolayı, soruşturmanın başlatılması için evrakı, dönemin Genelkurmay Başkanı'na göndermişti. Genelkurmay Başkanı da iddia hakkında gerçek, somut ve tutarlı bir bilgi ve belgenin bulunmaması nedeniyle herhangi bir işlemin yapılmasına Ağustos 2008'den önceki dönemde gerek duymamıştı. Bu olaydan, neredeyse bir yıldan fazla zaman geçtikten sonra, 5 Aralık 2009 tarihinde İstanbul Cumhuriyet Başsavcılığı iddia edilen "Günlükler" hakkında ilgili personelin ifadelerine başvurdu. 8 Mart 2009 tarihli 2. Ergenekon iddianamesinin 296. sayfasında, iddia edilen "günlükler" şu şekilde yer aldı:

"Dönemin Kuvvet Komutanları'nın görev yaptıkları dönemde askeri müdahaleye zemin hazırlama yönünde diğer şüpheliler ile birlikte hazırlanan plan ve eylemlere iştirak ettikleri, ancak 2004 yılı Ağustos ayında Mehmet Şener Eruygur'un emekli olmasını müteakip, bu yönde herhangi bir çalışma ve eylemleri tespit edilemediğinden adı geçenlerin bu döneme ilişkin eylemleriyle ilgili soruşturma evrakı tefrik edilmiştir."

Yaşanan olaylardan şöyle bir değerlendirmeye ulaşılabilir: 2008 yılında, üç kuvvet komutanı ile jandarma genel komutanı hakkında bir soruşturma açılmasına somut deliller olmadan karar verilmesi elbette kolay değildir. Dosya yetkisizlik kararı verilerek, Genelkurmay Savcılığı'na gönderilmişti. Genelkurmay Başkanlığı'nın dosyayı iade etmek yerine, dosyaya adli işlem yapması daha uygun olabilirdi. Eğer böyle yapılsaydı, ileride Ergenekon ve Balyoz davası kapsamında gündeme gelecek iddiaların da askeri yargı tarafından soruşturulması ve kovuşturulması imkânı ile adil yargılama ilkesi de korunabilirdi.

2008'in Ağustos ayı sonunda, Genelkurmay Başkanlığı görevine başladığımda durum işte böyleydi.

2009 yılında, niçin Türk Silahlı Kuvvetleri personeline yönelik yoğun karşı harekâta girişildi? Bu sorunun elbette, birden fazla nedeni ve cevabı vardır. Ama ilk önce anlaşılması gereken iki husus Erzincan ve Kayseri'de bu yılın ilk çeyreğinde yaşananlardır.

• 2007 yılında Erzincan Valiliği'nde yapılan güvenlik toplantılarının birinde, bölgede İsmailağa Cemaati'nin faaliyetlerinin arttığı, özellikle küçük çocuklara evlerde toplanılarak yasadışı din eğitimi verildiği, yasadışı yardım ve bağışlar toplandığı ifade edildi.

Erzincan Cumhuriyet Başsavcılığı konuyu incelemeye aldı. Ve 2007 yılında resen soruşturma açıldı. 23 Şubat 2009'da, 26 kişi gözaltına alındı. Mahkeme dokuzunu tutukladı. 2009 Şubatı'nda, Erzincan Cumhuriyet Başsavcılığı bu soruşturma kapsamında Cemaati de mercek altına aldı. Daha sonra, uzun süren mücadelelerden sonra, Erzurum Özel Yetkili Savcılığı, bu dosyayı Erzincan'dan aldı.

• 4 Mart 2009 tarihinde, Kayseri'de bir gizli organizasyon tespit edildi. Beş sivil, bir birliğin içindeki askerlerden oluşan hücreleri vasıtasıyla gizli ve kişiye özel bazı evrakları çalarak ve daha sonra da içeriğini değiştirerek kamuoyunda infial yaratacak şekilde bazı yerlere ulaştırmışlardı. Ayrıca, askeri yazışma kurallarına uygun olarak flash bellekte hazırladıkları suç içeren evrakı da yine içerideki askeri hücre vasıtasıyla, bilgisayarlara yükleyerek suç belgeleri haline dönüştürmüşlerdi. Soruşturmayı, Hava Kuvvetleri Askeri Savcılığı yürüttü. Askeri hücre içindeki astsubaylar yakalandı. İfadelerinde suçlarını itiraf ettiler.

Sözcü gazetesi 21 Mart 2009 tarihinde, astsubaylardan birisinin ifadesinde şunları söylediğini yazdı:

"Işık evlerinde yetiştim. Evinde kaldığımız ağabey, askerle ilgili bilgi topluyordu."

Soruşturma esnasında, yapılmaması gerekenlerin yapılmasıyla, soruşturmanın sağlıklı olarak yürümesi engellendi. Erzincan ve Kayseri'de yürütülen bu soruşturmalar, daha sonraki safhalarda, askeri personelin aleyhine dönüştürülen soruşturmalar şeklini aldı. Örneğin, Kayseri'deki olayın açığa çıkarılmasında katkıları oldukları düşünülen Kayseri J. Bölge Komutanı, Kayseri İl J. Alay Komutanı, Kayseri Hava İkmal Merkezi Komutanı ile bu soruşturmayı yürüten askeri savcılar çeşitli davalar kapsamında suçlanarak tutuklandılar.

Erzincan olayı da, 12 Haziran 2009'da medyaya yansıyacak, iddia edilen İrtica ile Mücadele Eylem Planı ile ilişkilendirilmeye çalışılacaktı. Özellikle, bu iki olaydan tedirgin olan çevreler, TSK'nın itibarsızlaştırılması ve etkisiz hale getirilmesi için düşündükleri planların uygulanması zamanının geldiğine karar verdiler. Nisan ayından itibaren askeri personele yönelik açılan soruşturmalar peş peşe gelmeye başladı. Başlıca olaylar şunlardı:

• 22 Nisan 2009 tarihinde Poyrazköy'de kazılar yapıldı. Daha sonra da bazı tutuklamalar oldu.

• 12 Haziran 2009 tarihinde iddia edilen İrtica ile Mücadele Eylem Planı basında yer aldı. Albay Dursun Çiçek İstanbul Cumhuriyet Başsavcılığı tarafından ifade vermeye çağrıldı. İddia edilen suçun, askeri mahalde asker kişi tarafından işlenmiş olması nedeniyle bu duruma itiraz edildi.

14 gün sonra, 26 Haziran 2009 tarihinde TBMM'de yasal düzenlemeler yapıldı. Gece yarısı yapılan bu değişikliklerden Genelkurmay Başkanlığı ile Milli Savunma Bakanlığı'nın bilgisi yoktu. Yapılan değişikliklerin Anayasa'ya aykırı olduğu ilgili makamlara iletildi. Birinci değişiklik ile, askeri şahısların askeri mahallerde işledikleri suçlar nedeniyle Özel Yetkili Mahkemelerde yargılanmalarının yolu açılıyordu. Ana Muhalefet Partisi bu değişikliği Anayasa Mahkemesi'ne taşıdı. İkinci değişiklik ise, sivil şahısların askeri mahkemelerde yargılanmasına son veriyordu.

• 15 Temmuz 2009 tarihinde, Gölcük'te teğmenlerin kaldığı evlerde aramalar yapıldı ve bazı tutuklamalar oldu.

• 27 Ekim 2009 tarihinde Erzincan Çatalarmut'taki gölde mühimmat bulundu. Tutuklamalar oldu.

• 5 Kasım 2009 tarihinde iddia edilen "Kafes Eylem Planı"na ilişkin, Cumhuriyet Savcılığı tarafından soruşturma açıldı.

• 10 Aralık 2009 tarihinde 3. Ordu Komutanı Org. Saldıray Berk ifade vermeye çağrıldı.

• 19 Aralık 2009 tarihinde "Bülent Arınç"a suikast iddiasıyla iki subay gözaltına alındı. 25 Aralık 2009'da da Ankara Seferberlik Bölge Başkanlığı'nda arama yapıldı. Gözaltılar oldu. 27 Aralık 2009 tarihinde de Bölge Başkanlığı'nın "Kozmik Oda"sı arandı.

• 20 Ocak 2010 tarihinde, "Balyoz Harekât Planı"na ait olduğu iddia edilen birtakım yazılar *Taraf* gazetesinde yayımlandı. 22 Şubat 2010 tarihinde de bu kapsamda bazı tutuklamalar oldu. Bu olaylar karşısında, Genelkurmay Başkanlığı ne yaptı?

İlk önce, soruşturmalara ilişkin elde mevcut olan bilgiler ve görüşler ikili görüşmelerde, Milli Güvenlik Kurulu ve Yüksek Askeri Şûra toplantıları esnasında ilgili ve yetkili makamlara anlatıldı. Gereken durum ve zamanlarda, kamuoyu cereyan eden olaylara ilişkin olarak bilgilendirildi. Askeri yargının yetki ve sorumluluğu içinde olduğu değerlendirilen olaylara ilişkin, adli soruşturmalar derhal başlatıldı. Askeri yargının soruşturma açtığı konular şöyledir:

• Poyrazköy'de mühimmat bulunmasını müteakip Nisan 2009'da Kuzey Deniz Saha Komutanlığı Askeri Savcılığı soruşturma açtı.

• 12 Haziran 2009'da iddia edilen İrtica ile Mücadele Eylem Planı basında yer alınca, aynı gün Genelkurmay Savcılığı hemen soruşturmaya başladı.

• İddia edilen Kafes Eylem Planı'nın, Genelkurmay Başkanlığı'na iletilmesi üzerine, konunun Deniz Kuvvetleri Komutanlığı tarafından incelenmesi istenildi. Dönemin Deniz Kuvvetleri Komutanı Metin Ataç, 6 Eylül 2013 tarihinde *Cumhuriyet* gazetesinde yer alan haberde konuya ilişkin şöyle dedi: "Planın gerçek olduğuna dair herhangi bir delil veya bilgisinin olmadığı..."

Yine aynı tarihlerde Deniz Kuvvetleri İstihbarat Daire Başkanı olan Tuğamiral Ahmet Türkmen de, 16 Kasım 2013 tarihinde, *Aydınlık* gazetesinde yer alan habere göre mahkemede şunları söyledi:

"İsmi geçen kişilerle yüz yüze görüştüm. Hiçbir personelin Kafes Eylem Planı denen plandan haberi olmadığını, bu eylem planının askeri yazım kurallarına uygun olmadığını ve askeri personel tarafından yazılmış olmadığını tespit ettik. Planın sahtecilik olabileceğini, art niyetli kişiler tarafından hazırlanmış olduğu kanaatine vardık."

Bu incelemeler çerçevesinde, Deniz Kuvvetleri Komutanlığı, Askeri Savcılık tarafından soruşturma açılmasına gerek duymadı.

- 26 Ocak 2010 tarihinde 1. Ordu Savcılığı, kamuoyunda "Balyoz davası" olarak bilinen davaya ilişkin iddiaları araştırmak üzere soruşturma açtı.

Bu soruşturmalar açıldı ama, istenilen sonuçlara ulaşılabildi mi? Maalesef koca bir hayır! Askeri yargının bu konulardaki tecrübesizliği ve daha sonra da açık şekilde görülen tedirginliği ve 26 Haziran 2009 tarihinde gerçekleştirilen yasa değişikliği askeri yargı makamlarını engelledi.

Kamuoyunda "Kozmik Oda" diye adlandırılan konuya gelince. Bu konu üzerinde çok konuşuldu ve konuşulmaya da devam ediliyor. Ceza Muhakemeleri Kanunu'nun 125. maddesi, "Devlet Sırrı Niteliğindeki Belgelerin Mahkemece İncelenmesine" aittir. Bu madde şöyledir: "Bir suç olgusuna ilişkin bilgileri içeren belgeler, devlet sırrı olarak mahkemeye karşı gizli tutulamaz. Belgeler mahkeme hâkimi veya heyeti tarafından incelenebilir."

27 Aralık 2009 tarihinde, soruşturmayı yürüten Cumhuriyet Savcısı "Kozmik Oda"da arama yapmak istedi. Yasa gereği kendisinin yetkisiz olduğu söylendi ve müsaade edilmedi. Daha sonra bir hâkim, mahkeme kararına dayanarak aramaya geldi. Mahkeme kararına itiraz edileceği söylenerek aramaya izin verilmedi. Ancak yapılan itiraz daha sonra reddedildi. Bunun üzerine, Kara Kuvvetleri Komutanı Karargâh'a davet edilerek durum değerlendirildi. O akşam geç saatlerde, aramayı yapacak hâkimin Bölge Başkanlığı'na geldiği bildirildi. Kendisi Karargâh'a davet edildi. Gelmeden önce de odanın kapılarının mühürlenmesi istenildi. Gelen hâkime, yarın konunun Başbakan'a arz edileceği, oradan alınacak talimata göre hareket edileceği bildirildi.

Ertesi gün, Kara Kuvvetleri Komutanı ile birlikte, Başbakanlık'taki toplantıya katılındı. Durum anlatıldı. Eğer aramaya müsaade edilmesi istenilirse, bizim bu aramadan hiçbir şekilde endişe duymadığımız da belirtildi. Aramanın yasalar gereği yapılmasının uygun olacağı bize bildirildi.

Durumu tekrar kendi aramızda değerlendirdik. İddia çok çirkindi ve vahimdi. Bir suikastın planlandığı iddia ediliyordu. Bu konuda bizim gizleyeceğimiz ve endişe edeceğimiz hiçbir noktanın bulunmaması ve ileride Türk Silahlı Kuvvetleri üzerinde vahim derecede şaibe kalmaması için aramanın yapılmasına müsaade edilmesinin, daha uygun olduğu kararına varıldı. Bugün bazıları, hissi duygular içinde bu kararı tenkit edebilir. Ancak, şu noktaları hatırlamakta yarar vardır:

Eğer, aramaya müsaade edilmeseydi, bugün Türk Silahlı Kuvvetleri iddia edilen suikast ve belki de esas istenilen, bazı faili meçhul cinayetlerin delillerini karartmak veya ortadan kaldırmakla suçlanabilirdi. Ayrıca, sorumluluk taşımayanların, her konuda rahat ve farklı şekilde konuşabildikleri çok görülmüştür. Ancak, herkesin ne olup olmadığı sorumluluğu sırtına yüklendiği an, bütün çıplaklığıyla ve hem de şaşırtıcı olarak ortaya çıktığına da birçok kez şahit olunmuştur.

Bu bölümde anlatmaya çalıştığım gibi, 2009 ve 2010 yıllarında, Türk Silahlı Kuvvetleri'ne karşı yoğun bir şekilde yürütülen haksız, hiçbir somut delile dayanmayan saldırılar ile karşı karşıya kalınmıştır. Bu saldırılar karşısında, yasal yetki ve sorumluluklar içinde kalarak her platformda gerekli olan mücadele verilmiştir. Bu zor dönemde, başkalarının bizden yapmamızı istediği şeyleri değil, yasal çerçevede, doğru olduğuna inandığımız şeyleri yapmaya çalıştık. 27 Ağustos 2010 tarihinde, Genelkurmay Başkanlığı Devir ve Teslim Töreni'nde şunu söylemiştim:

"Fırtınalı denizde gemisini en az hasarla karaya yanaştıran kaptanların tarihi başka, gemisini terk edenlerin tarihi başka yazılır."

Mücadele azim ve gücünü koruduğumuz son dakikaya kadar mücadelemize devam ettik. Bugün burada, Silivri'de bulunmamızın bir nedeni de bu değil mi?...

ERGENEKON DAVASI İÇİNDE GÜÇLÜ BİR ASKERİ KANADIN YARATILMASINA NEDEN İHTİYAÇ DUYULDU?

12 Haziran 2007 tarihinde, Ümraniye'de bulunan el bombalarıyla başlayan Ergenekon davasının, 2009 yılına gelinceye kadar güçlü bir askeri kanadı yoktu. İddia edilen "günlükler"le bir noktaya varılamamıştı. Darbe iddialarının ileri sürüldüğü bir dava için bu bir eksiklikti. Bu eksiklik giderilmeliydi.

12 Haziran 2009'da, yani tam iki sene sonra medyaya yansıyan, iddia edilen İrtica ile Mücadele Eylem Planı bu eksikliğin giderilmesi fırsatını yaratmıştı. Askeri mahalde, "asker kişi" tarafından işlendiği iddia edilen bu suça askeri yargının müdahale etmesi gerekirken, Ergenekon soruşturmasını yürüten İstanbul Cumhuriyet Başsavcılığı hemen el koydu. Suçlamanın iddia edilen Ergenekon Örgütü ile somut ilişkisi var mıydı? Hayır. O zaman neden Ankara'daki adli yargı değil de, İstanbul bu konuya müdahil olmuştu? O da ayrı bir soruydu.

12 Haziran 2009 tarihinde, olaya Genelkurmay Askeri Savcılığı'nın el koyması ve o günkü yasalar çerçevesinde olayın, adli yar-

gının ilgi ve yetki alanına giren bir konu olmaması nedeniyle 15 Haziran 2009'da İstanbul Cumhuriyet Başsavcılığı geri adım attı. 24 Haziran 2009'da Genelkurmay Askeri Savcılığı, kovuşturmaya yer olmadığı kararını verdi. 7 Ağustos 2009'da da çok önemli ve ilginç bir durum yaşandı. "İrtica ile Mücadele Eylem Planı" isimli yazının kim tarafından üretildiği, üretenlerin amaçları, TSK'nın hedef alınıp alınmadığı, söz konusu belgenin *Taraf* gazetesi muhabirine ulaştırılması ve gazetede yayımlanması olaylarıyla ilgili olarak İstanbul Cumhuriyet Başsavcılığı tarafından yetkisizlik kararı verilerek soruşturma dosyası Ankara Cumhuriyet Başsavcılığı'na gönderildi.

Bu karar iki şeyi net olarak gösteriyordu. İddia edilen plan şüpheli idi ve araştırılması gerekiyordu. Bunların araştırılması da, Ankara Cumhuriyet Başsavcılığı tarafından yapılmalıydı. Araştırılacak konu sivilleri de içereceği için, 26 Haziran 2009 tarihinde yapılan yasa değişikliği nedeniyle, bu konuda artık Genelkurmay Savcılığı yetkili değildi. Fotokopiye "kâğıt parçası" denilmesine şiddetle karşı çıkanlar, 7 Ağustos 2009'da İstanbul Cumhuriyet Başsavcılığı tarafından alınan bu karara acaba ne diyeceklerdi?

Gelinen bu noktada, iddia edilen "İrtica ile Mücadele Eylem Planı" ile istenilen hedeflere ulaşılamamıştı. Genelkurmay Karargâhı'nın suçlanabilmesi, ayrıca bu davanın Erzurum Cumhuriyet Savcılığı tarafından yürütülmekte olan dava ile birleştirilerek genişletilmesi hedeflenmişti. 26 Haziran 2009 günü yapılan basın toplantısında, elde fotokopisi bulunan, iddia niteliğindeki bu plana yönelik "kâğıt parçası" nitelemesi yapılması da bazı çevrelerde çok büyük rahatsızlık yarattı. Bu rahatsızlığı, 12 Haziran 2009 günü bu konuyu gazetesinde haber yapan kişi, 15 Temmuz 2013 günü haberx.com sitesinde yer alan söyleşisinde şöyle ifade ediyordu:

"Kâğıt parçası dediklerinde çok sıkıntı çektim. Bütün medya üzerime geliyor. Orijinal belgenin imha olmadığını öğrendim. Bana geleceğini beklerken, Ahmet Ağabey'in telefonuyla uyandım. Orijinal belgenin savcıya gittiğini söyledi."

44

Bu ifade ayrıca, medya, polis ve yargı üçgeni arasındaki ilişkileri göstermesi açısından da oldukça ilginçtir. Kendisine servis edilen bilgilerle haber yapan medyanın, her şeyden anında haberi olabiliyordu. İddia edilen orijinal belgenin Birinci İhbar Mektubu ile savcılığa ulaştırıldığı bilinmektedir. Bu konu 23-26 Ekim 2009 tarihleri arasında basında haber oldu. İhbar mektubunu kaleme alan "Vatansever Subay" iddia edilen İrtica ile Mücadele Eylem Planı'nın aslını, dosyalandığı klasörden 12 Haziran 2009 tarihinde gizlice aldığını ve tanık olarak çağrılması durumunda gelmeye hazır olduğunu ifade etmekteydi. Gerçekten ortada vatansever ve onurlu bir subay varsa, onun yapması gereken ilk husus herhalde elde ettiği bu belgeyi Genelkurmay Savcılığı'na ya da hadi bilemediniz İstanbul Cumhuriyet Başsavcılığı'na iletmesi olmalıydı. Bunun yapılmaması, hem düşündürücü hem de yargı sürecinin sağlıklı yürütülmesini engellemek değil midir? Neden yaklaşık dört ayın geçmesi beklenmiştir? Madem ortada böyle bir ihbar mektubu var, mektubu yazan kişi tanık olmayı kabul ediyor, neden tanıklığına başvurulmadı? Yoksa ortada bu mektubu kaleme alan bir subay yok mu? Elbette, bu soruları bir gün, birileri cevaplandıracaktır.

İhbar mektubunun savcılığa ulaştığı Ekim ayının son günlerinde, ne ilginç bir tesadüftür ki 27 Ekim 2009 günü Erzincan ili Çatalarmut köyü DSİ Baraj göletinde suların çekilmesi üzerine ortaya çıkan bazı mühimmat ve malzeme, Erzurum Cumhuriyet Başsavcılığı tarafından bulundu. İddia edilen İrtica ile Mücadele Eylem Planı ile Erzincan davasının birleştirilerek olayın genişletilmesi şansı tekrar doğmuştu. Böylece 3. Ordu Komutanı Orgeneral Saldıray Berk bu dava kapsamında tutuklanacaktı. Görev başındaki bir orgeneralin tutuklanmasıyla bir ilk gerçekleşecekti. Ancak Erzincan davasının Yargıtay tarafından görülmesine karar verilmesi bu şansı ortadan kaldırmıştı. O zaman başka bir fırsat bulunmalıydı. Bu fırsat da, bu "vatansever subayın" gönderdiği ikinci mektupla elde edildi. İhbar mektubunun ekinde "İnternet

Siteleri Andıcı" vardı. Bu "İnternet Andıcı" Genelkurmay Başkanı'nı ve karargâhını terörist ve terör örgütü karargâhı yapacaktır.

Yine bu "İnternet Andıcı" ile Genelkurmay Başkanlığı "darbe ortamını oluşturarak" darbe suçunu işlemeye teşebbüs etmekle suçlanacaktı. Peki nedir bu İnternet Andıcı:

ANDIÇ*

HRK.	: 3020 -09/Bilgi Des.D.Des.Ş
	Nisan 2009
KONU	: İnternet Siteleri
KİMDEN	: Harekât Başkanlığından.
KİME	: Genelkurmay II nci Başkanına
	Hzl.Tel.Nu.:1885

1. KONU:

İnternet'in sağladığı iletişim imkânlarını kullanarak devleti ve kurumu yıpratmaya yönelik propagandayı etkisiz kılmak ve kamuoyunu bilgilendirmek maksadıyla kullanılması planlanan internet siteleri hakkında onay almaktır.

2. ÖNCESİ:

a. Günümüzde özellikle gençlerin iletişim ve bilgi edinme maksadıyla TV'den sonra en yoğun olarak kullandığı iletişim aracı olan internet ortamı; bilgi toplama ve belirlenen hedef kitleleri bilgilendirme olmak üzere iki temel maksat için kullanılmaktadır.

b. Yıkıcı, bölücü ve laiklik karşıtı yayınları ile dikkat çeken internet sitelerinin tespiti, incelenmesi ve bilgilendirme faaliyetlerinin icra edilmesi maksadıyla Türkçe ve yabancı dillerde yayın yapan, listesi EK-A'da sunulan 400'den fazla İnternet sitesinin yayınları günlük olarak izlenmekte ve değerlendirmektedir.

---

* Metin üzerinde düzeltme yapılmamıştır. (Y.N.)

46

c. Günümüzde insanlar haber okumak, araştırma yapmak, görüşlerini ifade etmek, propaganda yapmak gibi nedenlerle İnterneti yaygın olarak kullanmaktadır. Bilgilendirme faaliyetleri kapsamında; tanıtım ve Türkiye'nin görüşlerini destekleyici yönde kamuoyunu bilgilendirmek maksadıyla yürütülen internet faaliyetleri devam etmektedir.

3. İNCELEME:

a. Başta terör örgütleri olmak üzere yıkıcı ve bölücü faaliyetleri ile dikkat çeken kişi ve organizasyonların İnternet ortamının sağladığı imkanları; iletişim, eğitim, bilgilendirme ve kamuoyu oluşturma maksadıyla etkin bir şekilde kullandıkları bilinmektedir. EK-B'de sunulan "5651 sayılı İnternet Ortamında Yapılan Yayınların Düzenlenmesi ve Bu Yayınlar Yoluyla işlenen Suçlarla Mücadele Edilmesi Hakkında Kanun"un; interneti ve siber ortamı kullanarak ülkelerin ve insanların huzur ve güvenini bozmak, bu ortamları savaş haline dönüştürmek isteyen terör örgütlerine karşı kısmen de olsa bir caydırıcılık sağlayabileceği ve İnternet ortamında da hukukun üstünlüğü ilkesinin uygulanmasına hizmet edebileceği değerlendirilmektedir.

b. Bütün dünyada internet ortamının sağladığı iletişim imkanlarının tanıtım ve propaganda faaliyetlerinde yoğun ve etkin olarak kullanıldığı dikkate alındığında, tanıtım ve bilgilendirme maksatlı hazırlanan İnternet sitelerinin geliştirilmesi, daha geniş hedef kitlelerine ulaşması, İnternet sitelerinin güvenliğinin sağlanması, İnternet yayınlarında yeni bir yapılanmaya gidilmesine ihtiyaç duyulmaktadır.

c. Tanıtım ve bilgilendirme maksatlı olarak yayın yapacak olan internet sitelerinin: terör örgütleri, laiklik karşıtı eylemler, kurumu tanıtma, iç ve dış kamuoyunu bilgilendirme konularını içerecek şekilde dört temel konu üzerinde dört ayrı İnternet sitesi ile, aynı sitelere yönlendirilecek olan sekiz farklı alan adının alınmasının faydalı olabileceği kıymetlendirilmektedir.

47

ç. Belirlenen hedef kitlelerin bilgilendirilmesi maksadıyla yayın yapması planlanan sitelerin; bu kapsamda daha önceki uygulamalardan elde edilen tecrübeler dikkate alınarak ve "www.tsk. mil.tr" internet sitesinin işletilmesinde uygulanan güvenlik prensipleri ve tedbirleri esas alınarak işletilmesi planlanmaktadır. Bu kapsamda İnternet sitelerinin alan adları, kayıt ve abone işlemleri ile işletilmesine yönelik idari faaliyetlerde gerekli bilgi ve İnternet güvenliği tedbirlerinin alınması ve geliştirilmesi sağlanacaktır.

d. EK-B'de sunulan "5651 sayılı İnternet Ortamında Yapılan Yayınların Düzenlenmesi ve Bu Yayınlar Yoluyla İşlenen Suçlarla Mücadele Edilmesi Hakkında Kanun"da belirtildiği gibi, internet sitelerinin alan adlarının alımı yapılırken, gerçek kişi veya gerçek tüzel kişi kayıt bilgilerinin kullanılması gerekmektedir. Bu nedenle bahse konu İnternet sitelerinin alımı esnasında girilecek olan kayıt bilgilerinin gerçek kişiler üzerinden yapılmasına ihtiyaç duyulmaktadır.

e. Kurumun resmi internet sitesinde oluşturulacak olan alt bölümlerde, bahse konu İnternet yayınlarının yapılması konusu, ikinci bir seçenek olarak değerlendirilmiştir. Ancak bu uygulamanın, seçilen hedef kitleleri bilgilendirecek şekilde uzmanlık konularını kapsayan dört ayrı ihtisas internet sitesinde yayın yapılmasına göre daha az etkin olacağı sonucuna ulaşılmıştır.

4. SONUÇ VE TEKLİFLER:

a. İnternet'in sağladığı iletişim imkânlarını kullanarak Türkiye ve kurumu yıpratmaya yönelik propagandayı etkisiz kılmak ve kamuoyunu bilgilendirmek maksadıyla; "5651 sayılı İnternet Ortamında Yapılan Yayınların Düzenlenmesi ve Bu Yayınlar Yoluyla İşlenen Suçlarla Mücadele Edilmesi Hakkında Kanun"da belirtilen maddeler esas alınarak internet sitelerinin faaliyete geçirilmesinin gerekli olduğu değerlendirilmektedir.

b. Konu ile ilgili yasal düzenlemelere uygun olarak, İnternet site yayınlarının, İnternet sitelerinin alan adları alınırken girilecek olan kayıt bilgilerine o siteyi yönetecek olan ilgili şube müdürünün gerçek kimlik bilgilerinin (Adı, Soyadı, Kredi Kartı Numarası ve e-posta adresi) yazılması sağlanacaktır.

c. Kurumun tanıtımı, belirlenen hedef kitlelerin bilgilendirilmesi ve kamuoyu oluşturulması kapsamında, bahse konu İnternet sitelerinin; gerekli bilgi güvenliği tedbirleri alınarak hizmetine sunulmasını, tensip ve emirlerine arz ederim.

İşte meşhur, ancak çok kimsenin merak edip de okuma ihtiyacını duymadığı İnternet Andıcı budur. Bu belgenin hiçbir suç unsurunu içermediğini anlamak için hukukçu olmaya gerek yoktur. Aslında, İnternet Andıcı iddianamesini hazırlayan savcı da bu belgede bir suç unsuru bulamamıştır. İddianamenin 67. sayfasında şu değerlendirme vardır: "Planlama ve kurum içi onay aşamalarına uygun olarak bir Andıç hazırlanması ve bunun ŞEKLEN HUKUKA UYGUN OLMASI, amacının da HUKUKA UYGUN OLDUĞUNU GÖSTERMEZ."

Andıç'ta suç unsuru yok, ama amacı tehlikeli! Bu Andıç ile açılması düşünülen dört site açılsaydı, bu sitelerde suç işlenecekti. Amaçlanan hususlardan birincisi buydu. İkinci amaç ise, 1999 yılından itibaren açılan, işletilen ve "suç işlenilen" sitelerin bu Andıç ile "suçlardan arındırılması" hedeflenmiş olmasıydı. Nasıl bir hukuki mantık ki, iddia edilen bir suç, idari bir işlemle ortadan kaldırılabiliyor. İhbar mektubuna ek yapılmış bu İnternet Andıcı'nı okuyup, inceleyip içinde bir suç unsurunun bulunmadığını görünce de, adli bir işlem yapmayı hiç düşünmedim. Soruşturma açılması yönünde de bana bir teklif olmadı.

Genelkurmay Başkanlığı tarafından işletilen internet sitelerinin geçmiş hikâyesine gelince; internet sitelerinin açılmasına 1999 yılında başlanmıştır. 30 Ağustos 2008 tarihinde, önceki tarihlerde açılmış olan 42 adet site vardı. Savcılara göre bu siteler içinde en sorunlu olanı ise "İrtica.org" sitesiydi ve Nisan 2006'da bu siteye dönüştürülmüştü. Bu siteler ilk defa 4 Eylül 2005 günü *Hürriyet* gazetesinde bir habere konu oldu. Ne kimse şikâyetçi oldu ne de üzerinde duruldu. İnternet sitelerinin açılması için izin alınmasına gerek yoktu. Genelkurmay Başkanlığı'nın yetki ve sorumlulukları içinde kalınarak çalıştırıldıkları süre içinde de bir sorun olamaz. İnternet Andıcı iddianamesinde, muğlak şekilde AKP'nin kapatma davasında delil olarak İrtica.org sitesinden birçok haberin alındığı ileri sürülmüştür. Oysa, 13. Ağır Ceza Mahkemesi'nin sorusu üzerine Yargıtay Cumhuriyet Başsavcılığı, kapatma davasında sadece İrtica.org sitesinden "apronda namaz şovu" isimli haberin indirilerek kapatma davası dosyasına konulduğunu bildirmiştir. Haberin tarihinin 2 Ekim 2007 oluşu dikkate değerdir.

4 Şubat 2009'da, söz konusu internet sitelerinin sadece isimleri bir gazetede yer aldı. Bu haberin çıkması üzerine, konu karargâh tarafından incelendi. Bu sitelerin, 5651 sayılı internet sitelerine ilişkin yasaya şekil açısından uygun olmadıkları görülünce, söz konusu siteler Şubat 2009'da kapatılmıştır. 30 Ağustos 2008 ile kapatıldıkları tarih olan Şubat 2009'a kadar da bu sitelerde yine İstanbul İl Emniyet Müdürlüğü'nün tutanaklarına göre herhangi bir güncelleme işlemi yapılmamıştır. İnternet Andıcı ile dört adet yeni site açılması düşünülmüştür. Bu Andıc'ın eski 42 adet siteyle hiçbir ilişkisi yoktur. Esasen Andıc'ın hazırlandığı Nisan 2009'da o siteler kapatılmıştı. Açılacak siteler terör örgütleri, laiklik karşıtı hareketler, kurumu tanıma ve iç-dış kamuoyu bilgilendirme alanlarında olacaktı. İddia edilen "İrtica ile Mücadele Eylem Planı"nın 12 Haziran 2009 günü basında yer alması üzerine, açılması düşünülen bu sitelere ilişkin çalışmalara 19 Haziran 2009'da, bu siteler faaliyete geçirilmeden son verildi.

Görüldüğü gibi, 4 Şubat 2009'dan 30 Ağustos 2010'a kadar geçen süreçte Genelkurmay Başkanlığı'nın, resmi web sitesi hariç, işletmekte olduğu başka bir internet sitesi yoktur. Şimdi bu durumda darbe ortamını oluşturmak amacıyla olmayan internet siteleri üzerinden kara propaganda yapmakla bizler nasıl suçlanabiliriz? Bu suçlamayı yapanların hiç mi vicdanları sızlamamaktadır? Bu suçlamalar akla, mantığa ve vicdana sığmamaktadır.

1999'dan itibaren Genelkurmay Başkanlığı tarafından işletilen 42 adet site vardı. Özellikle bazı sitelerde suç unsuru teşkil edecek bazı haberlerin yer aldığı da iddianamede ileri sürülmektedir. Nedense o dönemlerin sorumlularından da bugüne kadar hiçbir ses çıkmamıştır. Netice olarak düşünülebilir ki esas itibariyle işte bu İnternet Andıcı'na dayanarak insanların suçlanması "Dreyfus" davasından bile daha ağır, yüz kızartıcı bir durumdur. Elbette bu konuyu anlayanlar oldu. Ne var ki anlamamakta ısrar edenlerle, anlamazlıktan gelenler de oldu.

Hakkını vermek lazım, bu konudaki en doğru ve aydınlatıcı yazıyı da N. Bengisu Karaca, *Habertürk*'teki köşesinde 7 Ağustos 2013 günü yazdı. Yazının başlığı şöyleydi: "İlker Başbuğ Müebbeti Gerektirecek Ne Yaptı?" İşte metinden bir bölüm:

"Malum İnternet Andıcı meselesi ki burada yapılan savunma realiteye uyumlu. Başbuğ kara propaganda yapan siteleri kapattırmıştı. İki sayfadan ibaret olan İnternet Andıcı'nda ise birkaç tane legal site açılması çalışması vardı. Ancak bu çalışma hayata geçirilmedi ve çalışmada 19 Haziran 2009'da yine İlker Başbuğ döneminde sona erdirildi. Başbuğ'un suçu en zor dönemde Genelkurmay Başkanlığı yapması mı? Altındaki askerler patır patır tutuklanırken tipik asker refleksiyle korumacı bir tutuma girmesi mi, Saldıray Berk'e kefil olması mı? Başbuğ, evet çok zor dönemde bu görevi ifa etti, dönemi hatırlayın.

Yaptığı açıklamalardan Başbuğ'un askeri vesayetin tasfiyesine teorik olarak karşı olmadığı rahatlıkla çıkarılabiliyordu. İtirazı, teorinin pratiğe geçerken neden olduğu hukuk ve nezaket kaybına, TSK'nın itibarsızlaştırılmasınaydı.

Burada tuhaflık şu: Seçilmiş hükümetlerin altını oyma, millet iradesini, tecessüm ettiği iradeyi illegal yollardan çalışamaz hale getirme suçunun yargılandığı bir dava var. Bir eski Genelkurmay Başkanı bu suçu işlediği iddiasıyla yargılanıyor. Ama seçilmişlerin başı olan Başbakan böyle bir saldırı ya da engellemeyle karşılaştığı kanısındaymış gibi görünmüyor. Ama şimdi bu yargı kararı alenen Başbakan'a şunu demiş oluyor: 'Hayır sen mağdursun. Farkında olmaman da senin problemin.'"

Karaca'nın yazısı, düşündüklerini ve bildiklerini açık şekilde yazmaktan, söylemekten çekinen, başta medya mensupları olmak üzere gölgesinden bile korkan, herkese ithaf edilir.

TSK'NIN BAŞINA İNDİRİLEN BALYOZ!

20 Ocak 2010 günü bir gazetede "Balyoz Güvenlik Harekât Planı"na ilişkin ifadelerin yer alması üzerine, ertesi gün Genelkurmay Başkanlığı şu açıklamayı yaptı:

"Birinci Ordu sorumluluk bölgesinde icra edilen bu plan seminerinde savaş hali ve savaşı gösterecek bir durumun baş göstermesi halinde uygulanacak sıkıyönetim ve geri bölge emniyeti konuları üzerinde durulmuştur."

Anayasa'nın 144. maddesine göre, savaş hali ve savaşı gerektirecek bir durumun baş göstermesi halinde Bakanlar Kurulu, sıkıyönetim ilan edebilir. Bu karar derhal resmi gazetede yayımlanır ve aynı gün TBMM'nin onayına sunulur.

Savaş hali ve savaşı gerektirecek bir durumda sıkıyönetim ve geri bölge emniyeti konularının oynanmaması gerektiğini ileri sürmek konuları bilmemek veya saptırmaya çalışmaktan başka bir şey değildir. 1. Ordu Savcılığı, Balyoz Planı'na ilişkin haberlerin basında yer alması üzerine 26 Ocak 2010 tarihinde soruşturma açtı. İstanbul Cumhuriyet Başsavcılığı ise, Balyoz Planı'na ilişkin bir bavul dolusu dokümanın kendilerine ulaşması üzerine, 30 Ocak 2010 tarihinde soruşturmanın başlamasına karar verdi.

22 Şubat 2010 tarihinde, Balyoz davası kapsamında ilk tutuklamalar gerçekleşti. 26 Şubat'ta tutuklanan personel sayısı 28 oldu. 1. Ordu Savcılığı da 26 Şubat'ta şu açıklamayı yaptı:

"Askeri Savcılığımız konuya ilişkin soruşturmaya devam etmektedir. Bugüne kadar yapılan inceleme ve araştırmalar neticesinde adı geçen iddia edilen Balyoz Güvenlik Harekât Planı varlığıyla ilgili herhangi bir bilgi veya belgeye rastlanmamıştır."

Ertesi gün İstanbul Cumhuriyet Başsavcılığı, Merkez Komutanlıklarına gönderdiği bir yazıda "Ben ve yardımcılarımız onaylamadığı sürece savcıların talimatını yerine getirmeyin" dedi. 22 Mart 2010'da ilk tahliyeler yaşandı. Ancak, 3 Nisan 2010 tarihinde Balyoz davasında bir şok yaşandı. Savcılar 97 kişi hakkında yakalama kararı aldı. Bu kararlar yine İstanbul Cumhuriyet Başsavcılığı'nın müdahalesi ile uygulanmadı. Diğer bir şok ise, 23 Temmuz 2010 tarihinde yaşandı. Savcılar, bu sefer de 102 kişi hakkında yakalama kararı çıkardı. Hukuken yanlış olan bu kararlar da uygulanmadı. Mahkeme de, 6 Ağustos 2010'da bu kararı iptal etti.

30 Ağustos 2010 tarihine gelindiğinde, Balyoz davası kapsamında tutuklu durumunda olan hiçbir personel bulunmamaktaydı. 2 Mart 2012'de, 10. Ağır Ceza Mahkemesi'nin talebi üzerine mahkemede tanık olarak ifade verdim. İfademde, mahkeme üyeleri, medya mensupları ve hatta bazı asker kişiler tarafından da pek anlaşılmayan Olasılığı En Yüksek Tehlikeli Senaryo'nun (OEYTS) ne olduğunu anlatmaya çalıştım. Birçok kimsede de şöyle bir düşünce veya önyargı vardı: "OEYTS bir suç belgesidir. OEYTS'yu oynamak suçtur." Türkiye Cumhuriyeti Devleti'nde, Bakanlar Kurulu tarafından kabul edilen, Milli Güvenlik Siyaset Belgesi ve bu dokümana dayanılarak hazırlanan "Türkiye'nin Milli Askeri Stratejisi (TÜMAS)" dokümanı vardır.

TÜMAS 2000'de OEYTS şu şekilde tanımlanmaktadır:

"Bir ön şart olmamakla beraber Türkiye'nin iç tehdide angaje olmasından istifade ederek Yunanistan'ın Ege'de emrivakilere ve Kıbrıs'ta KKTC ile GKRY arasında çatışmalara neden olması ve Kuzey Irak'ta Kürt Devleti'nin kurulması."

Yunanistan'a karşı uygulanabilecek harekât planlarının faraziyeleri, yani ileride olabileceklere ilişkin kabul edilebilecek durumlar, ise şöyledir:

"TSK'nın iç tehdit için kuvvet ayıracağı ve Kuzey Irak hariç, diğer cephelere kuvvet ayırma durumunda kalmayacağı."

Görülebileceği gibi plan seminerinde oynanacak planın faraziyeleri, TÜMAS 2000 gibi, aynı olasılıkların altını çizmektedir. Dolayısıyla Plan Semineri'nde iç tehdidin oynanmasına engel hiçbir husus yoktur. İç tehdit denilince yıkıcı, bölücü ve irticai faaliyetler anlaşılır. Burada önemli olan husus, 1. Ordu Komutanlığı'nın hazırlayacağı senaryoda iç tehdit ile dış tehdit arasındaki dengenin korunmasıdır. İç tehdidin büyüklüğü, 1. Ordu Komutanlığı'nın uygulayacağı harekât planının uygulanabilme olanağını ortadan kaldırmamalıdır. Üzülerek görmekteyiz ki bu noktayı askerlerin bir kısmı da anlayamamıştır. İç tehdidin ve Geri Bölge Emniyeti'nin oynanmaması gerektiğinin ileriye sürülmesi de, bunun bir göstergesidir.

1. Ordu Komutanlığı, Genelkurmay Başkanlığı'nın 20 Kasım 2002 tarihli Tatbikatlar Programı'na göre oynayacağı Plan Semineri'ne ilişkin hazırladığı senaryoyu, 12 Aralık 2002 tarihinde KKK.lığına gönderdi. KKK.lığı 3 Ocak 2003 tarihinde, 1. Ordu Komutanlığı'na bir mesaj emri ile şu hususları belirtti:

"Söz konusu faaliyetin, Gnkur. Tatbikatlar Programı'nda emredilen tatbikat özelliklerine göre, Planlama Direktifi Ocak 2003 ayında gönderilecek olan kuvvet yapısı çalışması (Kuvvet 2010) dikkate alınarak 1. Ordu Komutanlığı Kuvvet yapısına ışık tutacak tarzda icra edilmesini.

İlgi ile teklif edilen senaryonun, 1. Ordu K.lığı Plan Semineri'nden sonra, 1. Ordu K.lığınca tespit edilecek bir tarihte plan çalışması şeklinde incelenmesini, planlanacak tarihin bildirilmesini."

Bu mesaj emri ile 1. Ordu K.lığı'nın teklif ettiği OEYTS reddedilmektedir. İstenilen OEYTS'nın tadil edilmesidir. Tadilatı öyle yapılmalıdır ki, 1. Ordu'nun plan gereği icra edeceği harekâtın, kuvvet yetersizliğinden dolayı uygulanmasına engel olunmamalıdır. OEYTS nedense, herkes tarafından adeta bir suç unsuru olarak anlaşılmaktadır. Bu fevkalade yanlış bir anlayıştır. 3 Ocak 2003 tarihli mesajda görüldüğü gibi, 12 Aralık 2002 tarihinde Ordu K.lığı'nın, KKK.lığı'na gönderdiği senaryonun, yani OEYTS'nın, daha sonraki bir tarihte plan çalışması olarak oynanması KKK.lığı'nca da kabul edilmiştir. Şimdi, eğer OEYTS içinde bir suç unsuru barındırıyorsa, böyle bir teklifin kabul edilerek ileride oynanabileceğinin kabul edilmesi mümkün olabilir mi? Bu nedenle, ifade esnasında da bu konuya ilişkin şöyle bir beyanım olmuştu:

"Şimdi eğer bu OEYTS'da suç unsuru varsa ve bunu dediysek -ileriki bir tarihte oynayabilirsiniz- bu soruyu bizlere sormanız lazım. Yani nasıl böyle bir şeye müsaade ettiniz diye."

Daha sonra ne oldu? 1. Ordu Komutanlığı hazırladığı senaryoyu Genelkurmay Başkanlığı ve Kara Kuvvetleri Komutanlığı'na 31 Ocak 2003 tarihinde gönderdi. Sonra, Kara Kuvvetleri Komutanlığı ve 1. Ordu Komutanlığı'nca yapılan araştırma ve incelemeler neticesinde, 1. Ordu Komutanlığı'nın 31 Ocak 2003 tarihli Seminer Uygulama Emri'ne nasıl bir cevap verildiğine dair bir kayda rastlanılmadı. Bu konuda 2 Mart 2012 tarihinde verdiğim ifadede şu beyanda bulundum:

"Ben şimdi bunları hep hatırladığım kadarı ile ifade etmeye çalışıyorum. Bu kapsamda baktığımız zaman, biz 31 Ocak 2003 tarihli 1. Ordu Komutanlığı'nın gönderdiği yazıdaki genel çerçeveyi uygun olarak değerlendirmiş olmamız lazım. Aksi olabilir miydi? Olabilirdi. Aksi olsa idi, bugün bu

31 Ocak 2003 tarihli yazıyı, aksini gösteren bir emrimiz olması lazımdı. Aksi, bir emir olmadığına göre 31 Ocak 2003 tarihli yazı uygun görülmüş. Bu yazı Genelkurmay Başkanlığı'na da gitmiş. Genelkurmay Başkanlığı'nın bu konuya Genelkurmay Tatbikatlar Programı çerçevesinde bakması lazım. Oradan da bir şey yok."

Görüldüğü gibi 31 Ocak 2003 tarihli teklife bir cevap verilmemiştir. Bu durumda, üst komutanlıkların, ast komutanlıkları suçlamaya kalkması etik değildir. Ortada bir hata varsa, o hatayı da üst komutanlık üstlenmek durumundadır. Hele komutanların karargâhlarını suçlamaya kalkması, onların komutanlık vasıflarına sahip olmadıklarının açık bir göstergesidir.

5-7 Mart 2003 tarihleri arasında oynanan, 1. Ordu Plan Semineri'ne ilişkin çok şey söylenmiş ve yazılmıştır. Bunların içinde en önemli doküman, Tümg. Mehmet Daysal Başkanlığında oluşturulan Bilirkişi Heyeti'nin hazırladığı rapordur. Maalesef ne mahkeme ne de basın, bu Bilirkişi Raporu'na gereken önemi vermedi. Raporun bazı önemli noktalarını hatırlatmakta yarar vardır:

"Balyoz Güvenlik Harekât Planı olarak adlandırılan dokümanın içerik ve format olarak incelenmesi sonucunda;

– Bahse konu dokümanın askeri yazışma teknik ve usulleri yönünden birçok noksanlık ve hatayı ihtiva ettiği,

– Durum maddesinde yer alan gelişmelerin pek çoğunun 2003 yılını takip eden yıllarda yaşanan gelişmeler olduğu, 2006 yılında kurulan bir sivil toplum kuruluşunun adının bile doküman metninde geçtiği, yapılan alıntıların tarihleri dikkate alındığında, Balyoz Planı adlı dokümanın 2007 yılından sonra hazırlandığı ve gerçek olmadığı yönünde ciddi şüpheler oluştuğu,

– Yapılan tespitler ışığında Balyoz Planı'nın resmi askeri belge özellikleri taşımadığı, art niyetli kişilerce maksatlı olarak hazırlanmış bir belge olabileceği sonucuna ulaşılmıştır."

24 Şubat 2010 tarihinde, Genelkurmay Başkanlığı İstanbul Cumhuriyet Başsavcılığı'na göndermiş olduğu yazıda, yapılan araştırmalar sonucunda Balyoz, Oraj ve Suga adlı iddia edilen

planların bulunmadığını bildirmiştir. Dönemin Genelkurmay Başkanı ile Kara Kuvvetleri Komutanı da, basına yansıyan konuşmalarında, Balyoz Planı'na ilişkin bir şey duymadıklarını, bilmediklerini ifade etmişlerdir. Balyoz davasında yargılamanın ana unsurunu, iddia edilen söz konusu planlar oluşturmaktadır. Ancak, bugüne kadar bir Allah'ın kulu ortaya çıkıp, söz konusu planları hazırladıklarını, gördüklerini, bildiklerini söylememiştir. Balyoz davasında en çok üzerinde durulan ve tartışılan konulardan birisi de, söz konusu planlar ile 1. Ordu Plan Semineri'nde yapılan konuşmaların birbirleriyle olan ilişkisidir. Daysal Bilirkişi Raporu'nda, bu önemli konuya da şu şekilde açıklık getirilmektedir:

"Ekli Klasörler içerisinde, her biri ayrı ayrı detaylı olarak incelenen ve resmi askeri belge niteliği taşımadıkları değerlendirilen bahse konu EYLEM Planları ve Eklerinde yer alan, bazı ifadeler; 1. Ordu Plan Semineri için hazırlanan Takdim Metni ve yansılarda, Ordu Kh. da yapılan Aylık Koordinasyon Toplantısının Ses Kaydı Çözüm Metninde, 1. Ordu Semineri'nin icrası esnasında kaydedilen konuşmalarda ve bu konuşmaların çözüm metninde yer almaktadır. Örtüşen bu ifadelerin bir kısmı birebir aynıdır. Ses kayıtlarında geçen ifadelerden, 19 ifadenin Balyoz Planı metninde, üç ifadenin SUGA adlı doküman metninde, üç ifadenin ORAJ adlı doküman metninde kullanıldığı tespit edilmiştir.

İnceleme kapsamında yapılan diğer tespitlerle birlikte mütalaa edildiğinde, ses kayıtlarından yapılan alıntıların Eylem Planları ve Eklerinin oluşturulmasında kullanıldığı değerlendirilmektedir."

Değerlendirmenin son cümlesi açıktır: Ses kayıtlarında yapılan alıntılar, eylem planları ve eklerinin oluşturulmasında kullanılmıştır. Daysal Raporu'nun oluşturulma tarihi 28 Haziran 2010'dur. Rapor, İstanbul Cumhuriyet Başsavcılığı'na da gönderilmiştir. Ancak, savcılar tarafından hazırlanan iddianame, 19 Temmuz 2010 günü mahkeme tarafından kabul edilmiştir.

6 Aralık 2010 tarihi Balyoz ve Ergenekon gibi davalar için çok önemli bir tarihtir. İstanbul Cumhuriyet Başsavcı yardımcılarından Fikret Seçen, Donanma Komutanlığı'na telefon ederek arama yapmak üzere Gölcük'e geleceklerini bildirir. Ellerinde, 28 Şubat ile ilgili bir ihbar mektubu vardır. Savcılar Donanma Komutanlığı Karargâhı'nda bir odaya girip, odanın zemindeki tesisat kanalı kapaklarının kaldırılmasını istediler. Odanın zemininde bilgisayar sistemlerine ilişkin kablolar bulunmaktadır. Bu arada, odanın zemininde bazı doküman ve meşhur 5 no.lu CD de bulunmuştur. 5 no.lu CD içerisinde Balyoz ve Ergenekon davalarına ilişkin birçok doküman vardı. Kontrollü girişin söz konusu olduğu bu odaya herkesin rahatlıkla girip çıkması mümkün değildir. Döşeme zemininde bulunan doküman ve 5 no.lu CD'yi oraya ancak askerler koyabilir. Önemli olan soru şudur: Bu doküman ve 5 no.lu CD oraya kim tarafından konulmuştur? Bu kişinin ortaya çıkarılması çok önemlidir ve o kadar da zor değildir. Donanma Komutanlığı Savcılığı bu konuda soruşturma açmıştır. Ancak, nedense bir sonuca ulaşamadılar. Emir komuta değişikliği nedeniyle Oramiral Nusret Güner, Donanma Komutanlığı'na atandıktan sonra, bu konunun üzerinde ısrarla durmuştur. 22 Eylül 2013 tarihinde *Aydınlık* gazetesinde yer alan konuşmasında şunları söylemiştir:

"Benim savcım 'Kovuşturmaya yer yoktur. Cumhuriyet Başsavcılığı aynı konuda araştırma yapıyor' dedi. Ben buna, beş sayfalık bir itiraz yazdım. Cumhuriyet Savcısı CD'lerde darbe planı arıyor. Ben bu CD'yi buraya kimin koyduğunun araştırılmasını istiyorum. Maalesef benim savcım, yine 'kovuşturmaya gerek yoktur' dedi."

Bu konu Balyoz ve Ergenekon davası için çok önemlidir. Eğer, özellikle 5 no.lu CD'nin oraya kimin tarafından konulduğu bulunabilseydi, büyük bir olasılıkla Balyoz ve Ergenekon davalarının seyri değişirdi. Oramiral Güner'in bu konuda, büyük bir gayret gösterdiği anlaşılmaktadır. Ancak, ondan önceki Donanma Komutanı'nın ve onun sıralı amirlerinin bu konuda ne yaptıkları, ne kadar gayret gösterdikleri pek bilinmemektedir. Yargıtay 9. Ceza Dairesi, 9 Ekim 2013 tarihinde Balyoz davasına ilişkin kararını açıkladı. Yargıtay Cumhuriyet Başsavcılığı'nın da bugüne kadar bu karara bir itirazı olmadı. Bu karar, Türkiye'de olduğu kadar yurtdışında da uzun süre tartışılacaktır. Balyoz adı verilen dava kullanılarak Türk Silahlı Kuvvetleri'nden çok sayıda askeri personel tasfiye edilmiştir. Bu bir tesadüf değildir. Bu tasfiye ile bugünün ve yarının komuta kademelerinde yer alabilecek niteliklere sahip personel ordudan uzaklaştırılmıştır. Türk ordusunun zayıflatılması, Türkiye Cumhuriyeti'nin bekasını ilgilendiren bir sorundur.

YAŞAMA DAİR

6 Ocak 2012 sabahı, daldığım derin uykudan uyandım. Yedi küçük odası bulunan, iki katlı cezaevinin bir koğuşunda tek başıma uyumuştum. Hava soğuktu. Getirdiğim eşyalar arasında bulunan kalın giysilerden seçtiklerimi giydim. Aşağı kata indim. Büyük bomboş bir salon, iki masa bir de eski bir televizyon vardı. Yüzümü yıkadım. Televizyonu açtım. Haber kanalları büyük ölçüde benim tutukluluk haberimi veriyordu. Televizyonun sesi boş odada gürültü şeklinde yankılanıyordu:

"Türkiye Cumhuriyeti'nin 26. Genelkurmay Başkanı, terör örgütü kurmak ve yönetmek suçlamasıyla tutuklandı. Takdir Yüce Türk milletine aittir."

Kenarda, bir tepsi üzerinde kurabiye kutuları, su ve meyve suları vardı. Herhalde, cezaevi idaresi tarafından ilk ihtiyaçların karşılanması için konulmuştu. Oradan bir iki şey alıp yedim. Koğuşa gelen gidenler oluyordu. Dikkat ettim, tek kişi gelmiyordu. Gelenler birden fazla idi. Durumumu merak ediyorlardı. Bir isteğim olup olmadığını soruyorlardı. Gelenlerden biri, akşamüstü başka bir koğuşa geçeceğimi söyledi. Orası, üst katta üç odalı bir

61

koğuşmuş. Gelenlere, iyi olduğumu ancak yeni geçeceğim koğuşta tek başına kalmak istemediğimi, yanıma birilerinin verilmesinin iyi olacağını söyledim. Sorun olmadığını ifade ettiler. Öğleden sonra yine geldiler. Silivri Başsavcısı'nın geldiğini, benimle görüşmek istediğini, hazırsam gidebileceğimizi söylediler. Koğuştan çıktık. Bir yığın demir parmaklıklı adeta labirent gibi koridorlardan geçtik. Bıraksalar, kaldığım koğuşu rahat bulamazdım. Bir büyük odada, Başsavcı, İnfaz Savcısı ve Cezaevi Müdürü beni bekliyordu. Tanıştık ve oturduk. Bazı genel konuları konuştuk. Başsavcıya da yalnız kalmak istemediğimi söyledim. "Düşünüp değerlendireceğiz" dedi. İnfaz savcısı ise, bu sürenin biraz zaman alacağını, belki birkaç ay filan süreceğini söyledi. Ben de onu duyunca içimden, demek ki burada epeyi kalacağız diye geçirdim. Tutuklanma sürpriz olmamıştı. Bunu bekliyordum. Ama burada ne kadar kalacağımı pek tayin edemiyordum. Odaya birileri girdi. Kızım Feride ve oğlum Murat'ın beni ziyaret için geldiklerini söyledi. Günlerden Cuma idi. Yani cezaevindeki ilk günüm, 6 Ocak 2012... Feride ve Murat'ın ziyaretini beklemiyordum. Biraz sürpriz oldu.

İnfaz Savcısı, Başsavcı'ya bakıp biraz gülümseyerek: "Ziyaret için izin verelim mi?" diye sordu. Başsavcı "Olur" diye yanıtladı. Sonradan öğrendim ki, ilk gün ziyaret hakkı zaten varmış. Savcılar ile konuşmamız uzuyordu, fakat benim aklım çocuklardaydı. Nasıl karşılaşacaktık? Ne konuşacaktık? Bir an önce buradaki konuşmayı bitirerek, onları görmek istiyordum. Nihayet oradan ayrıldım. Görüşmenin yapılacağı yere gittim. Görüşme "kapalı görüş"tü.

Yaşam Yiğitçe ve Onurlu Olmalıydı

Kapalı görüşmeyi, küçük bir bölmede yapıyorsunuz. Aranızda kalın bir cam var. Konuşmanızı telefonla yapıyorsunuz ve kayda alınıyor.

Feride ve Murat'ı karşımda gördüm. Adeta iki kuş gibi uçarak babalarını görmeye gelmişlerdi. Yüreklerinin pır pır ettiğini hissediyordum... Filmleri hatırlayın... Sevdiklerinden uzaklarda olan biri, kış günü pencerede oturur. Dışarıya bakar. Beklemektedir. Ansızın pencerenin sahanlığına iki kuş konar, pır pır ederek. Gözlerindeki büyük sevgi ile ona bakarlar. Oturan adam, o kuşlarda sevdiklerini görür. Telefon ahizesini kaldırarak konuşmaya başladık. Ağızlarımızdan ilk çıkan sözler, adeta kırık olarak çıkıyordu. Bir müddet sonra toparlanabildik. İlk görüşme, cezaevlerinde gerçekten pek kolay değildi. Görüşmenin devamında, onların moralli ve kararlı olduklarını gördüm, rahatladım. Cezaevinde başlangıçta lazım olacak bazı malzeme ve giysiyi de beraberlerinde getirdiklerini söylediler. Zaman süratle geçti. Onlar üzülerek ayrıldılar. Ben de koğuşa döndüm.

F9 üst koğuşuna taşınacaktım. Hazırlandım. Akşamüstü o koğuşa taşındım. Daha temiz, derli toplu bir koğuştu. Yeni yerimiz buraydı. Acaba burada ne kadar kalacaktım? Açık söylemek gerekirse, iki sene geçireceğimi pek düşünmüyordum. Ama cezaevinde bu süreçte geçirdiğim iki yılın ilk günü böyle geçti. Akşam, koğuşta düşünürken kendi kendime şu sözleri fısıldadım:

"Yaşamak acı çekmektir."

Ancak yaşamak için bir nedeni olan kişi, hemen hemen her şeye dayanabilir. Yaşamak için ortada çok neden vardı. Her şeyden önce eşim ve çocuklarım için yaşamak zorundaydım. Ama önemli olan, cezaevinde de olsa yaşam, "yiğitçe" ve "onurlu" olmalıydı. Bu konularda asla en küçük taviz vermemeliydim. Bugüne kadar da bu prensibe sıkı sıkıya bağlı kalmaya çalıştım.

Cezaevi hayatı zor... Bu zorluğu ancak umudunuzu hiç yitirmeden aşabilirsiniz. Bunun yanında fiziki ve ruh sağlığınızı korumak sizin için en önemli olan husus. Bu nedenle daha önce de söylediğim gibi cezaevinde doğal olarak içinde bulunduğunuz sıkıcı, bunaltıcı üçgeni kırmanız gerekir. Bu üçgenin üç noktasını ise, içinde bulunduğunuz dava süreci, televizyondaki haberler ve haber programları ile gazeteler oluşturuyor. Bu noktaların dışına çıkmalısınız. Nasıl mı? Okuyarak. Okumak için bugüne kadar elde edemediğiniz büyük bir şans var elinizde: Bol zaman. Hareket etmelisiniz. Yürüyüş ve olabilecek sportif faaliyetler de size bu imkânı sağlayabilir. Tabii eğer bir de yazma kabiliyetiniz, isteğiniz, gücünüz varsa, inanın ki bu faaliyet sizi buralardan alıp, uzaklaştırıp, istediğiniz yere ulaştırabilir. Emre Kongar, yazmakla ilgili şunları söylüyor: "Yazmak benim için ebedileşmektir. Yazdığım zaman ömrümü aştığımı, ölümlü insan ömrünü yendiğimi ve sonsuzlukla bütünleştiğimi hissediyorum. Yaşamımı aşmayı yazıda buluyorum. Yazmaya odaklandığım için, küçük hesaplar beni pek etkilemez. Yazmak ve sonsuzluğa ulaşmak."

Ben de yazmaya aşığım. Cezaevindeki ilk yılım, 20. Yüzyılın En Büyük Lideri Mustafa Kemal ve Atatürk kitaplarını yazmakla geçti. Bu süreçte oldukça mutlu oldum. Kitapların yazımı bitince de kendimi büyük bir boşlukta hissettim.

Okumaya gelince. Yazabilmek için önce okumak lazım. Kendi yaşamıma baktığım zaman Harp Akademileri'ne öğrenci olarak katıldığım 1971 yılına kadar iyi bir okuyucu olduğum, ancak daha sonraki 20 yılı biraz boş geçirdiğimi düşünüyorum. 1990'lı yıllardan itibaren tekrar iyi bir okuyucu oldum. Ama, önümde okunmayı bekleyen çok şeyin, zamanın ise yetersiz olduğunu görünce hem hayıflandım hem de üzüldüm. Çünkü içimde okumaya yönelik büyük bir açlık vardı.

Okumaya yoğun şekilde geri döndüğüm yıl 1993 oldu. O sene, Diyarbakır'a, Jandarma Asayiş Kolordu Komutan Yardımcılığı'na atanmıştım. Zor yıllardı... Her gün çatışma ve şehit olaylarıyla karşı karşıya idik. Ama hayat devam ediyordu. Ertesi güne zinde ve hazırlıklı olmak zorundaydınız. Bu zor süreci geçirirken bana en iyi gelen şey boş zamanlarda, özellikle geceleri okumak oldu. Okumak, beni bulunduğum zor şartlardan uzaklaştırıyor ve dinlendiriyordu.

Cezaevinde, okuma için önünüzde inanılmaz boyutta imkân var. Yeter ki okuyabilmek için, kendinizi rahat hissedin, hazır hissedin. Okumanın yanında, samimi olarak itiraf edeyim, cezaevine girdiğim ana kadar şiire pek ilgim olmamıştı. Pek bir şiir kitabı alıp okuduğumu da hatırlayamıyorum. Cezaevindeki en büyük kazanımlarımdan biri, içimde şiire ilişkin bazı duyguların yeşermesiydi. Bir gün "Yaşamak acı çekmektir" diye düşünürken, kalemimden bazı mısralar birdenbire dökülüverdi. Şiir bana göre duymak ve duyduğunu da en kısa şekilde kâğıda aktarabilmektir. Ben şiire olan çok geç kalmış duygularımı ilk kez cezaevinde hissetim. İşte ilk şiirim:

Sevgi ve Acı

Bugünü yaşa, her dakikasını içercesine, severcesine
Bugünü yaşa, her dakikasında acı çekercesine
Sevgi ve acının birbirlerini tamamladığını bilircesine
Yaşadığın her sevgi ve acı için, Allah'a dua edercesine
Hayatın bir varmış, bir yokmuş olduğunu düşlercesine
Yetmiş yaşında ilk şiir denemesini yaptığına inanırcasına.

Cezaevinde bulunmanın en büyük güçlüğü ise sevdiklerinizden, yakınlarınızdan uzak olmaktır. Haftada sadece bir saat, onlarla ya cam arkasından ya da yüz yüze görüşme, konuşma veya onları koklama şansınız vardır. Bu duygularım da bir gün beyaz kâğıda şu şekilde aniden dökülüverdi:

Mesafe

Uzakta sevdikleriniz
Dokunamazsınız...
Kokularını özlersiniz
Duyamazsınız...

Birden
Yüzünüzü sildiğiniz
Havluda
Kokularını hissedersiniz
Öpersiniz...
Aranızdaki mesafeleri silersiniz.

Şiire olan ilgim, şairlerin hayatına olan merakımı da artırdı. İlk önce, Abdülhak Hamit'in hayatını anlatan Can Dündar'ın *Lüsyen* isimli kitabını okudum. Bugüne kadar okumadığım için de kendi kendime kızdım. Lüsyen Hanım'ın inanılmaz hikâyesi bile başlı başına bir anıt gibiydi.

Tevfik Fikret'i ve Nâzım Hikmet'i, Hıfzı Topuz'un yazmış olduğu kitaplardan daha yakinen tanıdım ve öğrendim. 2011 yılında turistik bir gezi kapsamında Rusya'ya gittik. Gezi programında Moskova'daki mezarlığın ziyareti de vardı. Nâzım Hikmet'in mezarı oldukça gözde, iyi bir yerdeydi.

Yıllar sonra Silivri'de bir cumartesi gecesi geç saatlerde, *Hava Kurşun Gibi Ağır* adlı kitabı bitirdiğimde derin düşüncelere daldım. Nâzım Hikmet'in yaşamöyküsünden etkilenmiştim. Yattım. Biraz sonra uyandım. Aklım, ruhum düşüncelerle doluydu. En iyisi herhalde ruhumun içinde duyduklarımı yazmaktı. Ben de öyle yaptım:

Nâzım'a

Yaban ellerinde,
mezarının başında,
yabancıyım sana.
Ne zaman ki,
Milli Mücadele'de Anadolu'ya kaçışını,
sonraki yıllarda,
ne büyük haksızlıklara,

zulümlere uğradığını,
ama
"Türklüğümü elimden alamazsınız"
diye haykırdığını,
Nüzhet, Piraye, Münevver, Vera ile,
yaşadığın inanılmaz aşklarını,
Raşit Kemali'den nasıl,
bir Orhan Kemal yarattığını,
öğrendiğim gün,
utandım.
Anadolu'da bir çınar altını,
senden esirgediğimiz için,
utandım.
Dedim ki:
üzülme, utanmazlığın, haksızlığın,
diz boyu olduğu bir ülkede,
utanmak ayıp değil.
Sen,
vatanseverliğin,
gümbür gümbür sesi,
yüce Türk şairi,
affet bizi.

Silivri'de, Hasdal'da, Hadımköy'de, Kartal Maltepe'de ve Sincan'da acılar, haksızlıklar ve adaletsizlikler yaşanmaktadır. İnsanlara, ailelerine, sevdiklerine ve destekleyenlerine adeta azap çektirilmektedir. Gelin bu yaşananları ve düşünceleri de beyaz kâğıda bir şiir ile dökelim:

Azap Yolu

Kavşaklarla, virajlarla, yamaçlarla dolu hayat yolu.
Bu yolda koştuk, çabaladık hiç yorulmadan,

Yaşamın güzelliklerinin nasıl geçtiğini anlamadan.
Sevinçleri ve başarıları çevremizle paylaştık,
Bazen üzülüp donup kaldık.
Acıları, sorunları hep kendimize sakladık.
Bütün bunlara rağmen yaşam ne güzel deyip durduk,
Altmış yedide emeklilik yolu göründü emekli olduk.
İki yıl bile geçmeden 27 Aralık gecesi bir haber aldık,
Dediler ki size yine bir yol göründü.
Nereye?
Oturma odasının penceresinden bakınca
Oralarda olduğunu bildiğimiz, ancak görmediğimiz,
Orada yaşananları ve yaşayanları iliklerimizde
Hissettiğimiz
Silivri'ye...
Kimilerine göre bu yol azap yolu.
Ne büyük yanılgı!
Aslında günahsız insanlara açılan bu yol sabır yolu.
Eğer bana sorarsanız
Azap yoluna taş döşeyenlerin gidecekleri yolu,
Derim ki
Allah büyük, tek doğru gerçek değil mi bu?

Biz de, neredeyse cezaevindeki ikinci yılımızı dolduruyoruz. Hayatımdan çalınan bu iki yılda, en gurur duyduğum an, 7 Haziran 2013 tarihinde mahkemede yaptığım konuşmanın bitiminden, bütün sanık ve dinleyicilerin ayağa kalkarak beni alkışlamış oldukları andır. Büyük düşünür Montesquieu'nun güzel bir sözü vardır:

"Bir rejim, halkın adalete inanmaz bir hale geldiği noktaya gelince, o rejim mahkûm olmuştur."

Bugün Türk milleti, yargı kullanılarak Türk Silahlı Kuvvetleri'ne karşı yürütülen faaliyetin ne olduğunun ve neden yapıldığının farkındadır. Yargıya olan güven gün geçtikçe azalmaktadır.

Yapılan kamuoyu araştırmaları bunu açıkça göstermektedir. Türk milletinin yüzde 70'lere varan büyük çoğunluğu, 26. Genelkurmay Başkanı'na ve arkadaşlarına büyük bir haksızlık yapıldığına inanmaktadır. İnanıyorum ki, bugün haksız yere cezaevlerinde tutulanları, Türk milletinin onlara karşı duyduğu derin sevgi kurtaracaktır. Bu inançla, yüce Türk milletine bir kere daha seslenmek istiyorum:

Ayak Oyunu

Suçlu, ayağa kalk!
Kime söylüyorsunuz?
Hiç oturmadım ki ben
Hep ayaktayım, dimdik.
Dediler ki bize:
Kahramanlar ayakta ölür.
Suçum, ayakta durmak mı?
Evet.
O zaman açık açık söyleyin
Bu bir ayak oyunu.
Bu ülkede dik duranlar pek sevilmez.
Sen de otursaydın birileri gibi,
Şimdi burada olmazdın.
Ben de derim ki o zaman,
Ey halkım,
Yeter seyrettiğin bu oyunu.
Hukuksuzluğa karşı çıkmak,
Bozmak için bu ayak oyununu,
Hele bir doğrul,
Gayrı yeter de!

İKİNCİ BÖLÜM
ÇALINAN İKİ YILDA YAZDIKLARIM

TUTUKLANMA TALEBİYLE SEVK EDİLDİĞİM
12. AĞIR CEZA MAHKEMESİ'NDE YAPTIĞIM KONUŞMA

"Silahlı Terör Örgütü Kurma veya Yönetme ve Türkiye Cumhuriyeti Hükümeti'ni Ortadan Kaldırmaya veya Görevini Yapmasını Engellemeye Teşebbüs Etme" **suçunu reddediyorum!**

Bu şuçla itham edilen kişi Türkiye Cumhuriyeti Devleti'nin 26. Genelkurmay Başkanı'dır. Bunu tarihe not olarak düşmekte yarar görüyorum. Ben Genelkurmay Başkanı olarak, TSK'nın komutanıyım. Türk Silahlı Kuvvetleri, dünyanın sayılı en güçlü ordularından bir tanesidir. Böyle bir orduya komuta eden birinin, silahlı terör örgütü kurmak ve yönetmek ile suçlanması gerçekten trajikomiktir. Ben 2002 Ağustos ayında orgeneralliğe terfi ettim ve 2003 yılı Ağustosu itibariyle Genelkurmay 2. Başkanlığı görevine atandım, şu andaki siyasi iktidar tarafından. Yine bu siyasi iktidar tarafından 2006 yılında Kara Kuvvetleri Komutanı olarak atandım. 2008-

2010 yılları arasında Genelkurmay Başkanlığı görevine atandım.

Şimdi elbette devletimizin istihbarat olanak ve imkânları var, bu kadar sene beraber çalışıyoruz, siyasi otoritenin en büyük makamlarıyla, o dönemlerde benim bir silahlı terör örgütü kurmam ve yönetmem tespit edilememiştir ki, bu üzerinde durulması gereken bir nokta. Tespit edilmiş ve bu görevde tutulmuşsam bu da ayrı bir nokta. 30 Ağustos 2010 yılında emekli olduktan 1,5 yıl sonra, böyle bir suçlamayla karşı karşıya kaldım. Çok üzücü ve anlaşılması zor. Benim bu faaliyetlerimi aktif görevim esnasında yaptığım iddia ediliyor ki bu faaliyetlerim, o zamanda devletin yetkili makamlarınca anlaşılamamışsa bunu da anlamak mümkün değildir. Netice olarak böyle bir iddiayı duymak, işitmek, silahlı kuvvetlere, ülkeye, devlete hizmet etmiş, şerefiyle onuruyla görev yapmış biri için çok ağır bir iddia. Bu iddianın bu şekilde dile getirilmesi bile benim için en ağır cezadır. Bundan sonra ne ceza verilse, beni daha fazla üzmez. Benim görevim esnasında böyle bir şey varsa gereken yapılmalıydı. Bu kanaate nasıl ulaşılmıştır. Basın açıklamalarımdan, İnternet Andıcı, bir iki haber ile Genelkurmay Başkanı itham edilmektedir. Ben savcılık sorgum esnasında ciddi bir soru ile muhatap olmadım. Eğer bunlarla bu sonuca varılarak suçlanıyorsam bu gerçekten çok acıdır. Bir iki basın açıklaması ve bir iki internet sitesi haberi ile hükümeti yıkmakla itham ediliyorsam bu çok acıdır. Benim böyle kötü bir amacım olsa 700 bin kişilik gücü elinde tutan bir komutan olarak bunu yapmanın başka yolları da olabilirdi. Ben görev hayatım boyunca her zaman kanunların ve anayasanın çizgisinde oldum. Son olarak bir Genelkurmay Başkanı'nın bir terör örgütü kurmak ve yönetmekle suçlanması, bu bana verilecek en büyük cezadır. Bunun bu şekilde söylenmesi bile verilecek en büyük cezadır. Bundan daha büyük cezanın olabileceğini düşünmüyorum.

Takdir mahkemenizindir, bizler gelip geçiciyiz ancak sizler tarihe not düşeceksiniz.

TAKDİR YÜCE TÜRK MİLLETİNE AİTTİR!

"Türkiye Cumhuriyeti'nin 26. Genelkurmay Başkanı
terör örgütü kurmak ve yönetmek suçlamasıyla tutuklanmıştır.
Takdir yüce Türk milletine aittir."

ÖZGÜRLÜK SADECE DIŞARIDA OLMAK DEĞİLDİR

Hakkımda tanzim edilen iddianamenin sonuç bölümüne bakılırsa, Genelkurmay Başkanı olarak, iddia edilen Ergenekon Terör Örgütünün amaçları doğrultusunda hareket ettiğim, bu faaliyetleri yönetmekle suçlandığım görülür.

Evet ben, yalnızca bir farkla, Genelkurmay Başkanı'nın görev ve sorumlulukları doğrultusunda, Türk Silahlı Kuvvetleri'ni yıpratmak, sindirmek ve itibarsızlaştırmak maksadıyla yürütülmekte olan "asimetrik psikolojik harekâta" karşı mücadele ettim.

Evet ben, varlığı halen kanıtlanmamış bir terör örgütüne atıfta bulunarak Türk Silahlı Kuvvetleri personelinin "masumiyet karinesi" hiçe sayılarak kamuoyunda haksız ithamlarla yıpratılmasına ve itibarsızlaştırılmasına karşı çıktım.

Evet ben, Genelkurmay Başkanlığı görevinde bulunduğum süre boyunca, Türk Silahlı Kuvvetleri'nin birlik ve bütünlüğünü ve disiplinini bozabilecek her türlü olumsuz etkilere karşı, Türk Silahlı Kuvvetleri'ni korumak için var gücümle çalıştım.

Evet ben, bu süreçte karşılaştığımız sorunlara ilişkin görüş ve tekliflerimi yetkili makamlara ilettim. Zaman zaman da, bu konuya ilişkin görüşlerimi, yaptığım konuşmalarla kamuoyuyla paylaştım. Benim yaptığım, yapmaya çalıştığım budur.

Ancak bugün, inanıyorum ki yapmış olduğum bu faaliyetler ve konuşmalar nedeniyle adeta "konuştuğum için" emekli olduktan neredeyse iki yıl sonra, Silivri'de tutuklu bulunuyorum. Bu suçlamanın kişisel boyutta kaldığı düşünülemez. Anayasa'nın 117. maddesine göre Genelkurmay Başkanı silahlı kuvvetlerin komutanıdır.

Bir kimseye hem Türk Silahlı Kuvvetleri'nin komutanı hem de silahlı terör örgütünün yöneticisi demek, her şeyden önce Türk Silahlı Kuvvetleri'ne de yöneltilen ağır bir suçlamadır.

Soruşturma ve kovuşturma safhasında karşılaştığımız hukuk sürecinin bu şekilde yönetilmesinin ve isnat edilen suçların, Türk adalet sistemi üzerine gölge düşürdüğüne dair kamuoyunda önemli bir mutabakatın şekillendiğini görmemek mümkün değildir. Bunlar, kamuoyu vicdanının rahatsız olduğunun işaretidir.

Şu an cezaevi ortamının getirdiği kısıtlayıcı koşullar altında yaşıyorum, fakat bu koşullar kendimi özgür hissetmemi hiçbir şekilde engellemiyor.

Özgürlük sadece dışarıda olmak değildir.

Mustafa Kemal Atatürk'ün söylediği gibi;

"Hayat demek mücadele ve müsademe demektir. Hayatta başarı kazanmak, mutlaka mücadelede başarı kazanmaya bağlıdır."

TÜRK SİLAHLI KUVVETLERİ BİR TERÖR ÖRGÜTÜ DEĞİLDİR!*

Sayın Başkan, Sayın Heyet,

Dünyanın hiçbir ülkesinde hem ülkenin silahlı kuvvetlerinin komutanı hem de bir silahlı terör örgütünün yöneticisi olan Genelkurmay Başkanı görülmemiştir. Ben, Türkiye Cumhuriyeti'nin 26. Genelkurmay Başkanıyım. Hayatımın son 20 yılını terörle mücadele ile geçirdim. Kara Kuvvetleri Komutanı ve Genelkurmay Başkanı olduğum yıllarda da, birilerinin düşündüğü ve iddia ettiği şekilde değil; bütün maddi ve manevi varlığımı ortaya koyarak, ülkemizin başına bela edilen terör sorununun ortadan kaldırılması için var gücümle çalıştım. Bu çalışmalarıma da çok kişi tanıklık etmiştir.

Şimdi bana terör örgütü yöneticisi diyenlere şaşarım. Bu suçlama hiçbir zaman kişisel bir suçlama olarak kabul edilemez. Bu

---

* Türkiye Cumhuriyeti 26. Genelkurmay Başkanı İlker Başbuğ'un mahkemede yapmış olduğu ilk konuşmadır. (Y.N.)

suçlama, gerçekte şahsım üzerinden Türk Silahlı Kuvvetleri'ne de yöneltilen ağır bir suçlamadır. Bu suçlama ile bir Genelkurmay Başkanı'nın görev süresinin iddianamede, hukuken bu şekilde tarif edilmesi, siyasi açıdan da özel olarak düşünülmesi gereken bir sıra dışı durumu ifade etmektedir. Bu suçlama, aynı zamanda siyaseten devletimize de yöneltilen son derece ağır ve haksız bir ithamdır. Bu karmaşa, ülke yönetimini devredeceğimiz genç nesillere nasıl anlatılacaktır? Tarihe nasıl not düşülecektir? Hayatımda hiç hukuksuz davranmadım. Demokrasiye olan bağlılığım da ortadadır. Bu durum kamuoyu ve beni yakinen tanıyanlar tarafından da çok iyi bilinmektedir. Bütün bunlara rağmen, belirli amaçlara hizmet etmek için, şimdi kalkmışlar dünyanın en güçlü ordularından birinin komutanı iken, iddia edilen bir terör örgütünün istekleri ve yönlendirmesi doğrultusunda, internet yoluyla ve yaptığım konuşmalarla darbeye teşebbüs ettiğimi iddia ediyorlar.

Beni suçlayanlar, komutanlık dönemimde tek bir internet sitesi bile açılmadığını, mevcut olanların da tarafımızca kapatılmış olduğunu bilmiyorlar mı?

Beni suçlayanlar, söz konusu İnternet Andıcı'nın gerçekte herhangi bir suç unsuru taşımamasına rağmen, varsayımlar üzerinden bu andıca suç unsuru yüklenilmesinin hukuken doğru olmayacağını bilmiyorlar mı?

Beni suçlayanlar, eğer söz konusu İnternet Andıcı'nda herhangi bir suç unsuru görse idim, tereddütsüz soruşturma emri vereceğimi bilmiyorlar mı?

Beni darbe ortamı oluşturmak amacıyla, psikolojik harekât faaliyetlerini yönetmekle suçlayanlar, Genelkurmay Başkanlığı görevini devraldığım ilk günlerde, Bilgi Destek Dairesi'nin bir süreçte öncelikle küçültülmesini daha sonra da lağvedilmesi direktifini verdiğimi, bu daireye ait dört Bilgi Destek Taburu'ndan ikisinin hemen, Daire'nin ise 11 Ağustos 2009'da lağvedildiğini bilmiyorlar mı?

Beni suçlayanlar, yapmış olduğum bu konuşmaları Genelkurmay Başkanlığı görevim ve sorumluluğum gereği olarak yaptığımı bilmiyorlar mı?

Ne yapmalıydım? Türk Silahlı Kuvvetleri personelinin, masumiyet karinesi hiçe sayılarak medyada haksız ithamlarla yıpratılmasına ve itibarsızlaştırılmasına sessiz mi kalmalıydım?

Bu iddialar ve suçlamalar yersizdir. Böyle bir iddianameyle, bir kişinin suçlanmaya çalışılması sadece, yetersizliğin bir komedisidir.

Bu nedenlerle bu iddianameye itibar etmiyorum.

Karşı karşıya bırakıldığımız bu davaya bir bütün olarak bakıldığında, sivil ve asker, sorumluluk taşıyan ve vicdan sahibi olan herkesin de, kendilerinden beklenildiği gibi dürüstçe davranacağına inanıyorum.

Genelkurmay Başkanlığı, devletin en önemli makamlarından biridir ve bu nedenle, Anayasa'nın 148. maddesi bu makama da özel bir statü tanımıştır.

Türkiye'deki birçok değerli ve saygın hukukçunun tereddütsüz belirttiği şekilde, eğer şahsımla ilgili bir yargılama olacaksa, bu yargılama yerinin Yüce Divan olduğu açıktır. Bütün bu nedenlerle, huzurunuzda savunma yapmaya zorlanmayı, işgal etmiş olduğum makama ve Türk Silahlı Kuvvetleri'ne karşı yapılmış çok ağır bir haksızlık olarak görüyorum. Bu inançla, bugün burada savunma yapmayacağım ve hiçbir soruya da cevap vermeyeceğim. Bu davranış mahkemeye karşı bir tavır alma şeklinde algılanmamalıdır. Bu davranış, Anayasa'ya, hukukun üstünlüğüne ve kendime karşı olan saygımın ve taşıdığım sorumluluğun bir gereği ve doğal sonucudur.

Hizmetinde bulunmaktan her zaman şeref ve gurur duyduğum aziz milletime karşı, bugün kişisel olarak hiçbir endişe taşımıyorum. Tek endişem, sağduyu sahibi pek çok kişinin de ifade ettiği gibi, güzel ülkemin ve güzel insanlarının çeşitli nedenlerle bir bölünmeye ve kutuplaşmaya doğru sürüklenmekte olmasıdır.

Türk ordusunun üniformasını onur ve gururla taşıdığım 53 yıl boyunca vatanıma, milletime, devletime ve orduma sadakatle hizmet ettim. Aksini iddia edenleri bugün benim, yarın ise tarihin affetmeyeceğine inanıyorum.

Takdir yüce Türk milletine aittir.

MAHKEMELER DAVALARI,
BAZEN DE DAVALAR MAHKEMELERİ YARGILAR

Kamuoyunda "İnternet Andıcı" olarak bilinen dava, 13. Ağır Ceza Mahkemesi'nin aldığı bir kararla 2. Ergenekon davası olarak bilinen dava ile birleştirildi. Birleştirme nedenleri olarak ileri sürülen soyut ve yapay gerekçelerin inandırıcılığı yoktur. Aslında, soruşturmanın başladığı an düşünülen planın, zamanı geldiği için uygulamaya konulduğu izlenimi doğmaktadır. Böylece sanık sayısı 148'e yükselmiş, gerek duyulan zaman kazanılmıştır.

Hakkımda hazırlanan iddianamenin, örgütsel irtibatlar olarak ileri sürülen iddialar bölümüne bakılırsa, 3 Mart 2004 tarihinde, Ankara'da yapılan "Hilafetin İlgası ve Tevhidi Tedrisat Paneli"ne katılmış olmak, Sn. Mustafa BALBAY ile 2004 yılında Genelkurmay Başkanlığı Karargâhı'nda görüşmek, 2009 yılında Hırvatistan'da resmi bir gezide bulunurken Genelkurmay 2. Başkanı tarafından aranılarak bir konu hakkında bilgi verilip görüşümün sorulması ve iki kişi arasında geçen bir telefon görüşmesinde ismimin geçmesi gibi konuların olduğu görülür. İleri sürülen bu iddialarla, Türkiye Cumhuriyeti Devleti'nin 26. Genelkurmay Başkanı'nın, bugüne kadar varlığı ispat edilememiş, yalnızca "iddia edilen" bir terör örgütü ile ilişkilendirmeye çalışılması ciddiyetten uzak, kabul edilemez bir davranıştır.

13. Ağır Ceza Mahkemesi, benim hakkımda, İstanbul Cumhuriyet Başsavcılığı'na resen yapmış olduğu suç duyurusunu esas itibariyle "İnternet Andıcı"na dayandırmıştır.

Genelkurmay Karargâhı'nda hazırlanan ve içinde suç unsuru bulundurmayan bu Andıç, ihbarı yapan kişinin değerlendirmeleri doğru kabul edilerek, medya aracılığıyla başlangıçta kamuoyuna bir suç belgesi gibi yansıtılmıştır. Medya da bu işin aslını araştırma gereğini duymamıştır.

Soruşturma ve kovuşturma safhalarında da, bu Andıc'ın Genelkurmay Başkanı'na arz edilip edilmediği üzerinde yoğunlaşarak istenilen amaca ulaşılması düşünülmüştür. Bu safhalarda, hiçbir sanığın "Bu Andıc'ı Genelkurmay Başkanı'na ben arz ettim. Bu Andıç üzerinde Genelkurmay Başkanı'nın imza veya parafını ben gördüm" şeklinde ifadesi olmamasına rağmen, mahkeme suç duyurusunda bulunma kararı almıştır.

Genelkurmay Başkanlığı görevini devraldığım ilk günlerde, yeniden yapılanma kapsamında bir süreç dahilinde Bilgi Destek Dairesi'nin lağvedilmesi emrini verdim. Komutanlığım dönemimde, bu Daire içerisinde tek bir internet sitesi açılmadığı gibi, önceden açılmış olanlar da kapatılmıştır. Bu nedenlerle, benim dönemimde internet siteleri üzerinden suç işlendiğini ileri sürmek mümkün değildir.

İnternet Andıcı suçlamalarının yetersiz kalması karşısında iddia edilen "İrtica ile Mücadele Eylem Planı" üzerinde durulmaya başlanmıştır. Bilindiği üzere, söz konusu iddia edilen Plan'ın basında yer alması üzerine aynı gün 12 Haziran 2009 tarihinde, Genelkurmay Askeri Savcılığı'na soruşturma açılması emri verilmiştir. Soruşturma ile, iddia edilen Plan'ın Genelkurmay Karargâhı'nda hazırlanıp hazırlanmadığı, haberin yayınlandığı gün orijinalinin imha edilip edilmediği, bilgisayar kayıtlarının temizlenip temizlenmediği ve bu suretle delillerin karartılıp karartılmadığının ortaya çıkarılması istenilmiştir.

Anayasal güvenceye sahip Askeri Savcılık tarafından yürütülen soruşturmalar sonucunda, böyle bir Plan'ın hazırlanmasına ilişkin sıralı amirler tarafından hiçbir emir verilmediği ve Bilgi Destek Dairesi'nde böyle bir Plan'ın hazırlanmadığı anlaşılmıştır.

Hal böyle iken, iddia edilen Plan'ın Genelkurmay Başkanı'nın bilgisi dahilinde hazırlandığının değerlendirilmesi ve bu değerlendirmenin hiçbir somut delile dayanmadan yapılması hukuken ve vicdanen kabul edilemez.

Sonuç olarak bugün gelinen noktada,

– İddia edilen Ergenekon Terör Örgütü'nün Genelkurmay Başkanlığı'na sızıp, Genelkurmay Başkanlığı'nı ele geçirdiği kabul edilmektedir. Çünkü Genelkurmay Başkanı, Genelkurmay 2. Başkanı ve Karargâh'ın en önemli Korgeneral/Koramiral rütbesindeki Karargâh Başkanı ve diğer general, subaylar tutukludur. Aslında, Genelkurmay Başkanlığı'na terörist damgası vurulmak istenilmektedir.

Burada bir husus merak edilmektedir. Bugün Türk Silahlı Kuvvetleri'nin çeşitli komuta kademelerinde bulunanlar, -bir dönem, aynı zamanda bir terör örgütü yöneticisi olan- Genelkurmay Başkanlarının ve onun terör örgütü karargâhının emir ve komutası altında görev yapmış olmalarını nasıl değerlendirmektedirler?

– Bir Genelkurmay Başkanının, iddia edilen bir terör örgütünün görevlendirmesiyle ve yönlendirmesiyle faaliyetlerde bulunduğu ve albay rütbesindeki bir kişinin, örgütsel konum bakımından askeri rütbedeki üstlerinden daha etkili olduğu kabul edilmektedir.

Bu iddiayı ileri sürenler, ne Türk Silahlı Kuvvetleri'ni ne de Genelkurmay Başkanlığı makamının ne olduğunu hiç bilmemektedirler.

Ayrıca, yine bu iddiada bulunanlar, Türk Silahlı Kuvvetleri'nin bütün dünya tarafından bilinen ve takdir edilen disiplin anlayışını ve emir komuta yapısını, başkalarının emir komuta yapısıyla karıştırmakta ve özdeşleştirmeye çalışmaktadır.

– Mahkemenin aldığı bu son birleştirme kararıyla birçoğu birbirini bile tanımayan, hiçbir ilişkisi bulunmayan ve hatta farklı konumlarda bulunan 148 kişi aynı dava içine -daha önce de birçok örnekte görüleceği gibi- konularak ilişkilendirilmeye çalışılmaktadır.

Böylece davalar içinden çıkılması daha zor bir durum içine sokulmuş olmaktadır. Çünkü birleştirme kararıyla sekiz iddianamenin ve 148 kişinin yargılandığı bir dosya oluşmuştur. Bu birleştirme kararı bir fayda sağlamayacağı gibi, karar verme sürecini de uzatacaktır.

Unutulmamalıdır:

Mahkemeler davaları yargılar. Ancak, bazı durumlarda Türk milletinin vicdanı ve sağduyusu üzerinden, davalar da mahkemeleri yargılar.

TÜRKLÜĞÜMLE VE MÜSLÜMAN OLMAMLA İFTİHAR EDERİM

Mahkemedeki ilk duruşmamda, savunma yapmayacak ve hiçbir soruya cevap vermeyecek oluşumun nedenini açıklayan konuşmamdan sonra, tarafıma yöneltilen ilk sorunun Ağlama Duvarı'nda çekilen fotoğrafla ilgili olmasını ve bu konunun yargılama konusu iddialarla ne gibi bir irtibatının olduğunu hâlâ anlayabilmiş değilim.

Ancak duruşmayı müteakip bu konunun özellikle sosyal medyada bazı kişiler tarafından yoğun şekilde kullanıldığı ve halen kullanılmaya devam edildiği görülmektedir. Gerekli olanlara yasal haklarımız çerçevesinde suç duyurusunda bulunulmaktadır. Bunun yanında zorunlu olarak bu konuya ilişkin aşağıdaki açıklamanın yapılması da gerekli görülmüştür.

İslam dinini en son ve en mükemmel din haline getiren en önemli nedenlerden biri, kutsal dinimizin, dini, Allah ile kul arasında olan bir konu olarak kabul etmesidir. Allah ile kul arasına girmeye cesaret edenler bu yetkiyi nereden almaktadır?

Musevilik, semavi dinlerden birisi olup Kudüs'teki Ağlama Duvarı da kutsal bir yerdir. Bu kutsal yeri ziyaret eden herkesin Musevi olabileceğini ileri süren cahiller, herhalde İstanbul'da Sultanahmet Camii'ni ziyaret edip, orada dua eden herkesin de Müslüman olduğunu düşünüyor olmalılar.

Bugün ben Türklüğümle ve elbette Müslüman olmamla da iftihar ederim. Aynı gezi esnasında dinimizde özel bir yeri ve anlamı olan Mescid-i Aksa'yı da ziyaret etmiş olmaktan mutluluk ve huzur duydum.

Ancak, benim Türklüğümle ve Müslüman olmamla iftihar etmem, bu ülkenin vatandaşı olsun olmasın farklı etnik kökene dahil veya dini inanca sahip olan kimseleri küçümseme ve onların bu durumlarını sorgulama hakkını bana asla vermez. Herkes Türk milletinin bir bireyi olmaktan gurur duymalı, kendi etnik kökeniyle ve dini inancıyla övünebilmelidir.

Bana göre insanların inançlarının ve etnik kökenlerinin, diğerleri tarafından sorgulanması, her şeyden evvel bir insanlık suçudur.

ADALET ZAMAN ZAMAN YANILTILSA DA
HİÇBİR ZAMAN ALDATILAMAZ

6 Ocak 2012 tarihinde tutuklandım. Neredeyse dört ay geçti. Benim yaşadığım ve benim gibilerin yaşadıkları haksızlıklar Türkiye'ye ne kazandırdı? Bu yaşananlar, Türk demokrasisinin gelişimine katkı mı sağladı? Türkiye'nin iç ve dış itibarının artmasına mı neden oldu? En önemlisi de bu yaşananlar Türk milletinin Türkiye'de adil yargılama yapıldığına, sonuçta adaletin gerçekleşeceğine duydukları inancın artmasına mı neden oldu? Adalete duyulan güven mi arttı?

Bu sorulara birkaç cevap vermek istiyorum:

Son günlerde yapılan kamuoyu araştırmaları toplumun yüzde 67,6'sının yargıya güven duymadığını gösteriyor.[1]

---

1 GENAR Araştırma Şirketi'nin Türkiye Sosyal, Ekonomik ve Politik Analizi, 4 Nisan 2012 tarihli araştırma sonucundan alınmıştır.

Avrupa Parlamentosu'nun Hollandalı üyesi Marietje Schaake soruyor:

"NATO'nun ikinci büyük ordusu teröristler tarafından yönetilebilir mi?" Ve cevaplıyor: "Buna inanmak zor."[2]

Sayın Mehmet Tezkan'a göre:

"Başbuğ'un yargılanması demokrasi dersi çıkarılacak, hukukun üstünlüğüne atıf yapılacak bir dava değil. Tam tersine sorunlu. Hukuk açısından da sorunlu, demokrasi açısından da sorunlu. Sorun iddianamede, sorun suçlamada."[3]

Sayın Ergun Babahan da köşesinde Başbuğ'un "Terör örgütü liderliği" ile suçlanmasına karşı çıktığını; çünkü Başbuğ'a atfedilen suçların terör örgütü liderliğiyle ilgisi olmadığını belirtmiştir.[4] Tutuklama kararından sonra, hakkımda çok şeyler söylendi ve yazıldı. Yazılanlardan benim için en önemlisi ve en anlamlısı, Sayın Feride Esen Bilgin'in *Cumhuriyet* gazetesinde yayımlanan "Artık O Bir Suskun Komutan"[5] başlıklı yazısıdır. Yazıdaki suskun komutan ben değilim. Zaten büyük olasılıkla haksızlıklar karşısında suskun kalmadığımdan dolayı bugün Silivri'deyim. Yazıdaki suskun komutan, Sayın Bilgin'in 9 Mart 2012 günü vefat eden 85 yaşındaki eniştesi, Emekli Kurmay Binbaşı Sabahattin Altınok idi. Kore Gazisi Sayın Altınok'un yaşamının son günleri Bilgin'in yazısında şöyle anlatılıyordu:

"Ergenekon, Balyoz adlı tuzaklarla yaşanan acıları, içi sızlayarak, kükreyerek, ağlayarak, bazen de susarak isyanla karşılardı. Emekli Genelkurmay Başkanı İlker Başbuğ tutuklandığında sanki her şey onunla tükenmişti, sustu. Artık her şey bitmişti. Elini boşluğa uzatıyor, anlam dolu bakışlarla bizleri izliyordu. Sustu, boşluğa baktı bir daha o konuda konuşmadı, konuşamadı."

2   Marietje Schaake'in 18 Nisan 2012 tarihli konuşmasından alıntıdır.
3   Mehmet Tezkan, *Milliyet*, 29 Mart 2012.
4   Ergun Babahan, *Star*, 28 Mart 2012.
5   Feride Esen Bilgin, *Cumhuriyet*, 21 Mart 2012.

Rahmetli ve değerli büyüğüm, komutanım Sayın Sabahattin Altınok, belki de Türkiye'deki birçok kişi gibi, artık her şeyin bittiğini düşünmüştü. Bu suskunluğunun çok derin ve büyük anlamı vardı. Onun bu unutulmayacak asil davranışına sadece saygı duyulur.

Ancak, günümüzde sivil ve askeri yetki ve sorumluluk taşıyanlar başta olmak üzere, vicdan sahibi herkesin, yaşanan haksızlıklar karşısında derin bir sessizliğe bürünmelerinin nedenlerini anlayabilmek gerçekten çok zordur. Olay benim şahsi sorunum değildir. Karşı karşıya bırakıldığım durum uzun süredir ülkemde hukuk vasıta kılınarak yaşanan acı olaylara sadece kötü bir örnektir. Olay, Türk yargısının bugün içinde bulunduğu durumdur. Birçok kişinin daha önce yaşadığı haksızlıkları, ben de yaşadım. Hayatın kendisi ve içinde yaşananlar aslında bir oyun değil mi? Kimileri için dram kimileri için komedi kimileri içinse trajikomik bir oyun. Birileri oyuncu, birileri seyirci...

Bu kez yaşanan, emekli bir Genelkurmay Başkanı'ndan "bir suçlu yaratmaktır". Neydi yaşananlar:

Mahkeme beklenmedik bir anda, suç duyurusunda bulundu. Suç duyurusu esas itibariyle "İnternet Andıcı"na dayandırılmıştı. Sayın Nazlı Ilıcak ise İnternet Andıcı'nı bir yazısında şöyle değerlendirdi:

"Bana göre İnternet Andıcı tek başına suç teşkil etmez. Çünkü Genelkurmay'ın internet siteleri açma yetkisi var. İlker Başbuğ, Genelkurmay Başkanı olmadan önce çok sayıda internet sitesi yayındaydı. Bu siteler Şubat 2009'da haber oldu. Bunun üzerine bu siteler kapatıldı. Dolayısıyla, İlker Başbuğ'un o siteleri ben kapattım savunması yerindedir. İnternet Andıcı diye yargıya intikal eden belge, dört sitenin kurulmasına ilişkin. O dört site de faaliyete geçmedi. Bu durumda Başbuğ, neden suçlanıyorum diye sorabilir?"[6]

---

6 Nazlı Ilıcak, *Sabah*, 30 Mart 2012.

İddia Makamı, maddi gerçekleri araştırmaya gerek duymadan, varsayımlar üzerinden ve önyargı ile ciddiyetten uzak bir iddianame hazırladı. Emile Zola, Dreyfus için hazırlanan iddianameyi okuyunca şöyle demişti:

"Bu iddialar ve suçlamalar yersizdir. Böyle bir iddianameyle, bir kişinin suçlanmaya çalışılması sadece yetersizliğin komedisidir."

Sayın Mehmet Ali Birand ise "İddianameyi sağdan okudum olmadı. Soldan okudum olmadı. Varsayımlar dışında somut bir yere varamadım"[7] şeklinde yorum getirmişti.

Ve millet adına karar veren mahkeme, maalesef bu iddianameyi kabul etti. İddianameyle, şahsıma yöneltilen suçlama, cebir ve şiddet kullanarak Türkiye Cumhuriyeti Hükümeti'ni ortadan kaldırmaya teşebbüstür. Silahlı Terör Örgütü'nün yöneticisi olmaktır.

Sayın Taha Akyol, bir yazısında bu durumu şöyle değerlendirdi:

"Başbuğ'un sadece şahsen değil, Genelkurmay Başkanlığı yaptığı dönemde, kurumsal olarak da hükümete karşı askeri nitelikte cebir ve şiddet tavrı olmamıştır.

Bir kimseye terör örgütü yöneticisi diyebilmek için, o kimsenin, bizzat şiddet yapmasa da, şiddetle yoğun ilişkisinin olması şarttır. Başbuğ hakkında bu yönde bir iddia bile yoktur. Ceza hukukunda yorum yoluyla suç tanımı genişletilemez."[8]

Bütün bu değerlendirmelerden sonra, tabii hâkim hakkının göz ardı edilmesi ve böylesine mesnetsiz bir suçlama karşısında, mahkemede savunma yapmam, işgal etmiş olduğum makama ve Türk Silahlı Kuvvetleri'ne karşı yapılan haksızlıkları ve yöneltilen suçlamaları kabul etmiş olmam anlamına gelecekti. Bu nedenle ben de, mahkemede "susma hakkımı" kullanmaya karar verdim.

---

7   Mehmet Ali Birand, *Posta*, 31 Mart 2012.
8   Taha Akyol, *Hürriyet*, 28 Mart 2012.

İlk duruşmada, neden savunma yapmayacağımı ve niçin hiçbir soruya cevap vermeyeceğimi açıkladığım konuşmamdan sonra, tarafıma mahkemece yöneltilen ilk soru, "Ağlama Duvarı'nda" çekilen bir fotoğrafımla ilgiliydi. Hâlâ bu sorunun yargılama konusu iddialarla olabilecek irtibatını anlayabilmiş değilim. Hükümete karşı kara propaganda yapmakla suçlanan şahsıma acaba bir psikolojik harekât mı yapılmak isteniyor?

Mahkeme, ellerinde somut, inandırıcı ve sağlam gerekçeler ve özellikle şahsımı ilgilendiren hiçbir delil olmamasına rağmen İnternet Andıcı davasını 2. Ergenekon davası ile birleştiriverdi. Böylece, Sayın İsmet Berkan'ın belirttiği gibi, İnternet Andıcı davası bir gayya kuyusunun içine düşürüldü.[9]

Bu birleşme yetmezmiş gibi, kamuoyunda 2. Ergenekon davası olarak bilinen dava da 1. Ergenekon davası ile birleştirilerek dava gayya kuyusundan alınarak okyanusa atıldı. Şimdi daha da önemlisi ilgili mahkeme tarafından, Danıştay davasından dolayı haklarında hüküm verilenlerle ve *Cumhuriyet* gazetesini bombalayanlarla aynı potaya konulmamız sonucu itibarımız ve onurumuz zedeleniyor.

Bu iddianameyle bir Genelkurmay Başkanı "Demokrasi ve Halk Düşmanı" olarak ilan edilmektedir. Yaşananların, her zaman gerçeklerle bağdaşması beklenmemelidir. Bu olayda da aynısı yaşandı. Nasıl mı? Yine, Taha Akyol'un yazdıklarına bakalım:

"İddianamede, Başbuğ'un liberal literatüre sıkça atıflar yaparak demokrasilerde ordunun yerini nasıl tanımladığına dair tek kelime yok. Lehteki delillerin toplanması gerekmez miydi?"[10]

Elbette gerekirdi. Demokrasi üzerinde belki de en çok konuşma yapanlardan biriyim:

9 İsmet Berkan, *Hürriyet*, 17 Nisan 2012.
10 Taha Akyol, *Hürriyet*, 28 Mart 2012.

- "Cumhuriyetin diğer temel niteliği demokrasidir. Türk Silahlı Kuvvetleri demokrasiye ve demokratik kurallara karşı saygılıdır. Demokrasi temel hak ve özgürlüklerin çoğunluğa karşı da güvencede olduğu bir rejimdir."

Bu sözler, Genelkurmay Başkanlığı görevini teslim aldığım gün yapmış olduğum konuşmadan alınmıştır.

14 Nisan 2009 tarihinde yapmış olduğum Yıllık Değerlendirme Toplantısı'nda ise şunları söyledim:

- "Cumhuriyetin muasır medeniyet seviyesinin üstüne çıkma hedefine ulaşabilmesi için, siyasal yönetim biçiminin de demokrasi olması son derece doğaldır. Çünkü modern bir cumhuriyet ancak modern bir demokrasi ile gerçekleşebilir. Sivil-asker ilişkileri eşit olmayanlar arasındaki diyalogdur. Bu ilişkide sivil liderler gerçek güce ve otoriteye sahiptir."

25 Ocak 2010 tarihinde yapmış olduğum bir konuşmada da, demokrasiye şu şekilde değindim:

- "Darbe, darbe iddialarından hicap duyuyorum. Türkiye'de bazı olaylar yaşandı. Bugün artık bu olayların geride kaldığını düşünüyoruz. Biz diyoruz ki:

Demokraside, demokratik yöntemlerde en önemli husus, iktidarların seçimlerle, demokratik yöntemlerle el değiştirmesidir."

27 Ağustos 2010 tarihinde Genelkurmay Başkanlığı'ndaki son günümde yapmış olduğum konuşmadaki sözlerim ise, bu görevdeki ilk günümde söylediğim sözler ile aynıydı:

- "Türk Silahlı Kuvvetleri demokrasi rejimine bağlı ve saygılıdır. Demokrasinin sağlıklı işleyebilmesi için de üzerine düşeni yapmaya özen göstermektedir. Normal bir çağdaş demokrasinin öngördüğü tüm değerleri içselleştirmiş bir kurum olarak görevini yapmaktadır."

Bu sözleri samimi olarak her fırsatta söyleyen ve söylediklerine her zaman uygun şekilde hareket eden bir Genelkurmay Başkanı'na bugün nasıl demokrasi düşmanı denebilir?

Sivil-asker ilişkilerinin demokratikleşmesine katkı sağlamak için tarafımca yapılanlara da kısaca değinilmesi gerekirse şu noktalar hatırlatılabilir:

– Genelkurmay Başkanı, Anayasa'ya göre Başbakan'a karşı sorumludur. Bu nedenle, Başbakan ile Genelkurmay Başkanı arasında haftalık görüşme yapılması teklif edilmiştir.

– Genelkurmay Başkanlığı'na atanmamı müteakip Bilgi Destek Dairesi'nin belirli bir süreç içerisinde lağvedilmesi emri verilmiştir. Buradan beklenen amaç dairenin görevlerinin günün şartları altında gözden geçirilmesi, bu kapsamda terörle mücadeleye ağırlık verilmesi ve ortaya çıkacak yeni görevlerin mevcut daireler içerisinde yürütülerek personel tasarrufunun sağlanmasıydı. Nitekim bu kapsamda dairenin bünyesinde bulunan dört Bilgi Destek Tabur Komutanlığı'nın ikisi derhal, Bilgi Destek Dairesi ise 11 Ağustos 2009 tarihinde lağvedilmiştir.

– EMASYA protokolünün, Silahlı Kuvvetlerin daha fazla yıpratılması amacıyla kullanılmasının engellenmesi ve zamanının da gelmesi üzerine kaldırılmasına destek verilmiştir.

– Demokrasinin önemli bir unsuru olan sivil toplum örgütleri ile 4 Eylül 2008 tarihinde, Diyarbakır Valiliği tarafından düzenlenen bir toplantıda beraber olunmuş ve sivil toplum örgütlerinin görüşleri dinlenmiştir.

– Terörün yoğun olduğu Van, Şırnak ve Hakkâri gibi illerimizde fırsatlardan faydalanılarak halkla birlikte olunmuş, sorunları ilk ağızdan dinlenmiştir.

– Genelkurmay Başkanlığı tarafından uygulanan akreditasyon sisteminde yapılan değişiklik ile *Star* ve *Yeni Şafak* gazetelerine Genelkurmay Başkanlığı'nın kapıları açılmıştır.

– Kamuoyunu zamanında ve doğru olarak bilgilendirme amacıyla bütün batı ülkelerinde olduğu gibi yetki ve sorumluluklar içinde kalarak medyayı bilgilendirme toplantıları yapılmıştır.

Elbette bu örnekler çoğaltılabilir. Burada bazı örnekler verilmeye çalışılmıştır.

Görüldüğü üzere, 26. Genelkurmay Başkanı olarak sadece demokrasiye, Anayasa'ya ve yasalara bağlı kalarak, kendisine yasalarla verilmiş yetki ve sorumluluklar çerçevesinde Türk Silahlı Kuvvetleri'ni, kendi birlik ve bütünlüğüne, disiplinine ve moraline karşı oluşabilecek her türlü olumsuz etkiye karşı korumak için çalıştım. Bazılarına göre benim asıl suçum da bu olmuştur. Türkiye'de son dönemlerde yaşananlar doğal değildir. Haksızlığa uğrayan birçok kimsenin "Ben neyle suçlanıyorum? Benim suçum ne? Neden burada tutuklu olarak bulunuyorum?" sorularına kulak verilmesinin ve "Türkiye'de yargıçlar da var" denilmesinin zamanı gelmiştir ve hatta geç de kalınmıştır. Bu yazı bugün haksızlıklara uğrayan birçok kimse adına yazılmış ve sadece ilgilenenlerin dikkatine sunulmuş bir açık mektup olarak değerlendirilebilir.

Ancak şu husus unutulmamalıdır ki, adalet zaman zaman yanıltılsa da, hiçbir zaman aldatılamaz.

AMERİKALI SAYGIN BİR DİPLOMAT KADAR OLAMAYANLAR

Türkiye'yi ziyaret eden Amerikan-Türk Konseyi Başkanı Emekli Büyükelçi Sayın James Holmes'ın Sayın Mehveş Evin ile yaptığı bir söyleşi, 9 Mayıs 2012 tarihli *Milliyet* gazetesinde yayımlandı. Söyleşinin bir yerinde Sayın Holmes'ın şu değerlendirmesi de yer almaktaydı:

"Başbuğ'a üzülüyorum. Tanıdığım kadarıyla hakiki bir insan, dürüst bir askerdi. Türkiye'nin yararına olmayacak bir şeye kalkışacağını düşünmüyorum. Onu, bir terör örgütünün parçası gibi gösteren şeylerle suçlanması, hakaret gibi."

Sayın Holmes'ın söyledikleri, beni duygulandırdığı kadar düşünmeye de zorladı. Özellikle Genelkurmay 2. Başkanlığı ve Genelkurmay Başkanlığı görevlerim esnasında, görevlerim gereği olarak çok sayıda siyasetçi, akademisyen, bürokrat, işadamı ve medya mensubu ile bir arada bulundum. Kamuoyuna en açık Genelkurmay Başkanlarından birisiydim. Dolayısıyla, çeşitli vesilelerle bir arada bulunduğum isimlerin, benim düşünce ve icraatlarımı yakından tanıma olanağına sahip olduklarını düşünmekteyim.

6 Ocak 2012 tarihinde tutuklandım. Neredeyse 5 aydır tutuklu olarak bulunuyorum. Bu süreçte hakkımda çok şey söylendi, yazıldı ve medyada yer aldı. Hepsini de saygı ile karşılıyorum. Benim buradaki sorum, ülkemde en azından beni yakinen tanıdıklarını düşündüğüm isimlerin, gerçeği ve doğruyu aramaya çalışanların, gerçeği ve doğruları öğrendikten sonra da düşüncelerini söylemekten çekinmeyenlerin sayısının neden bir elin parmaklarıyla sayılacak kadar az olduğudur. Özellikle hakkımda hazırlanan iddianamede şahsıma yöneltilen bu suçlamalar ortaya döküldükten sonraki süreçte, bu soru daha geçerli ve haklı olmaktadır. İşte, Sayın Holmes'ın söylediklerinin bana düşündürdüğü nokta budur.

26. Genelkurmay Başkanı olarak, Türk Silahlı Kuvvetleri personeline karşı yöneltilen haksız suçlamalara her zaman karşı çıktım. Hazırlanan iddianameye bakılırsa, bu gerçek kolaylıkla anlaşılabilir. Sayın Taha Akyol, bu konuyu şöyle değerlendirmiştir:

"Komutan olarak, Türk Silahlı Kuvvetlerini koruma refleksi içerisinde yaptığı açıklamalar bile örgüt faaliyeti sayılmış ve terörist nitelemesi yapılmıştır."

Asıl soruya geri dönersek, ülkemde insanlar neden gerçeği ve doğruyu aramaya çalışmıyor veya gerçeği ve doğruyu öğrense de neden bunları açıklamaktan çekiniyor? Hele suçlanan kişi askerse bu çekingenlik kat be kat artıyor? Önyargılar mı hâkim oluyor? Tabii burada herkese karşı da haksızlık yapmayalım. Tutuklama kararı sonrasında şahsımı ve görev anlayışımı yakinen bilenlerden uğradığım haksızlığa karşı açıklama yapanlar oldu. Ancak, neredeyse yedi yıl çok yakın çalıştığımız bir bakanın, tutuklanmamın hemen sonrasında kendisine yöneltilen soruya "No Comment" (Yorum yok) şeklindeki cevabının nedenini anlamakta da zorlanıyorum.

Medyada, gerçekleri ve doğruları aramaya çalışanların, ulaştıkları sonuçları da objektif olarak yazanların sayısının az olmaması, giderek de bu sayının artmakta oluşu ise elbette sevindiricidir. Sadece bir iki örnek olarak değinilebilecekler şöyle sıralanabilir:

Sayın Taha Akyol:

"Başbuğ'un hükümete karşı hiçbir tehdit, cebir ve şiddet eylemi bulunmamaktadır."[1]

Sayın Mehmet Ali Birand:

"Kamuoyu vicdanı Başbuğ'la ilgili yaklaşımı hiç mi hiç kabul etmeyecektir."[2]

Sayın Nazlı Ilıcak:

"2008 de Genelkurmay Başkanı olan İlker Başbuğ, faaliyete geçmeyen internet siteleri nedeniyle yargılanıyor."[3]

Sayın Mehmet Y. Yılmaz kamuoyunda İnternet Andıcı davası olarak bilinen davanın, 1. Ergenekon davası ile birleştirilmesi üzerine yazdığı yazıda şöyle diyordu:

"Sanıklar arasında örgütsel ilişkinin açıklıkla ortaya konulmadığı, suçların birbiriyle ilişkisinin varsayımlar üzerinden yürütüldüğü torba dava yıllarca sürer."[4]

Bu liste elbette daha da uzatılabilir.

2009 Haziran ayı başında ABD Genelkurmay Başkanı Oramiral Mullen'ın resmi davetlisi olarak ABD'ye gittim. Bu ziyaretim esnasında, birçok üst düzey ABD yetkilisi ile görüşme olanağım oldu. O sırada, Amerikan-Türk Konseyi'nin 1 Haziran 2009'daki toplantısına, ABD Genelkurmay Başkanı ile birlikte şeref konuğu olarak katıldık. O toplantıda yaptığım konuşmada da şunları söyledim:

1   Taha Akyol, *Hürriyet*, 28 Mart 2012.
2   M. Ali Birand, *Hürriyet*, 17 Şubat 2012.
3   Nazlı Ilıcak, *Sabah*, 15 Mayıs 2012.
4   Mehmet Y. Yılmaz, *Hürriyet*, 9 Mayıs 2012.

"Türkiye'nin laik, demokratik ve istikrarlı bir ülke oluşu, onu farklı ve etkili kılmaktadır.

Laik yapısı, modernizasyon hedefleri, dinamizmi ve 100 yılı aşkın demokrasi kültürü, Türkiye'yi bölgesinde özel ve seçkin bir duruma getirmektedir."

12 Haziran 2009'da da, üzerinde hiçbir tarih olmamasına rağmen Nisan 2009'da hazırlandığı ileri sürülen ve sadece "iddia edilen" İrtica ile Mücadele Eylem Planı bir gazetede yer aldı. Belki bu gelişmeler tamamen tesadüf belki de değil. Yorumunu okuyuculara bırakıyorum...

AKIL TUTULMASI

28 Ağustos 2008 tarihinde yapılan törenle Genelkurmay Başkanlığı görevine başladım. O gün yaptığım konuşmada şunları söylemiştim:

"Cumhuriyetin diğer temel niteliği ise demokrasidir. Türk Silahlı Kuvvetleri demokrasiye ve demokratik kurallara karşı saygılıdır."

Bu görevde iki yıl kalacak ve daha sonra da emekli olacaktım. Son yıllarda yaşanan olaylar bu iki yılın kolay geçmeyeceğini gösteriyordu. 2005 yılından beri terör eylemleri artarak devam ediyordu. PKK Irak'ın kuzeyindeki varlığını koruyordu. Irak'ın geleceği belirsizdi. 6 Temmuz 2008'de orduda en üst rütbeye ulaşmış iki emekli orgeneralin tutuklanması, ordu üzerinde etki yaratmıştı. Bu sürecin nasıl devam edeceği de bilinmiyordu.

Göreve başlar başlamaz Kuvvet Komutanları ile Diyarbakır'a gittik. Diyarbakır'da sivil toplum örgütleri başkanlarıyla Diyarbakır Valiliği'nde bir toplantı yaptık. 5 Eylül 2008 tarihinde Diyarbakır'da yaptığım konuşmada da şu hususlara değindim:

"Türk Silahlı Kuvvetleri olarak, Türkiye'nin başındaki terör belasının mümkün olduğu kadar kısa sürede sonlandırılmasını istiyoruz.

Terörle Mücadelenin sürecini kısaltmak istiyorsanız, terörle mücadelenin bütün alanlarında yani güvenlik, ekonomi, uluslararası ilişkiler, sosyokültürel ve psikolojik harekât alanlarındaki faaliyetlerin eşzamanlı ve koordineli olarak yürütülmesi zorunludur. Bu kapsamda sivil toplum örgütlerinin çalışmalarının da önemli olduğunu düşünüyoruz. Devletimizin bütün kurum ve kuruluşlarıyla, halkımızla ve sivil toplum örgütleriyle, koordineli ve işbirliği ile omuz omuza bu mücadeleyi daha da artan bir yoğunlukla götürmek zorundayız. Edindiğimiz izlenimleri ve görüşlerimizi hükümet başta olmak üzere ilgili makamlara ileteceğiz."

16 Eylül 2008 tarihinde yapılan iletişim toplantısında, birinci öncelikli görevimizin, bölücü terör örgütü ile mücadele olduğunu söyledim. Sayın Başbakan'ın başkanlığında yapılan ve günlerce süren toplantılarda da terör sorunu ve bu sorunun sonlandırılmasına yönelik alınabilecek tedbirler görüşüldü. İki yıl boyunca söylediğimiz sözlere ve prensiplere bağlı kalarak çalıştık. Peki sonra ne oldu?

Emekli olduktan bir süre sonra, Genelkurmay Başkanlığı Karargâhı'nda emrimde görev yapan arkadaşlarımla "terör örgütü kurmak veya üyesi olmak ve yönetmekle" suçlandık ve tutuklandık. Bizlere yöneltilen suçlamanın ana kaynağı da, içerisinde hiçbir suç unsuru bulunmayan ve karargâhta hazırlanmış olan İnternet Andıcı'nın bir suç belgesi olarak gösterilmesi ve kabul edilmesiydi. Bu iddiaya göre, görevdeki günlerinin büyük kısmını, büyük bölümünü terörle mücadeleye ayıranlar şimdi terörist olmuşlardı. Böyle bir suçlamayı akıl, mantık ve vicdan nasıl kabul edebilir?

102

Amacımız burada savunma yapmak değil. Ancak, karşı karşıya bırakıldığımız durum, hukuk açısından kabul edilebilir mi? Cebir ve şiddet kullanarak Türkiye Cumhuriyeti Hükümeti'ni ortadan kaldırmaya veya görevini yapmasını engellemeye teşebbüs etmekle suçlanıyoruz. Bu önemli suçlama karşısında dönemin Cumhurbaşkanı'nın, Başbakanı'nın ve ilgili Bakanların tanıklığını da gerçeğin ortaya çıkarılması açısından son derece önemsiyoruz. Çünkü iddia edilen devlet yöneticilerini baskı altına alınması olayının gerçek muhatapları da tanıklığına başvurduğumuz bu makam sahipleridir. Bu makam sahiplerinin beyanları bile sürece katkı sağlayacaktır.

İddianamede hükümete karşı cebir ve şiddet tavrımız olduğuna dair hiçbir şey yoktur. Sadece internet üzerinden, hükümet aleyhine kara propaganda yaptığımız iddia ediliyor. İşin gerçeği ise, iddianame ekindeki tutanaklara göre dönemimizde mevcut siteler kullanılmamış ve bu siteler 2009 Şubat'ında da kapatılmıştır. Ondan sonra da herhangi bir site açılmamıştır. Kısaca, dönemimizde iddia edildiği gibi kara propaganda yapılabilecek site mevcut değildir. Ama bütün bu gerçekler bir tarafa, bizler hükümete yönelik cebir ve şiddet uygulayacağımız varsayımıyla terör örgütü yöneticisi olmakla suçlanıyoruz. Ancak bir kimseye terör örgütü yöneticisi diyebilmek için o kişinin şiddetle yoğun ilişkisinin ortaya konulması şarttır. Ceza hukukunda yorum yoluyla suç tanımı genişletilemez.

İddianamede bu suçlamalara yönelik ne bir tek somut delil ne de bir tek kelime mevcuttur. Böyle bir durum ancak akıl tutulmalarının olduğu, vefasızlığın ve vurdumduymazlığın at başı koşturacağı zamanlarda yaşanabilir. Bütün bunlar yetmiyormuş gibi, son alınan birleştirme kararıyla da, bizler yani yıllarını terörle mücadele içinde geçirenler, daha önceleri PKK, İBDA-C ve TİKKO gibi terör örgütlerinin eylemlerine katılanlarla aynı dava çatısı altına, aynı pota içerisine konulduk.

Bütün bu yaşananlar, mantığın, aklın, vefa duygusunun, onur ve şerefin unutulduğu, ayaklar altına alındığı anlamına mı gelmektedir? Yine de her şeye rağmen sağduyunun galip geleceğine inanmak istiyoruz. Eğer bizim tutukluluk halimiz, bazı gerçeklerin ortaya çıkarılmasına ve bazı yanlış uygulamaların, haksızlıkların düzeltilmesine vesile olursa, cezaevinde geçirdiğimiz zaman boşa geçmemiş olacaktır.

TÜRK ORDUSUNUN KOMUTANI MIYIM YOKSA TERÖRİST VE DARBECİ MİYİM?

28 Aralık 2011 Çarşamba akşamı, *20. Yüzyılın En büyük Lideri Mustafa Kemal* adlı kitabımın son bölümü üzerinde çalışıyordum. O hafta kamuoyunda "İnternet Andıcı" olarak bilinen davanın duruşmaları da devam ediyordu. O akşam, duruşmaların cereyanına ilişkin aldığım bilgilerle pek uyuşmayan ve de beklemediğim bir haber aldım. Habere göre İnternet Andıcı davası kapsamında önümüzdeki günlerde tutuklanacaktım. Genelkurmay Başkanlığı dönemimde edindiğim tecrübelere göre bu haber doğru olabilirdi. Haberin taşıdığı önem karşısında, bu bilginin size neden ulaştığının pek fazla önemi olmuyor.

Kanunlara göre, yargılamaya yetkili merci Yüce Divan olsa bile Cumhuriyet Savcıları doğrudan soruşturma yapabiliyordu. Bu nedenle yapılabilecek tek şey istenilen gün ifade vermeye gitmek idi. 5 Ocak 2012 tarihinde ifade vermeye çağrıldım. İfade vermeye gittim ve 6 Ocak 2012 tarihinde, sabaha karşı da tutuklandım.

Haber doğru çıkmıştı. Türkiye'de daha önce de benzer durumlar yaşanmıştı. Eşimle yaptığım son görüşmede, kendisi biraz da kızgınlıkla bana şöyle dedi:

"Sizlere yaşatılan bu haksızlıklara karşı neden yeterince tepkili davranmıyorsunuz?"

İçimden ona hak verdim. Peki, ben kime sesleneceğim? Sesimi kime duyuracağım? Yüce Türk milleti ve biz askerler biliyoruz ki, Türk ordusu, Türk milletinin ordusudur. Atatürk'ün ordusudur. Şimdi birileri kalkmış, Türk ordusunun komutanını ve onun çalışma arkadaşlarının terörist olduğunu, Türk ordusunun bir terör örgütü olduğunu iddia etmektedirler. Aziz milletim, senin evlatlarından oluşan ordunun, bir terör örgütü olduğu ileri sürülmektedir. Sayın Güngör Mengi'nin bir yazısında sorduğu soruyu ben de sormadan edemiyorum:

"Merak ediyorum bu milletin vicdanına ne oldu? Öldü mü, yoksa sadece sesi mi çıkmıyor?"[1]

Sayın Cumhurbaşkanı, Sayın Başbakan, bu görevlere bizi sizler atadınız. Anayasa ve yasalarda belirtilen yetki ve sorumluluklar çerçevesinde görev yaptık, mesai arkadaşlığı yaptık. Şimdi bizlerin terörist, Türk ordusunun da adeta bir terör örgütü olarak gösterilmesi... Bizler bu durumu anlayamadık. Bırakalım da yargı, gerçeği ortaya çıkarsın diyebilir misiniz?

Bizler devletin ülkesi ve milletiyle bölünmez bütünlüğünü hedef alan terörist faaliyetlere karşı, hayatımızı tehlikeye atmaktan çekinmeyerek mücadele eden kişileriz. Devlette devamlılık esastır. Pek çoğumuz terörle mücadelede gösterdiğimiz başarılar nedeniyle, devlet tarafından "Türk Silahlı Kuvvetleri Üstün Cesaret ve Feragat Madalyası" ile ödüllendirildik. Bugün ise mahkemenin aldığı kararlarla aynı dava kapsamında, dün mücadele ettiğimiz teröristler ile aynı yerde, beraber bulunuyoruz. Bunda çok vahim

---

1 Güngör Mengi, *Vatan*, 23 Haziran 2012.

bir yanlışlık yok mu? Bu durum insanlarımızın vicdanını hiç rahatsız etmiyor mu? Duymamış olabilirsiniz, ben ve karargâhımdaki çalışma arkadaşlarım cebir ve şiddet kullanarak devlet otoritesini zaafa uğratmak veya yıkmak veya ele geçirmek amacıyla örgütlü eylemlerde bulunmakla, yani "darbeci" olmakla suçlanıyoruz.

Ben, bir Harp Okulu öğrencisi olarak 22 Şubat 1962'de ve genç bir teğmen olarak da 21 Mayıs 1963'te, darbe teşebbüslerinin yarattığı olaylara ve acılara bizzat şahit oldum. Türk Silahlı Kuvvetleri'nin, nedenleri ne olursa olsun, siyasete müdahale etmesinin, hem ülkeye hem de bizzat ordunun kendisine zarar verdiğini görerek ve anlayarak geçirdik yıllarımızı.

Ben bu sözleri bugün savunma amacıyla söylemiyorum. Genelkurmay Başkanlığı dönemimde yaptığım konuşmalarda her zaman demokrasiye değindiğim ortadadır. 25 Ocak 2010 tarihinde yapmış olduğum bir konuşmamda inanarak ve samimi olarak şöyle demiştim:

"Demokraside, demokratik yönetimlerde en önemli olan hususun, iktidarların seçimlerle demokratik yöntemlerle el değiştirmesi olduğuna yürekten inanıyoruz."

Geçen zaman içinde ümitle görmekteyim ki, medyada doğruları görenlerin sayısı da her gün artmaktadır. Elbette güneş balçıkla sıvanamaz. Gerçekleri görmek ve duymak isteyenlere medyamızın iki liberal kaleminin son günlerde yazdıklarına en azından kulak vermelerini öneririm. Sayın Cengiz Çandar bu konuyu şu şekilde değerlendirdi:

"Emrinde koca Türk Silahlı Kuvvetleri bulunmuş olan İlker Başbuğ'u Genelkurmay Başkanlığı yaptığı dönemde silahlı terör örgütü ve darbecilik suçlaması ile tutuklamak ve tutuklu yargılamak büyük bir garabettir. Bir başka hukuk cinayetidir."[2]

---

2   Cengiz Çandar, *Radikal*, 29 Haziran 2012.

Sayın Amberin Zaman da şunları yazdı:

"Aleyhte sunulan delillerdeki tutarsızlıklar, hatta abukluk-
ların yanı sıra, masumiyetleri kuvvetle muhtemel insanla-
rın da içeriye tıkılması davayı gölgelemekte.
Bunlar, Başbuğ aleyhindeki iddialara baktığımız zaman da
karşımıza çıkıyor. İnternet Andıcı isimli belgede Başbuğ'un
imzası yok. Ayrıca bu andıç doğrultusunda herhangi bir
site de kurulmadı. Hazırlık aşamasındayken fişleri çekildi.
O halde hükümet aleyhinde yayın yapacakları nasıl ispat-
lanabilir? Kaldı ki daha önce yayına geçen kırk küsur siteyi
kapattıran da Başbuğ ve ekibi. Başbuğ'un devlet yönetici-
lerine baskı yaptığı iddiası; bu suçlamaya ilişkin hiçbir de-
lil sunulmuş değil. AKP'nin birçok tepe ismi Genelkurmay
Başkanlığı döneminde ne kadar uyumlu olduğuna dair öv-
güler düzüyorlardı. Kendi kulaklarımla duydum."³

"Darbecilik" iddialarına karşı söylenen bu sözlere ilave edile-
cek bir hususun olmadığını düşünüyorum. Benim ve çalışma ar-
kadaşlarımın "darbeci" olmadığına ve "devlet yöneticilerini baskı
altına almaya" çalışmadığına en yakından tanıklık yapabilecek
kimler olabilir? İlk olarak aklıma, beraber çalıştığımız devlet
adamları ve daha sonra da emrinde çalıştığımız komutanlarımız
ve benim emrinde çalışmış olan komutanlar geliyor. Demokrasiye
olan bağlılığı ile tanınan bir Genelkurmay Başkanının 2. Başkan-
lığını yapmış olan bir kimse daha sonra nasıl "darbeci" olabilir?
Bizlere "darbeci" diyenlere sadece şaşarım ve acırım.

6 Haziran 2012'de Sayın Başbakan, artık büyüyen ve Türki-
ye'yi ciddi sorunlarla karşı karşıya bırakan bu duruma değinmek
zorunda kaldı:

"Terörle mücadele ederken bütün enstrümanlarımı da kul-
lanmak durumundayım. Bu insanlar birçok yerlere hayat-
larını ortaya koyarak gidiyorlar. Ondan sonra siz çalışacak
insan bulamazsınız.

---

3   Amberin Zaman, *Habertürk*, 24 Temmuz 2012.

Tabii bu ister istemez bizi demek ki bu madde haddinden fazla yetki doğuruyor, adeta biz devlet içinde devletiz havasına bu işi sokuyor...

Tutuksuz yargılanabileceği halde maalesef tutuklu yargılananlar var, bu askerdir, bu gazetecidir, bu ne bileyim diyelim ki siyasidir. Kim olursa olsun, yani bu insanların tutuksuz yargılanmaları mümkünken niçin illa da bir tutuklu yargılanmaları süreci yapılıyor..."*

Sayın Başbakan'ın sözlerinin birinci bölümü MİT olayıyla ilgili söylenmiş olabilir, ancak aynı sorunların tüm güvenlik kuvvetleri için de geçerli olduğu unutulmamalıdır. Haziran ayı sonunda, 3. Yargı Paketi Meclis'te kabul edildi. Bu paket ile sorun olan tutukluluk durumuna belirli ölçüde çözüm getirilmesi hedeflendi. Yasama, yargıya şöyle diyordu:

"Kuvvetli suç şüphesi, tutuklama nedenleriniz varlığını ve tutuklama tedbirinin ölçülü olduğunu, kararlarında somut olgularla açıkça yaz."

Tutuklular, yakınları ve kamuoyunda ümitler yaratıldı. Peki, ne oldu? 13. Ağır Ceza Mahkemesi, bu kanuni düzenleme nedeniyle 5 Temmuz 2012 tarihinde yazılı talepleri aldı. Karar ise 27 Temmuz 2012 tarihinde açıklandı. Geçen 22 gün, adeta insanlara manevi işkence yapıldı. Mahkeme 27 Temmuz 2012 tarihinde aldığı kararla yasamaya adeta şu cevabı verdi:

"Tutuklama gerekçelerini çok ayrıntılı, somut olarak ve delillerin tartışılması suretiyle yazarsam, ihsas-ı rey itirazlarına neden olabilirim."

Ancak henüz, 13. Ağır Ceza Mahkemesi tanıkları dinliyor. Daha sonra delilleri değerlendirecek ve son savunmaları alacak. Birçok değerli hukukçunun değerlendirmesine göre, mahkemenin bu

---

* Türkiye Cumhuriyeti Başbakanı Recep Tayyip Erdoğan'ın 6 Haziran 2012 tarihinde ATV'de katıldığı canlı yayın programında yapmış olduğu konuşmadan alıntıdır. (Y.N.)

109

tavrı, 3. Yargı Paketi'ndeki hükümlere ve AİHM'nin tutukluluk gerekçesinin açıklanmasının ihsas-ı rey olamayacağı görüşüne aykırıdır. Yani hukuka aykırıdır; zira tutuklama kuvvetli şüpheye, mahkûmiyet kararı ise kesin delile dayandırılmalıdır. Mahkûmiyet gerekçesi ile tutuklama gerekçesi aynı şey değildir. Henüz tanıkların dinlenmesi safhasında olan yargılamada, mahkemenin bu durumu, bu şekilde değerlendirmesi karşısında bu mahkemeden bağımsız, adil ve tarafsız uygulama yapması nasıl beklenebilir? 13. Ağır Ceza Mahkemesi'nin son kararı kamuoyunu tatmin etmiş midir? Yargıya olan güveni pekiştirmiş midir? Bu kararın alınmasına gerçekten hukuki gerekçeler mi neden olmuştur? Yoksa "devlet içinde devletiz" havasında olanlar mı böyle bir kararın alınmasını istemiştir? Benim tahliye talebimin ve çalışma arkadaşlarımın tahliye taleplerinin reddedilmesine neden olarak şu noktalar gösterilmiştir:

"Kaçma şüphesinin bulunması."

Cumhuriyet Savcılığı'nın ifade verme davetine, tutuklanabileceğimi neredeyse bilerek ve buna rağmen hiçbir mazeret yaratma gereği duymadan icabet ettim. Genelkurmay Başkanlığı gibi Türk ordusunun komutanlığını yapmış bir kişiye "kaçma şüphesinin" olduğunu söylemeniz, Türk ordusuna komuta etmenin kişilere ne gibi etik ve ahlaki sorumluluklar yüklediğini hiç anlamamış olduğunuzun bir göstergesidir. Bu, savaşta ordusunun başında olan bir komutanın kaçabileceği anlamındadır. Türk ordusunun tarihinde, böyle komutanların bulunduğuna kimse tanık olmamıştır.

Unutulmamalı ki, şu anda da ciddi bir mücadelenin içinde bulunmaktayız. Mahkeme, burada bırakın etik olarak davranma zorunluluğunu, hukuki olarak da böyle bir sonuca nasıl ulaştığına ilişkin hiçbir somut gerekçe ortaya koyma ihtiyacını bile duymamıştır. Bu durum milletimize, milli tarihimize, Türk Silahlı Kuvvetleri'ne ve bizlere karşı yapılabilecek çok talihsiz bir değerlendirmedir.

"Tanıkları etkileme ve delilleri karartma şüphesi":

Bir kişi görevde bulunduğu sürede yasaların gereklerini yerine getirirken ve bunun örnekleri de ortada iken, hatta hukuki yönden tartışmalı olan bir konuda bile hiç çekinmeden orada arama yapılmasına imkân sağlarken, emekli olduktan neredeyse iki yıl sonra nasıl tanıkları etkileyebilir? Delilleri karartabilir? Bu konu mahkeme için bu kadar önemliyse, "İnternet Andıcı" davası diğer davalarla birleştirilerek hem de hiçbir haklı gerekçeye dayanmadan, yargılama süreci neden uzatılmıştır? Hakkımda hazırlanan 39 sayfalık iddianame ortadadır. Bu iddianamede sadece varsayımlar vardır, hiçbir somut delil, maddi olgu yoktur. Buna rağmen hâlâ "kuvvetli suç şüphesinin" olduğunu ileri sürmenin hiçbir hukuki dayanağı yoktur. Herkes tarafından çok bilinen ve sıkça da kullanılan "Haksızlıklar karşında suskun kalanlar, sağır ve dilsiz şeytanlardır" sözü herkese bazı vicdani ve ahlaki sorumluluklar yüklemiyor mu? Kaybedilen günlerin geriye getirilmesi, telafi edilmesi mümkün değildir ve bunun faturası her geçen gün daha da ağırlaşmaktadır.

7 Ağustos 2012

KAYBEDİLEN GÜNLERİN TELAFİSİ MÜMKÜN DEĞİL...

Dünyanın hiçbir ülkesinde hem ülkenin silahlı kuvvetlerinin komutanı hem de bir silahlı terör örgütünün yöneticisi olan Genelkurmay Başkanı görülmemiştir. Ancak maalesef 2012'nin Türkiye'sinde bu durum da yaşanmıştır.

Akıl almaz, mantık dışı, vicdanların asla kabul etmeyeceği ve hukuk açısından da ibretlik örneği olan bir iddianame ile, Türkiye Cumhuriyeti'nin 26. Genelkurmay Başkanı terör örgütü kurmak ve yönetmekle suçlanmıştır. Bu da olmuştur. Bu suçlama hiçbir zaman kişisel bir suçlama olarak görülemez.

Aziz milletim!

Senin evlatlarından oluşan Türk ordusunun bir terör örgütü olduğu ileri sürülmektedir. Bizler ise, devletin ülkesi ve milletiyle bölünmez bütünlüğünü hedef alan terörist faaliyetlere karşı hayatımızı tehlikeye atmaktan çekinmeyerek mücadele eden kişileriz. Ortada çok vahim, kabul edilemez bir durum bulunmaktadır. Bu durum, insanlarımızın vicdanını hiç rahatsız etmiyor mu?

2007 yılında Türkiye büyük boyutlarda, baskın şeklinde aramalarla, gözaltılarla ve tutuklamalarla tanışmaya başladı. İlk günlerden itibaren de büyük bir yanlışlığın içine girildi. İddia edilen suçlamaların ciddiyetinin, tutarlılığının kamuoyuna sunulması ve tartışılmasından ziyade, kişilerin tutuklanıp tutuklanmadıkları gündemin ana maddesini oluşturdu. Öyle bir izlenim yaratıldı ki, tutukluluk varsa suç da var, tutukluluk yoksa suç şüphesi de yok. Aslında üzerinde durulması gereken nokta, kimliği belirsiz ve imzasız ihbar mektuplarına, birçoğu suça bulaşmış gizli tanık ifadelerine ve sahte dijital belgelere dayanarak insanların nasıl suçlandığı olmalıydı. İşte bu noktada, Özel Yetkili Mahkemelerin bu uygulamaları ile Türkiye'de yargı sistemi de çökmeye başladı. Yargılamada elbette tutuklama esas olmamalıdır. Tutuklama istisnai olmalıdır düşüncesi tüm söylemlere rağmen sadece kâğıt üzerinde kaldı. Daha sonra da görüldü ki tutuklamalar cezaya dönüşmeye başladı. Bu durumların ne zamana kadar süreceği de belirsiz.

Haziran ayı sonunda 3. Yargı Paketi Meclis'te kabul edildi. Bu paket ile büyük bir sorun olan "tutukluluk durumu"na belirli ölçüde çözüm getirilmesi hedeflendi. Yasama, yargıya şöyle diyordu:

"Kuvvetli suç şüphesi, tutuklama nedenlerinin varlığını ve tutuklama tedbirinin ölçülü olduğunu, kararlarında somut olgularla açıkça yaz."

13. Ağır Ceza Mahkemesi ise 27 Temmuz 2012 tarihinde aldığı kararla yasamaya şu cevabı verdi:

"Tutuklama gerekçelerinin çok ayrıntılı, somut olarak ve delillerin tartışılması suretiyle yazarsam, ihsas-ı rey itirazlarına neden olabilirim."

Birçok değerli hukukçunun değerlendirmesine göre, mahkemenin bu tavrı, 3. Yargı Paketi'ndeki hükümlere ve AİHM'nin tutukluluk gerekçesinin açıklanmasının ihsas-ı rey olmayacağı görüşüne aykırıdır. Yani hukuka aykırıdır; zira, tutuklama kuvvetli şüpheye, mahkûmiyet kararı ise kesin delile dayandırılır. Mahkûmiyet gerekçesi ile tutuklama gerekçesi aynı şey değildir. Henüz tanıkların dinlenmesi safhasında olan yargılamada, mahkemenin bu durumu bu şekilde değerlendirmesi karşısında bu mahkemeden bağımsız, adil ve tarafsız uygulama yapması nasıl beklenebilir?

13. Ağır Ceza Mahkemesi'nin son kararı kamuoyunu tatmin etmiş midir? Yargıya olan güveni pekiştirmiş midir? Mahkeme yeni çıkarılan yasa hükümlerini uygulamak üzere, 65 tutuklu sanıktan, bilemediniz en azından birkaç sanık bile bulamamış ise, yasama "Ben yasayı çıkardım, gerisi hâkimlerin takdiridir" diye kendisini kenara çekmemeli, alınan bu kararın nedenleri üzerinde durmalıdır. Kaybedilen günlerin geriye getirilmesi, telafi edilmesi mümkün değildir ve bunun faturası her geçen gün daha da ağırlaşmaktadır.

SİLİVRİ'DEN DURUŞMA NOTLARI

Genelkurmay eski Başkanlarından Emekli Orgeneral Sayın Hilmi Özkök'ün tanık olarak ifade vermek üzere 2 Ağustos Perşembe günü Silivri'ye geleceğini duydum. Onun orada söyleyeceği sözler bizim için de önemliydi. Komutanım için orada, birçok silah arkadaşını sanık sandalyelerinde görmek hem zordu hem de son derece duygusal anların yaşanabileceği bir durumdu. Kimsenin hakkını yememek ve doğruları aktarabilmek için evine kapanarak çok iyi hazırlık yaptığını da medyaya yansıyan konuşmalarından öğrendim. 2003-2005 yılları arasında, Genelkurmay 2. Başkanı sıfatıyla Genelkurmay Başkanı'nın en yakınındaki isim olarak görev yaptım. Duruşmada, savcı ve hâkimlerin o yıllara ilişkin olarak beni de ilgilendiren bazı konuları özellikle gündeme getirmeleri hem dikkatimi çekti hem de oldukça yadırgadım. Bunlardan bir tanesi, 3 Mart 2004 tarihinde Ankara Ticaret Odası Tesisleri'nde yapılan "Hilafetin İlgası ve Tevhid-i Tedrisat Kanunu'nun 80. Yılı ve Günümüz Türkiye'si" konulu paneldi. Benim de bu panele ka-

117

tılmış olmam, iddianamede örgütsel irtibat olarak değerlendiriliyordu.

Burada savunma için yazmıyorum, daha önce de buna gerek duymadım.

Panele katılmam aslında şu şekilde olmuştu: 3 Mart 2004 tarihinde, Kara Kuvvetleri Komutanı beni telefonla arayarak panele katılıp katılmayacağımı sordu. Ben de kendisine panelle ilgili bana davetiye gelmediğini, ancak durumu değerlendireceğimi söyledim. Daha sonra da, Kara Kuvvetleri Kurmay Başkanı Org. Fethi Tuncel ile bu konuyu konuştuk ve katılmamızın uygun olacağını değerlendirip panele katıldık. Çünkü öğrendiğimize göre, Ankara'daki bütün orgeneral ve oramiraller söz konusu panele katılıyordu.

Peki bu panele katılmak nasıl örgütsel bağ olarak ileri sürülebilir? Birilerinin bunu açıklaması lazım. Burada esas önemli olan ve sorulması gereken, bu panelde konuşmacıların ve katılımcıların yasalara göre suç teşkil eden bir eylemi olmuş mudur? Eğer olmuşsa buna karşılık ne yapılmıştır? Olayın üzerinden 8 yıl geçmiştir. Bu konuda yapılan hiçbir adli işlem de yoktur. O zaman, bu panel nasıl yasadışı bir faaliyet olarak gösterilebilir? Ve nasıl hakkımda hazırlanmış olan iddianamede bana ilişkin örgütsel bir irtibat olarak ileri sürülebilir? İşte benim, iddia edilen Ergenekon Terör Örgütü ile bağımın olduğunu göstermek için sunulan delillerden birinin gerçek ve hazin hikâyesi budur.

Duruşmada, üzerinde durulan konulardan bir diğeri ise, Genelkurmay Başkanlığı Karargâhı'nda 3 Aralık 2003 tarihinde yapılan toplantıydı. Bu faaliyet Yüksek Askeri Şûra (YAŞ) toplantısı öncesi yapılan doğal bir toplantıydı. Bu toplantıda genel konular görüşülmüş ve 15 Yüksek Askeri Şûra üyesi sırayla söz olarak görüşlerini ifade etmiştir. Duruşmada nedense, Ergenekon davasından tutuklu olarak yalnızca benim yapmış olduğum konuşma ile arkadaşım Em. Org. Hurşit Tolon'un bu toplantıda yaptığı iddia edilen konuşma, savcı tarafından bile değil, hâkim tarafından okundu. Diğer 13 YAŞ üyesinin konuşmalarına hiç değinilmeme-

118

sinin ve sadece bu iki konuşma üzerinden duruşmanın yürütülmesinin akıl, mantık, adil ve tarafsız yargılama açısından izahı ne mümkündür ne de kabul edilebilir. Bütün bu nedenler bir tarafa, iddia edilen bu konuşmalarda hukuka aykırı bir şey bulunmadığı da dikkate alınırsa, yapılmak istenen suçsuzlardan suçlu yaratmak mıdır? Bu nasıl bir yargılama ve adalet anlayışıdır?

Yukarıda verdiğim örnekler ve gazeteci Sayın Mustafa Balbay ile yaptığım bir görüşme de ileri sürülerek, benden çok büyük bir zorlama ile adeta bir suçlu ve hatta terör örgütü yöneticisi yaratılmak istenilmektedir. Bu düşüncelere en iyi cevabı, Sayın Komutanım Hilmi Özkök kendisine sorulan sorulara verdiği cevaplarla vermiştir:

"İlker Başbuğ beni yönlendirmeyen, doğru kararlar vermem için bana bilgiler toplayan, çok düzgün bir insandır. Başkan olarak kendisinden çok istifade ettim."

Özkök, kendisine sorulan "Zaman zaman astlarınızla fikir ayrılığı yaşadığınızı söylediniz. İlker Başbuğ ile Anayasa ve yasalarla belirtilen demokratik görüş konusunda ve hükümete bakışınızla ilgili fikir ayrılıklarınız oldu mu?" sorusuna ise kesin bir dille "Hayır" diyerek cevap vermiştir. Herkes tarafından bilinen ve tanık olunan bu durumun, bir defa da Sayın Komutanım Özkök tarafından mahkemede dile getirilmesinden elbette mutlu oldum ve duygulandım.

İddianamede yukarıdakilere benzer zorlama iddialara ve varsayımlara dayanarak hükümeti ortadan kaldırmak amacıyla terör örgütü kurmak ve yönetmekle suçlanmaktayım. Daha önce de defalarca bu iddianameye hiçbir şekilde itibar etmediğimi söylemiştim.

5 Ağustos 2012 tarihinde Sayın Başbakan Recep Tayyip Erdoğan da yaptığı açıklamada, benim bir örgüt elemanı, bir örgüt mensubu olarak gösterilmemi çok çok çirkin bulduğunu ve Genelkurmay Başkanlığı makamına gelmiş bir insan için bu tür bir benzetmemin doğru olmadığını ve insaf dışı olduğunu belirtmiştir. Bu açıklamayı yapan hükümetin başıdır. Sayın Başbakan'ın yapmış

119

olduğu bu değerlendirmelerin aynı zamanda Genelkurmay Karargâhı'ndaki diğer çalışma arkadaşlarım için de geçerli olduğunu düşünmekteyim. Böylece Genelkurmay eski Başkanı Em. Orgeneral Hilmi Özkök'ten iki gün sonra da Sayın Başbakan ileri sürülen iddialara kesin bir dille cevap vermiştir.

Bugün gelinen nokta itibariyle, hakkımdaki iddianameye itibar etmeyerek ve mahkemeyi bu yargılamada yetkili görmeyerek mahkemede savunma yapmamamın ne kadar doğru bir hareket olduğuna bugün daha çok inanmaktayım.

3 Ağustos 2012 tarihinde duruşma sırasında verilen arada, Özkök Komutanımın ifade vermesini müteakip, on dakika da olsa benimle görüşme arzusunda olduğu bana söylendi. Ben de bundan çok mutlu olacağımı ifade ettim ve gerçekten de sevindim. Ancak daha sonra öğrendim ki, bir Genelkurmay Başkanı'nın bugün sanık durumunda olsa da, diğer bir Genelkurmay Başkanı ile on dakikalık görüşme yapmasını Mahkeme Başkanı uygun görmemişti. Mahkeme Başkanı'nın belki bazı haklı nedenleri olabilir. Ancak, önemli olan bu insani ilişkiye müsaade edilmemesinin Türk milleti tarafından da haklı görülüp görülmeyeceğidir.

ÜÇ SİYASİ PARTİ BAŞKANI BİR KONU ÜZERİNDE ANLAŞTI

Başbakan Sayın Recep Tayyip Erdoğan, 6 Ağustos 2012 tarihinde yaptığı bir konuşmada şöyle dedi:

"Türk Silahlı Kuvvetleri'nde Genelkurmay Başkanlığı makamına gelmiş bir insan için örgüt elemanıymış, bir örgütün mensubuymuş gibi yakıştırmaların ve benzetmelerin doğru olmadığını ve insaf dışı olduğunu kesinlikle düşünüyorum. Daha önce söyledim, tutuklu yargılanmasını, yargıda olmasına rağmen söylüyorum, doğru bulmuyorum."

Sayın Kemal Kılıçdaroğlu'nun 15 Ocak 2013 tarihinde söyledikleri ise şöyleydi:

"Başbuğ'un tutuklanması doğru değil. Hele hele emekli olduktan sonra terör örgütü yöneticisi suçlaması ile tutuklanması doğru değil. Akılla ve mantıkla alakası yok. Genelkurmay Başkanı'ndan terörist mi olurmuş?"*

---

* CHP Genel Başkanı Kemal Kılıçdaroğlu'nun, 15 Ocak 2013 tarihli Çin ziyareti sırasında yapmış olduğu değerlendirmeden alıntıdır. (Y.N.)

Sayın Devlet Bahçeli de 14 Ocak 2013 tarihinde şunları söyledi:

"Türk Silahlı Kuvvetlerinin en yüksek mevkiinde iki yıl görev yapan değerli komutanımız, ne yazık ki terör örgütü kurmak ve yönetmek suçlamasıyla bugün demir parmaklıklar arkasındadır. Bu haksız, mesnetsiz ve insafsız iddianın adalet duygusunu rencide ettiği ve zedelediği tümüyle ortadadır.

Sayın Başbuğ, yargı tarafından kaçma veya delilleri karartma ihtimalleri hesaba katılmadan tutuklanmış ve özgürlüğünden alıkonulmuştur."*

Üç liderin konuşmalarında iki ortak nokta bulunmaktadır:
- Genelkurmay Başkanlığı yapmış bir kişinin terör örgütü kurmak ve yönetmekle suçlanması akıl ve mantık dışı bir olaydır.
- Tutukluluk durumunun devam ettirilmesi yanlıştır.

Partilerini temsil eden siyasi parti liderlerinin sözleri kendi partilerini bağlar. Dolayısıyla, üç parti liderinin yukarıdaki sözleri aslında Türkiye Büyük Millet Meclisi'nin büyük çoğunluğunun görüşü olarak da kabul edilebilir. Elbette Türkiye, gerçek anlamda yargı alanındaki uygulamalarıyla bir hukuk devletiyse, hukukun üstünlüğü her şeyin üzerindeyse, yargının bağımsızlığı tartışma konusu olamaz. Ancak, yargı alanındaki bazı uygulamalar, özellikle 3. Yargı Paketi'nin mahkemeler tarafından uygulanma tarzı dikkate alınırsa, Türkiye'de yargı alanında ciddi sorunların olduğunu kimse yadsıyamaz.

Mahkemeler, hiçbir geçerli nedene dayanmadan yapılan talepleri neredeyse otomatik olarak reddetmektedir. Bu kararların alınmasında gerçek hukuki nedenlerin olduğunu söylemek imkânsızdır. O zaman acaba "Devlet içinde devletiz" havasında olanlar mı böyle kararların alınmasını istemektedir? Bu durum daha ne kadar devam edecektir?

---

* MHP Genel Başkanı Devlet Bahçeli'nin 14 Ocak 2013 tarihinde gerçekleştirdiği Silivri Cezaevi ziyareti sonrası yapmış olduğu basın açıklamasından alıntıdır. (Y.N.)

30 AĞUSTOS 2012, ZAFER BAYRAMI MESAJI

Yarım asra yakın, bir neferi olarak onurla hizmet ettiğim Türk Silahlı Kuvvetleri'nin ve aziz milletimin 30 Ağustos Zafer Bayramı'nı içtenlikle kutluyorum. Bu zafer, Türk milletine ve onun bağrından çıkan Türk ordusuna aittir.

Çok kimsenin hayal bile edemediği, Mustafa Kemal Atatürk'ün baştan beri inandığı şekilde Türk ordusu Afyon ile İzmir arasındaki 400 kilometre uzunluğundaki Anadolu topraklarını iki hafta içinde ele geçirerek bir mucizeyi, büyük zaferi gerçekleştirmiştir. Bu zafer, bağımsız, dinamik ve genç yeni bir Türkiye'nin tarih sahnesine çıkışını sağlamıştır.

30 Ağustos 2012 büyük zaferin 90. yıldönümüdür. Bugün aynı zamanda, benim ve devre arkadaşlarımın Kara Harp Okulu'ndan mezun oluşlarının da 50. yıldönümüdür. Bugünün bizler için ayrı ve özel bir anlamı vardır: Kara Harp Okulu'ndan mezun oluşumuzdan 50 yıl sonra, bugün ben ve iki devre arkadaşım, üç emekli orgeneral cezaevlerinde tutuklu olarak bulunmaktayız...

Akıl almaz iddialar ve suçlamalarla bazıları bugün bizleri tutsak yapabilir, ancak gerektiğinde canlarımızı da ortaya koyarak vermiş olduğumuz yarım asırlık hizmetlerin izlerini Türk milletinin belleğinden asla silemezler.

14 Eylül 2012

BİZLERİ HAPSE NEFRET TIKTI, MİLLETİN SEVGİSİ ÇIKARACAK

Türkiye'de son yıllarda çok garip olaylar yaşanıyor. Gariplikler o kadar çok ki, toplum yaşananları kanıksıyor ve olağanüstü durumlar bile olağanlaşıyor. Gariplikterin yaşandığı alanların başında yargı gelmektedir. Bir gün bakıyorsunuz, Cumhuriyet Savcıları, Türkiye Cumhuriyeti'nin 26. Genelkurmay Başkanı hakkında bir iddianame hazırlayabiliyor ve şu iddiayı ileri sürebiliyorlar:

"Şüpheli, Türk Silahlı Kuvvetleri'ne sızmış ve Ergenekon Terör Örgütü'nün bu kurum içindeki yapılanmasının üst düzey yöneticisi olmuştur."

En tepedeki siyasetçisinden, sokaktaki sade vatandaşa kadar çok kimse "Olmaz böyle şey" diyor ama bu olay Türkiye'de oldu. Sayın Başbakan, bu olayı şöyle değerlendiriyor:

"Genelkurmay Başkanlığı'na gelmiş bir insan için bu tür yakıştırmanın, bu tür benzetmenin doğru olmadığını ve kesinlikle insaf dışı olduğunu düşünüyorum."

Yurtdışında da soruluyor:

"NATO'nun en güçlü ikinci ordusunun teröristler tarafından yönetildiği nasıl iddia edilebilir?"

Cumhuriyet Savcıları, hazırladıkları iddianamede şunu da ileri sürüyorlar:

"Şüpheli, devlet yöneticilerini baskı altına almıştır."

Sayın Başbakan, bir konuşmasında ise şöyle diyor:

"Biz haftada bir Genelkurmay Başkanı ile rutin görüşme yaparız. Gerek Hilmi Paşamızın, gerek Büyükanıt Paşamızın, gerek Başbuğ Paşamızın döneminde hepsiyle de bu çalışmalarımızı biz gayet başarılı bir şekilde yürüttük."*

Yaşanan bu durum doğal mıdır? Türkiye'de bunlar nasıl yaşanabiliyor? Böyle bir durum, dünyanın başka bir ülkesinde yaşanabilir mi? O zaman insan "Türkiye'de 'devlet içinde devletim' diyen başka bir güç mü var?" diye sormadan edemiyor. Bütün bu akıl almaz iddiaları bir tarafa bırakın ve olaya salt hukuk açısından bakın. Ortada yine bir hukuk cinayetinin olduğunu hemen görebilirsiniz. Ülkenin en saygın hukukçuları, HSYK 1. Daire Başkanı açıkça ifade ediyor:

"Kamu görevlileri arasında yasal hiyerarşi varken, burada ayrıca oluşturulmuş bir örgütün varlığını, hukuken ileriye süremezsiniz."

Ancak, bazıları için bu görüşlerin hiçbir anlamı yoktur. Onlara göre, Genelkurmay Başkanı "terörist", karargâh "terörist karargâhı" olabilir ve Genelkurmay Başkanı, bir albaydan emir bile alabilir. İddianamedeki "terör örgütü kurmak ve yönetmek" suçlamasını oradan alıp çıkarırsanız, bu iddianame depreme uğrar

---

* Türkiye Cumhuriyeti Başbakanı Başbakan Recep Tayyip Erdoğan'ın 27 Eylül 2012 tarihinde NTV'de katıldığı canlı yayınında yapmış olduğu gündeme ilişkin açıklamalardan alıntıdır. (Y.N.)

ve çöker. İlgili ve sorumlu makamlar bu duruma daha ne kadar seyirci ve sessiz kalacaklardır? Türkiye'de her zaman olduğu gibi yükselen karşı sesleri ve görüşleri de görmezlikten gelemezsiniz. Tamam, "terörist" denmesi yanlış, doğru değil! Ama ya "darbeci" suçlamasına ne diyeceksiniz? Söylenecek tek şey şudur: "Hazırlanan iddianamede ileri sürülenleri vicdanınızın sesini dinleyerek ve Allah korkusunu da içinizde hissederek dikkatlice okuyunuz ve inceleyiniz."

O zaman göreceksiniz ki darbeci suçlamasının en büyük dayanağı, askeri bir darbe ortamı oluşturmak amacıyla (demek ki sivil darbe ortamı da varmış) internet siteleri üzerinden kara propaganda yapılması ve dezenformasyon faaliyetleri organize edilmesidir.

Bugün gelinen noktada, geçmişte yapılan yanlışlıkların da etkisiyle, Silahlı Kuvvetler'de hazırlanan her "Andıç" kolaylıkla darbecilikle ilişkilendirilebilecek bir belge olmuştur. Genelkurmay Karargâhı'nda hazırlanan "İnternet Andıç"ı yasal bir belgedir. Andıç metninde hiçbir suç unsuru yoktur. Ancak bu belge kamuoyuna bir suç belgesi gibi sunulmuştur. Arkasından da, Andıç üzerinde imzası veya parafesi bulunan herkes, adeta dönemin Genelkurmay Karargâhı tutuklanmıştır. Sıra, dönemin Genelkurmay Başkanına gelmiştir.

Olayın nasıl gerçekleştiği de, 7 Eylül 2012 tarihinde yapılan duruşmada açıkça ortaya çıktı. 13. Ağır Ceza Mahkemesi "İnternet Andıcı" davası sanıklarının, andıcın Genelkurmay Başkanına arz edilip edilmediğine ilişkin verdiği ifadelerden hareket ederek Genelkurmay Başkanı hakkında suç duyurusunda bulunmuş ve soruşturma savcılığının talebi üzerine de Genelkurmay Başkanı tutuklanmıştır. İşin ilginç yanı, sanıklardan hiçbirinin ifadesinde "Andıcı komutana ben arz ettim" veya "Andıç üzerinde komutanın imza ve parafını ben gördüm" dememiş olmasıdır. Bazıları, adeta yorumlarını söylediler. Yorumlar ise şöyleydi:

"Andıç komutana arz edilmiş olabilir. Andıcın komutana arz edilmesi gerekir."

7 Eylül 2012 tarihinde, dönemin Genelkurmay 2. Başkanı konuya şu sözleriyle açıklık getirdi:

"Komutana arz, komutana arz edilmeli anlamındadır. Arz edildiği anlamında değildir."

Ancak önemli olan söylenenler değil, söylenenleri mahkemenin nasıl yorumlayıp değerlendireceğiydi. Elde hiçbir somut delil olmamasına rağmen suç duyurusunda bulunuldu. Aslında, buraya kadar anlatılmak zorunda kalınan noktaların, hukuken hiçbir anlamı ve önemi yoktur. Ancak, aylarca bu noktaların üzerinde duruldu. Dikkatler konunun önemli noktalarından kaçırıldı. Esas, önemli olan noktalar neydi?

30 Ağustos 2008 tarihinden önce değişik tarihlerde açılmış olan internet siteleri 42 adettir ve 4 Şubat 2009 tarihinde kapatılmıştır. İstanbul Emniyet Müdürlüğü'nün tutanaklarına göre de bu tarihler arasında, bu sitelerde hiçbir güncelleme yapılmamıştır. İnternet Andıcı ile kurulması düşünülen siteler de, hazırlık aşamasında iken henüz faaliyete geçirilmeden 19 Haziran 2009'da kapatılmıştır. Dolayısıyla 4 Şubat 2009'dan, 30 Ağustos 2010'a kadarki süreçte, Genelkurmay Başkanlığı'nın iddia edilen suçlamalarla ilgili olarak kullanabileceği hiçbir internet sitesi yoktur.

İnternet sitesi olmadan, olmayan internet siteleri üzerinden nasıl kara propaganda ve dezenformasyon faaliyeti yürütülebilirdi? Dünyanın hangi ülkesinde böyle bir suçlama yapılabilirdi? Bu noktaları iddianameyi hazırlayanlar da görmüş olmalı ki, oturup başka suçlamaları yazmayı da ihmal etmediler. Neler mi?

- İnternet siteleri içerikleri ile yayın politikalarını neden değiştirmediniz?
- Siteleri Şubat 2009'a kadar neden açık bıraktınız?
- Neden sizden önce açılmış bu siteler hakkında soruşturma açmadınız?

- Bu siteleri siz açmadınız, ama sitelerin varlığı ortaya çıktıktan sonra, suçtan kurtulmak amacıyla neden kapattınız?

Bu suçlamalara karşı söylenebilecek tek bir şey vardır: "El insaf!" Ancak bu kadar insafsızlık olabilir. Bu yaşananlar 2012 Türkiye'sine yakışmıyor. Balyoz, Ergenekon şeklinde isimlendirilen bu davalarda hukuk cinayetleri işleniyor. Silivri'de Türk Silahlı Kuvvetleri suçlanıyor ve yargılanıyor. "Kuvvetli Suç Şüphesi" sanal gerekçesiyle insanlar yıllardır, aylardır esir olarak tutuluyor. Onların ailelerine eziyet ve işkence ediliyor. İnanıyorum ki bizleri hapse nefret tıktı, milletimizin sevgisi çıkaracaktır. Bunun için, artık herkes tarafını belli etmelidir. Haksızlıklar karşısında ya suskun kalarak sağır ve dilsiz şeytan rolünü oynayacaksınız ya da haksızlıklar karşısında sesinizi yükselteceksiniz. Bütün bu yaşananların, Türk ordusu üzerinde olumsuz etkilerinin olmadığı söylenemez.

Türkiye zor günler yaşamaktadır. Bir tarafta terör belası, diğer tarafta dış sorunlar. Türkiye güney komşuları olan Suriye, Irak ve İran ile sorunlar yaşamaktadır. Maalesef her gün terör olayları nedeniyle şehitler verilmektedir. Türkiye zor bir coğrafyada bulunmaktadır. Bu coğrafyada ayakta kalabilmek için güçlü olmak zorundasınız. Bunun için de ister "Güçlü Ordu, Güçlü Türkiye" deyin isterse "Güçlü Türkiye, Güçlü Ordu" deyin, Türkiye'nin güçlü olması ve güçlü bir orduya sahip olması şarttır. Önyargıları, boş sözleri bir tarafa bırakın. Güçlü Türkiye olmadan güçlü ordu olmaz, güçlü ordu olmadan da güçlü Türkiye olmaz.

Türkiye'nin bugün ihtiyaç duyduğu şey, iç huzur ve iç barıştır. Caydırıcı nitelikleri koruyan "Güçlü ordu"nun varlığının sürdürülmesidir. Ordular temelde gücünü silahtan alır. Ancak, Türk ordusu gücünün kaynağını milletinin güven ve sevgisinden, halkının yüreğinden alır. Onun için de Türk ordusu milli bir ordudur. Bu ülke bizim! Bu devlet bizim! Bu bayrak bizim! Bu ordu bizim! Biz Türk milletiyiz! Gerekirse ülkemiz, milletimiz, devletimiz ve bayrağımız için canımızı veririz.

Son dönemlerde, Türk Silahlı Kuvvetleri zor günler yaşıyor. Şanssız ve talihsiz olaylarla karşı karşıya kalıyor. Elbette, her kurum ve bu kurumları yönetenler tenkit edilebilir. Ancak tenkitler kurumu yıkan ve sarsan boyutlarda olmamalıdır. Bu ordu milletindir. Bizler emekli askerler olarak bu yaşananlardan derin üzüntü duymaktayız. Unutulmasın ki, en beklenmedik anda bu ülkenin ordusuna ihtiyaç duyulabilir. Bu nedenle Türk Silahlı Kuvvetleri üzerinde olumsuz etki yaratabilecek durumlara bir an önce son verilmelidir.

29 Ekim 2012

29 EKİM 2012, CUMHURİYET BAYRAMI MESAJI

Kin ve nefretin bizleri sürüklediği Silivri'deki tutsaklığımız haksız ve inanılmaz bir şekilde devam ediyor. Kurban Bayramı'nı olduğu gibi Cumhuriyet Bayramı'nı da yine ailelerimizden, sevdiklerimizden ve bizi sevenlerden ayrı geçiriyoruz. Bu durumda yapabileceğimiz tek şey, herkesin Kurban Bayramı'nı ve Cumhuriyet Bayramı'nı uzaktan kutlamak oluyor. Dini bayramlarımızdan Kurban Bayramı'nı yaşadığımız bugünler insana şunu hatırlatıyor: Vicdan sahibi olanlar için, vicdan onların içindeki Allah'tır, peygamberdir... Ya vicdan sahibi olmayanlar! Onların ne Allahları ne de peygamberleri vardır. Cumhuriyetin 89. yıldönümünü kutluyoruz. Benim gibi 53 yıl Türk ordusunun üniformasını şerefle ve onurla taşıyan bir askerin ve cumhuriyete gönülden bağlı olan, haksız ve mesnetsiz suçlamalarla özgürlükleri kısıtlanmış bizlerin, cumhuriyetin kuruluşunu demir parmaklıklar arkasında kutlamak zorunda bırakılmasının ayıbını kimler yüklenecek ve bu ayıbı onlar nasıl temizleyecek? Bazıları, insanları demir parmaklıklar arkasına koyarak onların hürriyetlerini tamamen ellerinden aldıklarını zannedebilir. Yaşanan ve yaşanmakta olan olaylar bu düşüncenin pek de doğru olmadığını göstermektedir. Düşünceler ve sevgiler hiçbir zaman hapsedilemez, tutsak alınamaz.

Malta'ya sürülerek zindana konan Ziya Gökalp yazdığı bir mektupta şunları söylemişti:

"Yazmak en büyük gücüm. Beni demir parmaklıklar dışına çıkarıyor."

Gökalp'in sözleri birçoğumuz için de geçerlidir. *20. Yüzyılın En Büyük Lideri Mustafa Kemal* kitabının devamı olan, yazmakta olduğum *20. Yüzyılın En Büyük Lideri Atatürk* kitabını da bugünlerde tamamladım. İnanın, bu kitapların yazılması süresince neredeyse her gün, her dakika Atatürk ile yaşadım ve Atatürk'ü düşündüm. Bundan da büyük bir heyecan ve mutluluk duydum. Rüyada gibiydim. Kitabın sonlarına yaklaşırken, bir taraftan da üzüntü duymaya başladım; adeta bu kitabın bitmesini hiç istemedim. Ancak, her zaman olduğu gibi zaman aktı ve birden kendimi 10 Kasım 1938 gününde buldum. İşte o anda büyük bir boşluk içindeydim. İmdadıma, Türkiye Cumhuriyeti'nin 3. Cumhurbaşkanı Celal Bayar'ın Atatürk için söylediği o eşsiz ve unutulmaz cümle yetişti. Bu cümle ilk kitabımın giriş cümlesiydi. İkinci kitabımın da son cümlesi oldu:

"Seni sevmek, milli ibadettir."

Beni dinleyen herkese sesleniyorum:

Milli ibadetinizi sadece milli bayramlar ve 10 Kasım günleri ile sınırlamayınız. O'na çok şey borçlusunuz, borçluyuz...

GENELKURMAY BAŞKANI YALAN SÖYLEMEZ!

Türk ordusunun komutanlığını yapmış bir kişi terör örgütü kurmak ve yönetmek suçlamasıyla on aydır tutukludur. 26. Genelkurmay Başkanı neden tutuklanmıştır? Bu sorunun cevabı, 13. Ağır Ceza Mahkemesi'nin 7 Eylül 2012 tarihinde görülen duruşmasında, üye hâkim tarafından açıklığa kavuşturulmuştur. Üye hâkimin yaptığı açıklama şöyledir:

"İnternet Andıcı dosya sanıklarının hemen hemen ortak bir beyanı oldu. Komutana arz ibaresinin komutana bu belgenin arz edildiği şeklinde anlaşılması gerektiği yönünde beyanlarda bulundular. Mahkememiz de birbiriyle uyumlu bu beyanlar üzerine gereğinin takdir ve ifası için Cumhuriyet Başsavcılığı'na bir ara kararla durumu aktardı."

Neden, internet siteleri konulu metin kısmı iki sayfadan ibaret olan "İnternet Andıcı"dır. Aynı gerekçe, Ağustos 2011'den beri tutuklu olan, dönemin Genelkurmay 2. Başkanı, İstihbarat Başkanı, Harekât Başkanı, MEBS Başkanı, Adli Müşaviri, şube müdürleri ve diğer ilgili bütün personel için de geçerlidir.

İnternet Andıcı, daha önce de defalarca açıklandığı gibi, Genelkurmay Karargâhı'nda hazırlanan yasal, ancak tamamlanmamış bir belgedir. Bu Andıçla, dört alanda internet faaliyetlerinin yapılması planlanmıştır. Ancak, bu siteler aktif olarak faaliyete geçirilmeden 19 Haziran 2009'da bu çalışmaya son verilmiş, davaya konu olabilecek hiçbir yayın yapılmamıştır. Dolayısıyla, Şubat 2009'dan 30 Ağustos 2010'a kadar olan süreçte Genelkurmay'ın bu amaçla kullanabileceği hiçbir internet sitesi yoktur. İnternet Andıcı metninde suç teşkil edebilecek hiçbir şey yoktur. Peki, o zaman iddia makamına göre işlenen suç nedir? Birinci İnternet Andıcı iddianamesinin 67. sayfasında iddia makamı bu suçu şöyle tanımlamaktadır:

"Planlama ve kurum içi onay aşamalarına uygun olarak bir andıç hazırlanması ve bunun şeklen hukuka uygun olması, amacının da hukuka uygun olduğunu göstermez."

Görüleceği gibi, iddia makamı İnternet Andıcı'nın amacının hukuka uygun olmadığını düşünmektedir. Hukukta somut fiillerden hareket edilerek suçlamalar yöneltilebilir. Ancak, burada iddia makamı, andıcın gizli bir amacının olduğunu düşünmektedir. Onlara göre andıcın amacı, açılması planlanan bu sitelerle ilgili çalışmaya 19 Haziran 2009'da son verilmemesi durumunda, bu sitelerde suç oluşturulacak faaliyetlerin yapılacak olmasıydı. Hayret etmeyiniz! İleride suç işleneceği iddiasıyla varsayımlar üzerinden insanlar suçlanabilmekte ve aylarca tutuklu olarak bulundurulabilmektedir. Ayrıca iddia makamı şu suçlamaları da ileri sürmektedir:

"Neden 2008 yılından önce açılmış olan siteleri Şubat 2009'dan önce kapatmadınız? Bu siteleri Şubat 2009'da suçtan kurtulma amacıyla kapattınız."

Görüldüğü gibi iddia makamına göre iki durumda da suçlusunuz. Kapatmanız da suç, daha önce kapatmamış olmanız da suç. Söz konusu 42 site, Ağustos 2008'den önce açılan ve işletilen si-

134

telerdir. Yıllarca açık olan bu sitelerin son altı aylık sürede neden açık olduklarının hesabı sorulmaktadır. Üstelik dava dosyasında, tespit tutanaklarına göre bu sitelerde Haziran 2008'den sonra hiçbir güncelleme de yapılmamıştır. Ancak, bu gerçeklere bile dikkat edilmemektedir. Çıkın işin içinden. Siz her şartta suçlusunuz! 2011 yılı Ağustos ayı içerisinde, neredeyse "tüm" Genelkurmay Karargâhı bu andıç nedeniyle tutuklandı. Sıra, 26. Genelkurmay Başkanı'ndaydı. İnternet Andıcı da bu amaç için uygun bir araçtı. 6 Ocak 2012 tarihinde de, Türk ordusunun komutanlığını yapmış kişi, işte bu İnternet Andıcı nedeniyle tutuklandı. Bu davada üzerinde durulması gereken asıl nokta, söz konusu andıcın içeriğinde suç unsurunun olup olmadığının araştırılması olmalıydı. Bu pek de zor değildi. Andıç sadece ve sadece iki sayfadan ibaretti.

Ağustos 2011'de adeta bir dönemin Genelkurmay Karargâhı'nın üst yöneticileri tutuklandı. Tutuklananlar arasında o anda halen Genelkurmay Karargâhı'nda görev yapmakta olanlar da vardı. Bu bir ilkti. Bu tutuklamalarla adeta Genelkurmay Karargâhı suç işlemiş bir örgüt durumuna sokuldu. Tutuklamaların nedeni de "İnternet Andıcı" idi. Kurumsal olarak Genelkurmay söz konusu andıcı en iyi şekilde değerlendirilebilecek durumdaydı. Genelkurmay, kamuoyunu en azından "İnternet Andıcı"nın ne olduğu ne olmadığı konusunda bilgilendirebilirdi. Medya bu konuda üzerine düşeni tam olarak yerine getirdi mi? Konu yeterli seviyede araştırıldı mı? Medya içinde, elbette gerçeği görüp ifade edenler de oldu:

Sayın Derya Sazak:
"Eski Genelkurmay Başkanı İlker Başbuğ, İnternet Andıcı davasından yargılanırken, davalar birleştirilince Ergenekon sanığı haline getirildi. Katillerle aynı sandalyede oturmam diye tepki gösteriyor. Haklıdır!"[1]

---

1   Derya Sazak, *Milliyet*, 10 Mayıs 2012.

Sayın Fikret Bila:

"Eski Genelkurmay Başkanı İlker Başbuğ terör örgütü lideri suçlamasıyla tutuklandı. Bu suçlama ve tutuklama kararı, hem iç hem de dış kamuoyunda ve hukuk dünyasında yadırgandı."[2]

Sayın Mehmet Tezkan:

"Başbuğ'un yargılanması demokrasi dersi çıkarılacak, hukukun üstünlüğüne atıf yapılacak bir dava değil. Tam tersine sorunlu. Hukuk açısından da sorunlu, demokrasi açısından da sorunlu. Sorun iddianame de, sorun suçlamada."[3]

Peki, bu dava süresince ne yapıldı? İnternet Andıcı'nın Genelkurmay Başkanı'na arz edilip, edilmediği davanın ana sorunu haline getirildi. Maalesef sanıkların bir kısmı da bilmeden bu tuzağa düştüler. Andıcın yasal bir belge olduğunu savunmak yerine, yönlendirici sorulara cevap verdiler. 26. Genelkurmay Başkanı, Balyoz davasında tanıklık yapmıştır. O gün, orada şunu söylemiştir:

"Genelkurmay Başkanlığı, karargâhı dahil, Genelkurmay Başkanı dahil yalan söylemez!"

Bu sözlerin bugün de arkasında durulmaktadır. İnternet Andıcı, Genelkurmay Karargâhı'nda hazırlanan yasal ancak tamamlanmamış bir belgedir. Bu andıç metninde de suç teşkil edecek hiçbir şey yoktur. Ancak, bütün bu gerçeklere rağmen insanlar haksız ve mesnetsiz şekilde suçlanmakta ve tutuklu olarak bulundurulmaktadır. Bu haksızlığın telafi edilmesi de her geçen gün daha da zorlaşmaktadır. Bu adaletsizliğe bir an önce son verilmelidir.

2   Fikret Bila, *Milliyet*, 11 Temmuz 2012.
3   Mehmet Tezkan, *Milliyet*, 29 Mart 2012.

10 KASIM MESAJI

Aziz Atam, ebedi Başkomutanım,
Seni sevmek "milli ibadettir". Bu ibadet sadece milli bayramlar ve 10 Kasım günleriyle de sınırlandırılamaz. Çünkü seni doğru ve tam olarak anlayabilme ihtiyacını duymaktayız! Duyuyoruz! Seni anlamak yeterli midir? Türkiye Cumhuriyeti'nin 3. Cumhurbaşkanı Celal Bayar şöyle söylemişti:

"Atatürk, 'Seni sevmek milli ibadettir' demiştim. Şimdi 'Seni anlatmak milli ibadettir' diyorum. Ve gücümün erdiğince onu gençlere anlatmaya çalışıyorum."

Bu konuda karınca kararınca bir şeyler yapmaya çalışarak teselli buluyorum.

Ebedi Başkomutanım,
82 yıl önce Afyonkarahisar'da subaylara şöyle demiştin:

"Subaylar fedakâr sınıfının en önünde bulunmak mecburiyetindedirler. Çünkü düşmanlarımız herkesten evvel onları öldürürler. Onları aşağılar ve hor görürler. Subayların yaşamak için bir çaresi vardır: Şerefini korumak!"

Bugün görüyoruz ki dünün eli kanlı teröristleri "eski terörist", senin ordularına onur ve şerefiyle hizmet eden komutanlar ise "yeni terörist" diye anılmaktadır. Ancak, müsterih ol. Bizlere yapılan bu haksızlıklar yüce Türk milletinin vicdanını kanatmakta... Eminiz ki, milletimizin sevgisi ile üzerimize yeni bir güneş doğacaktır.

Rahat uyu Atam, ruhun şad olsun...

HEM SANIK HEM GİZLİ TANIK

Silivri'de kendi "Özel Hukuku"nu yaratmış olan Özel Yetkili Mahkemeler, son zamanlarda ifadelerine başvurdukları "Gizli Tanıklar" ile, sürmekte olan davaları bir kez daha içinden çıkılmaz bir hale getirmektedir.

Müebbet hapse mahkûm edilmiş bir teröristin tanıklığından sonra, çeşitli suçlardan hükümlü "Gizli Tanık 9", 14 Kasım 2012 tarihinde İstanbul 13. Ağır Ceza Mahkemesi'nde "ifadesini" verdi.

Gizli tanık, mahkemede son zamanlarda yaşandığı gibi, bilinmeyen bir nedenle kimliğini birdenbire açıklayınca kendisinin aynı zamanda Ergenekon davası olarak bilinen davanın da sanığı olduğu ortaya çıktı. Bu nedenle yemin ettirilemeyen ve açık kimliğinin yayımlanmasına yasak getirilen bu kişi, aynı davanın hem sanığı hem gizli tanığı hem de açık tanığı olmuş oldu. Herhalde bu durum, eşine zor rastlanır bir hukuk olayı olarak hukuk literatürüne de geçmiştir. Böylece, Silivri'de sürmekte olan "Gizli Tanık Komedyası"na bir trajikomik sahne daha eklenmiş oldu.

Gizli tanıklar ortaya somut ve maddi gerçekler koymamaktadır. Bilgi ve görgüye dayanmadan, yorumlar ve muğlak söylemlerle birçok kişiyi haksız ve mesnetsiz şekilde adeta "kurgulanmış" gibi suçlamaya çalışmaktadırlar. Beyanları "iftiranın" ötesine geçmemektedir. Bu gizli tanıkların ifadelerinin güvenilirliği ve geçerliliği tartışmalıdır. Bu ifadelere itimat edilmesi ayrı bir hukuk skandalı olmaz mı? Maalesef 14 Kasım 2012 tarihli duruşmada, bazı sanıklar "Gizli Tanığın" ağır hakaretleriyle karşı karşıya kalmışlardır.

Çeşitli suçlardan hüküm giymiş şaibeli kişilerin "Gizli Tanıklıkları", atfı cürüm niteliğindeki beyanları ve tarafsız yargılama hakkının kısıtlanmasıyla devam eden davalarda adil bir karara ulaşılacağını beklemenin ne derece doğru olacağını öncelikle hukuk camiasının değerlendirmesine ve ardından kamuoyunun vicdanına sunarım.

ERGENEKON MU?

Tuncay Güney'e göre, Ergenekon bir oyun ve bu oyunda herkes üstüne düşeni yapar. Ergenekon davasında haksızlıklar, mesnetsiz suçlamalar, hınç ve intikam arzusu var.

6 Ocak 2012'de Türk ordusunun komutanlığı görevinde bulunan şahsım, Ağustos 2011'de de bir dönem Genelkurmay Karargâhı'nın üst yöneticileri kadrosu "İnternet Andıcı" nedeniyle tutuklandı. Ve halen yargılanmaktadırlar. Böylece, Genelkurmay Karargâhı adeta suç işlemiş bir silahlı terör örgütü konumuna sokuldu. "İnternet Andıcı", Genelkurmay Karargâhı'nda hazırlanan yasal ve ancak tamamlanmamış bir belgedir. Andıç metninde de suç teşkil edecek hiçbir unsur yoktur. Bu belgeden hareket edilerek terör örgütü kurmak ve yönetmek, hükümeti ortadan kaldırmaya teşebbüs suçlamaları ileri sürülmektedir. Suçlamalara ilişkin bazı değerlendirmeler şöyledir:

Prof. Dr. Sayın İzzet Özgenç:
"Türkiye'de Genelkurmay Başkanlığı görevini yapmış ve bu görevden yaş haddinden emekliye ayrılmış bir kişinin göre-

141

vi başında iken terör örgütü yöneticisi olarak faaliyet icra ettiğini iddia etmek, bir akıl tutulmasının yansımasıdır.

Böyle bir suçlama ile, Türkiye Cumhuriyeti Devleti'nin ve bu devletin kurum ve kuruluşları arasındaki uyumlu çalışmayı sağlamakla görevli kamu otoritelerinin varlığını inkar etmiş olursunuz."*

Prof. Dr. Sayın Sami Selçuk:
"Genelkurmay Başkanlığı yapmış birinin terör suçunu işlemesi bir düştür. Tutuklanması ise bir skandaldır."[1]

Başbakan Sayın Recep Tayyip Erdoğan:
"Yapılan benzetmeleri ve yakıştırmaları asla doğru bulmuyorum. Yani bir örgüt elemanıymış, bir örgütün mensubuymuş gibi. Türk Silahlı Kuvvetleri'nde Genelkurmay Başkanlığı makamına gelmiş bir insan için bu tür yakıştırmanın, bu tür benzetmenin doğru olmadığını, kesinlikle insaf dışı olduğunu düşünüyorum."**

Değerlendirmelerden de görüleceği gibi, bu suçlamalar aslında Türkiye Cumhuriyeti devletini hedef almaktadır. 13 Aralık 2012 tarihinde, esas hakkında mütalaasını sunacak olan Cumhuriyet Savcısı'nın bu gerçeği görmesini beklemekteyiz. Herkesi, 13 Aralık 2012 tarihinde bu ibretlik tarihi davanın canlı tanığı olmak üzere Silivri'ye davet ediyoruz.

---

* Prof. Dr. İzzet Özgenç, *Suç Örgütleri*, 4. basım, Seçkin Yayıncılık, Ankara, Ağustos 2012, s.17, dipnot 17. (Y.N.)
1 Prof. Dr. Sami Selçuk, *Cumhuriyet*, 17 Eylül 2012.
** Türkiye Cumhuriyeti Başbakanı Recep Tayyip Erdoğan'ın 5 Ağustos 2012 tarihinde yapmış olduğu güncel değerlendirmeden alıntıdır. (Y.N.)

142

EMİLE ZOLA'LARIN OLMAYIŞI

Dünyanın hiçbir ülkesinde hem ülkenin silahlı kuvvetlerinin komutanı hem de bir silahlı terör örgütünün yöneticisi olan Genelkurmay Başkanı görülmemiştir. Ancak, bu utanç verici ayıp 6 Ocak 2012 tarihinde Türkiye'de yaşanmıştır. Türkiye'nin 26. Genelkurmay Başkanı, terör örgütü kurmak ve yönetmek suçlamasıyla tutuklanmıştır. Türkiye'de yaşanan bu durumu demokrasinin bir zaferi olarak değerlendiren cahiller, aslında bu suçlamanın siyaseten devletimize de yöneltilen son derece ağır ve haksız bir itham olduğunu bile anlayamamışlardır. İlker Başbuğ ve arkadaşları ne yapmışlar da bu suçlamayla karşı karşıya kalmışlardır? İşte size bazı "delil"ler:

Kara Kuvvetleri Komutanlığı döneminde, terörle mücadelenin daha etkin olarak yürütülebilmesi için hayati ve kalıcı adımlar atılmıştır:

✓ Komando tugaylarının profesyonel hale getirilmesine başlanılmış ve bu proje 2010 yılında tamamlanmıştır.

✓ Terör bölgesinde görev alacak bütün personelin Eğirdir'de dünya standartlarında eğitim alması sağlanmıştır.

✓ HERON İnsansız Hava Araçları, ilk defa 2006 yılı sonbaharında kullanılmış ve örgüt üzerinde şok etkisi yaratılmıştır.

✓ Yeni yapılanma, yeni teçhizat ve malzemenin kullanılmasıyla, gömülü patlayıcı maddelerin bulunma oranı yüzde 70'lere yükseltilmiştir.

✓ Ağır kış şartları altında, bütün yabancı orduların gıpta ile takip ettiği, çok başarılı bir sınır ötesi harekât icra edilmiştir.

Genelkurmay Başkanlığı görevine başlar başlamaz terörle mücadele alanında yapılması gereken çalışmalara hız verilmiştir:

✓ Başbakanlık'ta düzenlenen ve günlerce süren toplantılara katılım gösterilmiştir.

✓ Anayasa'ya göre milli güvenliğin sağlanmasından sorumlu Bakanlar Kurulu'na terör brifingi verilmiştir.

✓ Demokrasinin vazgeçilmez unsurlarından biri olan sivil toplum örgütü yöneticileri ile 4 Ekim 2008 tarihinde Diyarbakır'da bir araya gelinmiştir.

Terörle mücadelenin ana prensipleri, Türkiye'de belki de ilk defa, ilgili makamlarla ve kamuoyuyla paylaşılmıştır:

✓ Terörün ortadan kaldırılması sadece güvenlik alanındaki mücadele ile olmaz. Devlet güvenlik, ekonomi, sosyokültürel, psikolojik harekât ve uluslararası alanlarda koordineli ve paralel hareket etmelidir. Bu amaçla, müsteşarlık seviyesinde yeni bir yapılanma kurulmalıdır.

✓ Örgüte katılımların engellenmesi için, katılımları organize eden şehir örgütleri ortaya çıkarılmalı ve etkisiz hale getirilmelidir.

✓ Dağ kadrosunun örgütten çözülmesini sağlayacak şekilde yasal düzenlemelerde bazı değişiklikler yapılmalıdır.

✓ Irak'ın kuzeyindeki PKK varlığının etkisiz hale getirilmesi için, Irak Merkezi Yönetimi ve özellikle Kürt Bölgesel Yönetimi zorlanmalıdır.

✓ Türkiye Cumhuriyeti kültürel alanda özgürlüklerin önünü açmalıdır.

✓ Bu süreçte, alınan etkin tedbirler ve yürütülen mücadele neticesinde, 2009 yılı baharında örgüt ciddi sıkıntılar içine girmiştir. Örgüt, bu süreçte bir anket yaparak örgüt elemanlarına silahlı mücadeleye devam edilip edilmemesini sormak zorunda bile kalmıştır.

Gerçekler böyle iken, Türkiye'de neler olmuştur? Maalesef mahkeme Genelkurmay Başkanı'nı sanık, terör örgütünün bir liderini ise tanık sandalyesine oturtma başarısını göstermiştir. Türk ordusuna komuta etmiş olan birinin, arkadaşlarıyla birlikte "terör örgütü kurmak ve yönetmek"le suçlanmasının utanç verici ağırlığını taşımaya, Türk milleti adına yargılama yetkisine sahip yargı erki daha ne kadar devam edecektir? Yargı erkinin yetkili ve sorumlu makamları bu ciddi durumu sorgulamayacak mıdır? 26. Genelkurmay Başkanı, aynı zamanda cebir ve şiddet kullanarak Türkiye Cumhuriyeti Hükümeti'ni ortadan kaldırmaya veya görevini yapmasını engellemeye teşebbüs etmekle de suçlanmaktadır. Bu suçlama bir anlamda, sekiz yıldır birlikte çalışılan siyasi iktidarı ve kendisini Kara Kuvvetleri Komutanlığı'na ve Genelkurmay Başkanlığı'na getiren hükümeti ortadan kaldırmaya yöneliktir. Peki, bu suçlamanın delilleri nelerdir? İşte bazı "delil"ler:

– Türkiye Cumhuriyeti'nin 26. Genelkurmay Başkanı, her konuşmasında demokrasiden ve Türk Silahlı Kuvvetleri'nin demokrasiye bağlılığından söz etmiştir:

"Türk Silahlı Kuvvetleri demokrasi ve hukuk devletinin yanındadır. Türk Silahlı Kuvvetleri hiçbir zaman hataları örtme ve suçluları koruma durumunda olmamıştır."*

---

* Türkiye Cumhuriyeti 26. Genelkurmay Başkanı İlker Başbuğ'un, 17 Aralık 2009 tarihinde Trabzon'da Oruç Reis Kruvazörü'nde düzenlenen basın toplantısında yapmış olduğu konuşmadan alıntıdır. (Y.N.)

"Darbe, darbe iddiaları, hicap duyuyorum. Türkiye'de bazı olaylar yaşandı. Bugün, artık bu olaylar geride kaldı. Demokrasilerde en önemli husus, iktidarların seçimlerle, demokratik yöntemlerle el değiştirmesidir."*

- Hiçbir cebir ve şiddet içeren eyleminin olmaması yanında hükümeti hedef alan konuşma ve açıklaması da bulunmamaktadır.
- Anayasa'ya göre sorumlu olduğu Başbakan ile haftalık görüşmelerin yapılmasını, bizzat teklif etmiştir.
- Darbe ortamını oluşturmak amacıyla psikolojik harekât faaliyetlerinde bulunulması iddialarına karşılık, Genelkurmay Başkanlığı görevine başlar başlamaz, psikolojik harekât faaliyetlerinde kullanacağı Bilgi Destek Dairesi'nin lağvedilmesi direktifini vermiştir.
- Bir terör örgütünün istekleri ve yönlendirmesi doğrultusunda internet yoluyla kara propaganda yapıldığı iddiası ortadadır. Ancak, ortada kara propagandanın yapılacağı internet siteleri yoktur. Çünkü görev döneminden önce açılmış ve işletilmiş olan siteler kapatılmış, İnternet Andıcı ile açılması planlanan siteler ise aktif hale getirilmemiş, yani açılmamıştır.

Gerçek böyle iken, bu gerçeği bile bile, Ağustos 2008-Ağustos 2010 döneminde, internet üzerinden kara propaganda yapıldığını söylemek en hafif deyimiyle utanmazlıktır.

- İddia edilen İrtica ile Mücadele Eylem Planı'nın basında yer alması üzerine, hiç tereddüt etmeden hemen Askeri Savcılığa adli soruşturma açılması emrini vermiştir.

---

* 25 Ocak 2010 tarihinde Ankara, Genelkurmay Karargâhı'nda düzenlenen Kazım Karabekir'i anma töreni sonrası basın mensuplarıyla Orbay Salonu'nda bir araya gelen Türkiye Cumhuriyeti 26. Genelkurmay Başkanı İlker Başbuğ'un yapmış olduğu konuşmadan alıntıdır. (Y.N.)

- Askeri Savcılık soruşturma kapsamında o gün ilgili bilgisayarlara el koymuş, imajlarını almıştır. Bundan sonra iki ilginç durum yaşanmıştır. Birincisi, ilgili Özel Yetkili Mahkeme iki yıl süren bir incelemede Askeri Savcılığın el koyduğu bu bilgisayar imajlarını kullanmıştır. İkincisi ise, inceleme sonunda ön rapora da yansıdığı şekilde 2008-2010 Ağustos arasındaki dönemde suç unsuru teşkil edecek bir hususa da ulaşılamamıştır.

- Türk Silahlı Kuvvetleri Personelinin masumiyet karinesi hiçe sayılarak medyada haksız ithamlarla yıpratılmasına ve itibarsızlaştırılmasına sessiz kalmamıştır.

Gerçekler işte böyledir...

Tarafımızdan söylenenlere kulaklarını tıkayanlara, son bir sözümüz olacaktır. Sayın Başbakan, 5 Ağustos 2012 tarihinde yaptığı bir konuşmada şunları söylemiştir:

"Başbuğ Paşamızın döneminde de biz çalışmalarımızı gayet başarılı şekilde yürüttük."

Sayın Başbakan'ın bu sözlerine karşılık, iddia makamının hükümetin görevini yapmasını engellemeye teşebbüs edildiğini ileri sürmesi ve bu iddianın da kabul görmesi ne büyük bir çelişkidir? İddia makamı ve mahkeme halen bulunduğu noktada durmaya ısrar edecek midir? Sayın Başbakan, tanıklığı talep edilen bir kişi olmasının dışında, iddialara göre mağdur durumda bulunan hükümetin de başıdır. Dolayısıyla, mahkeme "bu sözler bizleri bağlamaz" deme lüksüne sahip değildir.

Silivri'de bugüne kadar yaşananlara bakılınca, burada adil yargılamaların yapıldığını ve bu yargılamalardan da adil sonuçlar çıkabileceğini söylemek mümkün değildir. Adil yargılamanın gerçekleştirilmesinden sorumlu olanlar daha neyi beklemektedirler? İnsanların daha fazla eziyet görmelerini mi? Bu durum, Türkiye'ye yakışmamaktadır. Ayrıca bugün, sivil-asker ayrımı yapmadan ve bütün askerleri potansiyel birer suçlu olarak görmeden, gerçekleri açıkça savunabilecek "Emile Zola"ların sayıca giderek artması da en büyük dileğimizdir. Aslında, Türkiye Cumhuriyeti 26. Genelkurmay Başkanı'nın "bir büyük suçu" vardır. Barış'lar (Barış Terkoğlu ve Barış Pehlivan) yazdıkları kitapta bu "suçu" şöyle tanımlamışlardır:

"İlker Başbuğ hayalleri olan, ancak yanlış zamanda dünyaya geldiği aşikâr olan bir Genelkurmay Başkanı'dır."[*]

---

* Barış Terkoğlu, Barış Pehlivan, *Sızıntı Wikileakste Ünlü Türkler*, 1. basım, Kırmızı Kedi Yayınevi, İstanbul, Şubat 2012, s.205. (Y.N.)

TERÖRİSTLER MUTEBER TANIK,
ÜLKENİN GENELKURMAY BAŞKANI DEĞİL

Türk ordusunun komutanı olarak, beraber çalıştığım üst düzey devlet yöneticilerini tanık olarak gösterdim ve mahkeme tarafından dinlenilmelerini istedim. Mahkeme bu isteğimizi reddetti. Türkiye Cumhuriyeti'nde devlet protokolü açısından 4 no.lu sırada bulunan bir kişinin, devletin üst düzey yöneticilerini tanık olarak göstermesinden daha doğal bir şey olamaz. Ancak, burada doğal olmayan başka bir şey vardır. Tanık olarak dinlenilmeleri istenen üst düzey devlet yöneticileri, kendileri tarafından Genelkurmay Başkanlığı görevine getirilen kişinin, iddiaya göre cebir ve şiddet kullanarak ortadan kaldırmaya veya görevlerini yapmasını kısmen veya tamamen engellenmeye çalıştığı Türkiye Cumhuriyeti hükümetinin başı ve üyeleridir. Eğer ileri sürülen bu iddia ciddiyse ve Türkiye ciddi bir hukuk devletiyse, mağdur durumda oldukları düşünülen bu üst düzey devlet yöneticilerinin, iddia makamının talebi ile mahkeme tarafından kamu tanıkları olarak dinlenmeleri gerekirdi. Ama Türkiye'de hukuk alanında o kadar büyük cinayetler yaşanıyor ki, bunların sonucu olarak da mağdurların "sanık" tarafından "tanık" gösterilmesi gibi, dünyada emsali bulunmayan hukuk garabetleri de ortaya çıkabiliyor. Sayın Başbakan'ın suçlandığımız konulara ilişkin çeşitli zamanlarda konuşma ve beyanları olmuştur. Bu konuşmaların bizim açımızdan önemi, bunların birer siyasi konuşma olmasından ziyade, bu konuşmaları yapmadan aylar önce tanıklığını talep ettiğimiz bir kişinin hukuki değer taşıyan konuşmaları olmasıdır. Yapılan bu konuşmalara dikkatle bakılırsa, iddianamede bize yöneltilen suçlamalara karşı bir isyan ve reddedilişin olduğu açıkça görülebilir. Mahkeme bu beyanları bu açıdan görmezlikten gelemez. Aksi takdirde, yine diğer zamanlarda olduğu gibi yeni bir hukuk cinayetine neden olabilir. Özellikle, 2008-2009 yılları arasında beraber görev yaptığımız üst düzey silah arkadaşlarımı da 30 Mayıs 2012 tarihinde resmen tanık olarak gösterdim ve mahkeme tarafından dinlenilmesini talep ettim. Mahkeme bu isteğimizi de neredeyse sekiz ay geçtikten sonra reddetti. Tanık olmalarını istediğim değerli komutan arkadaşlarım* 18 Şubat 2013 tarihinde Silivri Ceza İnfaz Kurumları yerleşkesinde görülen duruşmaya geldiler ve mahkeme tarafından dinlenmeyi beklediler. Gün boyunca Silivri Cezaevi kampusünde sabırla bekleyen değerli arkadaşlarıma da teşekkür ederim.

Ceza Muhakemeleri Kanunu'nun 178. maddesine göre mahkeme bu kişileri tanık olarak dinlemek zorundadır. Böyle bir talebin reddedilmesi, yine Ceza Muhakemeleri Kanunu'nun 289/h maddesine göre, Yargıtay için mutlak bir bozma nedenidir. Bu konuda Yargıtay Ceza Genel Kurulu'nun da kararı vardır. Buna rağmen, mahkeme tanık dinleme taleplerini, büyük bir cesaretle

---

* 18 Şubat 2013 tarihli Ergenekon duruşmasında Genelkurmay eski Başkanı Em. Orgeneral Işık Koşaner, Deniz Kuvvetleri eski Komutanı Em. Oramiral Metin Ataç, Hava Kuvvetleri eski Komutanı Em. Orgeneral Aydoğan Babaoğlu ve Jandarma eski Genel Komutanı Em. Orgeneral Atilla Işık hazır bulunmuşlardır. Mahkeme, tanık dinleme taleplerinin tamamını reddetmiştir. (Y.N.)

reddetmiştir. Bu inanılmaz bir karardır, inanılmaz bir durumdur. Bunu hiç kimse izah edemez. O zaman, bu mahkeme bu şekilde davranabilme gücünü nereden almaktadır? Neye güvenmektedir? Türkiye'de yargı ve yasama erki bu duruma daha ne kadar seyirci kalmaya devam edecektir?

Yüce Türk Milleti!

Senin adına yargılama yaptığını ifade eden mahkeme, terörist "Şemdin Sakık"ı muteber bir tanık olarak dinlemiş, buna karşılık Türkiye Cumhuriyeti'nin Genelkurmay Başkanlığı'nı yapmış Emekli Orgeneral Işık Koşaner ile kuvvet komutanları ve Jandarma Genel Komutanı'nın tanıklığına itibar etmemiş ve onları dinlememiştir. Bu şekilde hareket edebilen bir mahkemenin adil yargılama yaptığını ve neticede de adil bir karara ulaşabileceğini beklemek mümkün mü dür? Elbette hayır!

MEŞRUİYETİNİ YİTİREN MAHKEMELER

Geçtiğimiz günlerde, İstanbul 13. Ağır Ceza Mahkemesi tarafından hazırlanan bir çizelgeye dayanarak mahkemede 2 saat 18 dakika konuştuğum ve savunma yaptığım şeklinde bir haber medyada yer aldı. Kimsenin bu haberi sorgulamaması üzerine, bu konuya bir açıklık getirilmesinin uygun olacağını düşündüm. Bugüne kadar geçen sürede, sadece 27 Mart 2012 tarihinde yapılan duruşmada konuştum. Konuşmanın amacı da mahkemede niçin savunma yapmayacağımı açıklamaktı. Bu konuşma, duruşma tutanaklarında bir buçuk sayfayı kapsamaktadır. Okunması da olsa olsa en fazla on dakika sürmüş olabilir. Konuşmada özellikle şu noktalara değinmiştim:

"Bana terör örgütü yöneticisi diyenlere şaşarım. Bu suçlama hiçbir zaman kişisel bir suçlama olarak kabul edilemez. Şahsım üzerinden Türk Silahlı Kuvvetleri'ne yöneltilen ağır bir suçlamadır. Bu suçlama aynı zamanda siyaseten devletimize de yöneltilen son derece ağır ve haksız bir ithamdır.

Bugün, burada savunma yapmayacağım ve hiçbir soruya da cevap vermeyeceğim. Türk ordusunun üniformasını onur ve gururla taşıdığım 53 yıl boyunca vatanıma, milletime, devletime ve orduma sadakatle hizmet ettim. Aksini iddia edenleri bugün benim, yarın ise tarihin affetmeyeceğine inanıyorum."*

Konuşmam on dakika sürdü ise geriye kalan 2 saat 8 dakikada ne oldu? Bu süre, mahkeme başkanının savcılık sorgu tutanağını okuması ve kamuoyunda büyük tartışmalara ve tepkilere neden olan, iddianamede olmayan bazı soruların tarafıma yöneltilmesiyle geçmiştir. Yöneltilen sorulara da cevap verilmemiştir. Hal böyle iken, mahkeme tarafından 2 saat 18 dakika konuşma yapıldığının ileri sürülmesini anlamak mümkün değildir. Silivri'deki mahkemeler cezaevi kampusü içindedir. Böyle bir uygulamanın dünyada eşine rastlanamaz. Bu mahkemelerde adil yargılama yapılmamaktadır. Bu nedenle buradan adil kararlar da çıkmaz, çıkamaz.

27 Mart 2012 tarihinde bütün gücümle isyan ettiğim durum, her geçen gün herkes tarafından da açıkça görülmekte ve anlaşılmaktadır. Silivri'de yaşanan hukuk cinayetleri o kadar büyük boyuta ulaşmıştır ki, artık mızrak çuvala sığmamaktadır. Bunun son örneği de darbe iddialarının mağduru durumunda olan hükümetin bir üyesinin yapmış olduğu bir konuşmada söylediği şu sözlerde görülmektedir:

"Genelkurmay eski Başkanı İlker Başbuğ'un terör örgütü üyesi olarak nitelendirilmesi, bu davaların MEŞRUİYETİNE gölge düşürmüştür."**

---

* Türkiye Cumhuriyeti 26. Genelkurmay Başkanı İlker Başbuğ'un, İnternet Andıcı davasının 27 Mart 2012 tarihinde görülen 58. duruşmasında yapmış olduğu konuşmadan alıntıdır. (Y.N.)

** Başbakan Yardımcısı Bekir Bozdağ'ın 1 Mart 2013 tarihinde, CNN TÜRK'te yayımlanan Ankara Günlüğü programında "Uzun tutukluluk süreleri"ne dair yapmış olduğu değerlendirmeden alıntıdır. (Y.N.)

Bu cümle önemlidir ve çok anlamlıdır. Meşru sözcüğü esas itibariyle yasallık anlamına gelmektedir. Ancak, aynı zamanda toplumun kabul etmesi, benimsemesi ve desteklemesi anlamlarını da taşımaktadır. Hem bu mahkemelerin Türk milleti adına yargı yetkisini kullandığını söylemek hem de aynı mahkemelerin Türk milletinin gözündeki meşruiyetini yitirdiğini ileri sürmek, ülkedeki çok şeyin tükenme noktasına gelmekte olduğu anlamına gelir. Umarız ki elde kalan mevcut zaman tükenmeden yetkili ve sorumlu makamlar üzerlerine düşen tarihi görev ve sorumlulukları yerine getirirler.

18 Mart 2013

SÖZÜN DEĞİL HUKUKUN TÜKENDİĞİ NOKTA

Türk Ceza Kanunu'nun 314. maddesi "silahlı örgüt"e ilişkindir. Devletin güvenliğine karşı ve Anayasal düzene ve düzenin işleyişine karşı suç işlemek amacıyla silahlı örgüt kurmak veya yönetmek suçunu kapsamaktadır. İddia makamı tarafından hazırlanan ve 13. Ağır Ceza Mahkemesi tarafından da kabul edilen iddianameye göre, Genelkurmay Başkanı ve Genelkurmay Karargâhı işte bu madde ile suçlanmaktadır. Önce, Türk Ceza Kanunu'nun hazırlanmasında önemli rol alan Prof. Dr. Sayın İzzet Özgenç bu konuya ilişkin olarak ne demektedir, ona bakalım:

"Türkiye'de Genelkurmay Başkanlığı görevini yapmış ve bu görevden yaş haddinden emekli olarak ayrılmış olan bir kişinin, görevi başında iken terör örgütünün yöneticisi olarak faaliyet icra ettiğini iddia etmek, bir akıl tutulmasının yansımasıdır. Bu iddia Cumhuriyet Savcılığı görevi ile bağdaşır bir yaklaşım çerçevesinde yapılan bir değerlendirme sonucu varılan bir kanaat ürünü değildir. Aynı değerlendirme, söz konusu iddianın yer aldığı iddianameyi kabul eden hâkimlerin kararı bakımından da geçerlidir. Genelkurmay Karargâhı örgüt olamaz, örgütsel yapı ileri sürülemez. Bir kamu kurumundaki hiyerarşinin gerektirdiği ilişkiler örgütsel sayılamaz."

Başbakan Sayın Recep Tayyip Erdoğan da bir konuşmasında bu suçlamaya karşı kesin bir tavır aldı. Şunları söyledi:

"Yapılan benzetmeleri ve yakıştırmaları da asla doğru bulmuyorum. Yani bir örgüt elemanıymış, bir örgütün mensubuymuş gibi bu tür yaklaşımları bir defa kesinlikle çok çirkin buluyorum. Yani Türk Silahlı Kuvvetleri'nde Genelkurmay Başkanlığı makamına gelmiş bir insan için bu tür bir yakıştırmanın, bu tür benzetmenin doğru olmadığını ve kesinlikle insaf dışı olduğunu düşünüyorum."

Başbakan Yardımcısı Bekir Bozdağ da aynı konuya bir konuşmasında şöyle değindi:

"Terör örgütü üyesi olarak nitelendirmesi, bu davaların meşruiyetine gölge düşürmüştür. Çünkü Türkiye'de hiçbir vatandaşımız, bu davalara destek olan insanlarımız dahi, böyle bir nitelemeyi kabul etmiyorlar, yakıştırmıyorlar."

Hukuki, ahlaki ve vicdani gerekçelere dayanan bu itirazlar böyle bir suçlamayı kabul etmemekte, bu şekildeki bir suçlamayı en hafif deyimiyle akıl tutulması olarak nitelendirmektedir. Bütün bunlara rağmen, bugüne kadar yaşananlar ve görülenler iddia makamı ve mahkemenin durumunda değişiklik olmadığını göstermektedir. Onlara göre, 3 Mart 2004 tarihinde Ankara'da yapılan bir panele katılmış olması, 2004 yılında Genelkurmay Karargâhı'nda gazeteci Sayın Mustafa Balbay ile görüşmesi, 2009 yılında yurtdışında iken Genelkurmay 2. Başkanı ile görüşüp kendisine talimat vermesi, iki kişi arasında geçen bir telefon görüşmesinde isminin geçmiş olması, 26. Genelkurmay Başkanı'nın sadece ve sadece iddia edilen Ergenekon Terör Örgütü'ne yönetici olması için yeterlidir! İleri sürülen bu iddiaların hepsine cevap vermeye çalışmak bile anlamsızdır. Öyle ki, iki kişi arasında geçen bir telefon konuşmasındaki kişilerden biri daha önce almış olduğu cezası, sağlık nedeniyle affedilen bir kişidir. Ancak, bu kişinin, Genelkurmay Başkanı'nın desteği ile "Kamu Güvenliği Müsteşarlığı"na atanmasının sağlanması söz konusudur. Bu düşünceyi benimseyen, dikkate alan mahkeme Genelkurmay Başkanlığı'nın yazışmalarını da, İstanbul İl Emniyet Müdürlüğü'nde görevli olan, terörle mücadele şubesinin iki personeline incelettirmekte hiçbir sakınca görmemektedir.

Bütün bu önemli noktaları bir yere bırakalım. İddia makamı ve mahkeme Ceza Kanunu'nun 314. maddesine göre bir suçlamaya neden ihtiyaç duymaktadır? Bu sorunun cevabını arayalım. İleri sürülen esas suçlama, Türk Ceza Kanunu'nun "Hükümete Karşı Suçlar"ı tanımlayan 312. maddesine dayanmaktadır. Bu maddeye göre suçun oluşumu için ortada mutlaka cebir ve şiddetin var olması gerekmektedir. Cebir ve şiddet unsuru var mıdır? Hayır. O zaman, cebir ve şiddet unsurunu nasıl yaratacaksınız? Yapay bir şekilde bir örgüt oluşturacaksınız. Bu örgüte birbirleriyle hiçbir ilgisi olmayan kişileri arayıp, bulup koyacaksınız. Ancak bu da yeterli olmayınca inanılmaz bir şekilde, cebir ve şiddet içeren Danıştay cinayeti ve *Cumhuriyet* gazetesini bombalama gibi eylemleri de iddia edilen bu yapay örgüte mal edeceksiniz. Daha sonra da, iddia edilen örgüt içinde bulunduğu ileri sürülen herkesin, bu cebir ve şiddet eylemlerine katkılarının ne olduğunu somut delillere dayanarak ortaya koymadan, normatif bir değerlendirmeye tabi tutmadan, işlenen bu suçlara ortak edeceksiniz. Buna da hukuk diyeceksiniz. İşte yapılması istenilen budur!

Bu arada, maalesef Terörle Mücadele Kanunu'nun 3. maddesine göre de terör suçlarının kapsamı çok geniştir. Bu maddeye göre de herkes, kolaylıkla terörist olarak suçlanabilir. 26. Genelkurmay Başkanı ve Karargâhı, Ceza Kanunu'nun 312. maddesi çerçevesinde cebir ve şiddet kullanarak hükümeti ortadan kaldırmaya veya görevlerini yapmasını engellemeye teşebbüs etmekle de suçlanmaktadır. Mahkeme üyesinin yaptığı bir açıklamaya göre de İnternet Andıcı, asıl suç unsuru olarak görülmüştür.

İddiaya göre, internet siteleri üzerinden yapılacak kara propaganda ile ülkede kaos ortamının, diğer bir deyişle darbe ortamının yaratılması amaçlanmaktadır. Yani asıl silah, internet siteleridir. İnternet siteleri, Genelkurmay Karargâhı'nda Bilgi Destek Dairesi'nin bünyesi içerisindedir. İddialara göre kaos ortamının yaratılmasını isteyen, düşünen 26. Genelkurmay Başkanı, en son polis tarafından kaleme alınan tespit tutanağına göre, göreve gelir gelmez şu direktifi vermiştir:

"Genelkurmay Başkanı tarafından, İç Güvenlik Harekât Dairesi'nin terörle mücadelenin bütün alanlarını kapsayacak şekilde yeniden yapılandırılması, Bilgi Destek Daire Başkanlığı'nın lağvedilmesi ve lağvolunan şubelerin tek bir şube olarak teşkilatlandırılarak ilgili dairelerin bünyelerine dâhil edilmesi direktifi verilmiştir."

Hem kaos ortamını yaratmak isteyeceksiniz hem de bünyesinde bütün internet sitelerini bulunduran daireyi ortadan kaldıracaksınız. Bu iki şey bir arada olamaz.

Gelelim, bir suç unsuru olarak gösterilmeye çalışılan İnternet Andıcı'nın ne olup olmadığının bir defa daha ortaya konulmasına. Andıç'ta kesinlikle suç teşkil edecek bir husus yoktur. İddia makamı da aslında bunu kabul etmektedir. Şöyle ki, hazırladığı iddianamenin 67. sayfasında bu konuya değinmektedir:

"Planlama ve kurum içi onay aşamalarına uygun olarak bir andıç hazırlanması ve bunun şeklen HUKUKA UYGUN OLMASI, amacının da hukuka uygun olduğunu göstermez."

Bu andıç ile yeni internet sitelerinin kurulması planlanmıştır. Açılması planlanan bu siteler ise, hiçbir zaman aktif hale getirilmeden yayına geçirilmeden, görülen lüzum üzerine Haziran 2009'da bu çalışma da sona erdirilmiştir. Görüldüğü gibi bu siteler vasıtasıyla bir suç işlenebilmesi söz konusu bile olamaz. Bilindiği üzere, Ağustos 2008'den önce açılmış olan siteler de Şubat 2009'da kapatılmıştır. Dolayısıyla, Şubat 2009'dan 20 Ağustos 2010'a kadar olan süreçte, iddia edildiği ve düşünüldüğü gibi Genelkurmay'ın kara propaganda amacıyla kullanabileceği internet sitesi bile yoktur. İddia makamı ve mahkeme, bütün bu maddi gerçekler karşısında hâlâ 20 Ağustos 2008 ile 30 Ağustos 2010 arasında, Genelkurmay Başkanlığı tarafından, internet üzerinden kara propaganda faaliyetleri yapılarak kaos ortamı yaratılmaya çalışılabileceğini nasıl düşünebilir? Böyle bir iddiayı nasıl ileri sürebilir?

26. Genelkurmay Başkanı ve Karargâhı'nın hükümeti ortadan kaldırmaya veya görevlerini engellemeye teşebbüs kapsamında suçlanması için kullanılan bir diğer konu, iddia edilen "İrtica ile Mücadele Eylem Planı"dır. Sadece isimsiz ve imzasız bir ihbar mektubuna dayanılarak, bu planın Nisan 2009'da hazırlandığı ileri sürülmektedir. Polis, Bilgi Destek Daire Başkanlığı'na ait bilgisayarların incelenmesine ait bir tespit tutanağı hazırlamıştır. Bu tutanak 323 sayfadır. Tespit tutanağında, iddia edilen "İrtica ile Mücadele Eylem Planı"nın bulunmadığı ifade edilmektedir. Bu elbette önemlidir. Bu tespit Genelkurmay Savcılığı'nın ulaşmış olduğu neticeyi de doğrulamaktadır. Ancak, burada tespit tutanağını hazırlayan Terörle Mücadele Şubesi personeli, kendini bir anlamda bilirkişi, hatta ve hatta hâkim yerine koyarak aşırı bir zorlama ile dairede yazılmış bazı yazılarla, söz konusu -iddia edilen- plan arasında ilişki olduğunu ileri sürmektedir. İddia edilen "İrtica ile Mücadele Eylem Planı" ile ilişkili olduğu düşünülen yazıların yazıldıkları tarihlere bakılırsa, 30 Ağustos 2008 ile 30 Ağustos 2010 tarihleri arasında bir yazının olmadığı da açıkça görülebilir. Bu ifade hiçbir zaman, ilişki kurulan yazıların da ileri sürülen suçlamalarla ilgili olduğu anlamına gelmemelidir.

Son bir söz olarak, Bilgi Destek Dairesi'ne ait 71 adet bilgisayar harddiskinde yapılan incelemeler sonucunda kovuşturmayla ilgili olabilecek hiçbir bilgi ve belgenin bulunmadığı da tespit edilmiştir. Durum budur. Yapılanları ne kabul edebilmek ne de mazur görebilmek mümkün değildir. Suçsuz insanların, Silivri'de 19 ay ile 15 ay gibi uzun bir süredir tutsak olmasının, hürriyetlerinin ellerinden alınmasının vebalini bu dünyada ve öbür dünyada kimler, nasıl üstlenebileceklerdir? Silivri'de yaşananlar, haksız yere burada tutulanların kendilerinin ve yakınlarının ve hatta Türk milletinin büyük çoğunluğunun kemiklerine kadar işlemiştir, işlemeye de devam etmektedir. Bu hukuk cinayetlerine engel olma sorumluluğunun yürütme, yargı ve yasama erkinde olduğu herkes tarafından bilinmekte ve görülmektedir. Hatadan dönmek için "son çıkışa" hızla yaklaşılmaktadır.

TÜRK MİLLETİNE SAVUNMA I

Cumhuriyetin savcıları, mahkemeye sunmuş oldukları mütalaada Türkiye Cumhuriyeti'nin 26. Genelkurmay Başkanı'nı şu şekilde suçlamaktadırlar:[1]

"Sanık Mehmet İlker Başbuğ'un iddianamede belirtildiği ve mütalaanın ilgili bölümlerinde anlatıldığı şekilde;

• Ergenekon Terör Örgütünün yöneticilerinden olduğu ve Ergenekon Terör Örgütünün amaçları doğrultusunda askeri bir darbe ortamı oluşturmak amacıyla;

1. Belirtilen internet siteleri ve bu siteleri meşrulaştırmak amacıyla düzenlenen andıç vasıtasıyla, kara propaganda ve dezenformasyon faaliyetlerini icra ve organize ederek,

2. Örgütün amaçları doğrultusunda yapmış olduğu basın açıklamaları ve değişik faaliyetlerle devam eden Ergenekon Terör Örgütüne yönelik soruşturmaları ve kovuşturmaları

---

1 Mütalaa, s.1529 ve 2038.

etkilemek amacıyla alenen sözlü veya yazılı beyanda bulunarak,

3. Devlet yöneticilerini baskı altına almak, devlet otoritesini zaafa uğratmak ve bu hususta gerektiğinde kamu düzenini bozup ülkede kaos ve düzensizlik ortamı oluşturmak ve halkı devlet yöneticilerine karşı kışkırtmak ve anarşi ortamı oluşturarak,

• Ergenekon Terör Örgütünün nihai hedefi olan cebir ve şiddet yöntemleri ile Türkiye Cumhuriyeti Hükümetini ortadan kaldırmaya veya görevlerini yapmasını kısmen veya tamamen engellemeye teşebbüs etme suçunu işlediği anlaşılmaktadır.

Türk Ceza Kanunun 312.1 maddesine göre cezalandırılması."*

Türk ordusunun komutanına yöneltilen bu suçlama, Genelkurmay Başkanlığı Karargâhı'nda onun emrinde görev yapmış olan orgeneral rütbesinden albay rütbesine kadar 14 silah arkadaşı için de ileri sürülmüş ve bu kişiler hakkında da Türk Ceza Kanu'nun 312/1 maddesine göre ağırlaştırılmış müebbet hapis cezası istenmiştir.

Türkiye'de idam cezası kaldırılmamış olsa idi, Cumhuriyetin savcıları hiç tereddüt etmeden, yukarıdaki "ciddi" suçlamaları göz önünde bulundurarak Türk ordusunun komutanı ile onun 14 silah arkadaşı için idam cezası isteyeceklerdi. Mütalaada açıkça görüleceği gibi, terör örgütü yöneticiliği suçlaması aynen durmaktadır. Buradan geri adım atılması söz konusu değildir. Sadece yapılan, Yargıtay İçtihatları göz önünde tutularak terör örgütü yöneticiliği suçlamasından dolayı Türk Ceza Kanunu'nun 312/1 maddesi gereğince ceza verilmesinin istenmesidir.

Savunmamıza yarın kaldığı yerden devam edeceğiz.

---

* Metin üzerinde düzeltme yapılmamıştır. (Y.N.)

TÜRK MİLLETİNE SAVUNMA II

Cumhuriyetin savcılarının hazırladığı mütalaaya göre 26. Genelkurmay Başkanı, Ergenekon Terör Örgütü yöneticisidir.

Aslında, bir hukuk devletinde olması gereken, örgüt yöneticiliğine ilişkin ortada hiçbir somut delilin olmaması neticesinde, savcıların örgüt yöneticiliği suçlamasından beraat istemesidir. Savcılara göre örgüt yöneticiliği iddiasının dayanakları, 3 Mart 2004 tarihinde Ankara'da yapılan "Hilafetin İlgası ve Tevhidi Tedrisat Kanunu'nun 80. Yılı Paneli"ne katılmak, Sayın Mustafa Balbay ile 2004 yılında Genelkurmay Karargâhı'nda görüşmek, 2009 yılında Hırvatistan'da resmi bir gezide bulunurken, Genelkurmay 2. Başkanı tarafından aranarak bir konu hakkında bilgi verilip görüşünün sorulması ve iki kişi arasında geçen bir telefon konuşmasında, diğer birçok ismin yanında isminin geçmesidir.

Savcılara göre en güçlü somut delil ise, İnternet Andıcı davası nedeniyle halen yargılanması devam eden sanıkların, Genelkurmay Başkanı'nın liderliğinde Türk Silahlı Kuvvetleri içinde hukuk dışı bir yapılanma içinde örgütlenmesidir. İşte bu somut delillere(!) dayanılarak örgüt yöneticiliğine ilişkin suçlamada ısrar edilmiştir. Örgüt yöneticiliği suçlamasından vazgeçilmesi, diğer bir ifade ile bu suçtan dolayı beraat istenmesi durumunda, kamuoyunda "İnternet Andıcı" davası olarak bilinen ve bu davaya benzer durumda olan diğer dava dosyalarının da Ergenekon davası olarak bilinen dosyadan ayrılması gibi bir durum ortaya çıkar. Böyle bir sonuçta ise iddia edilen suçların vasıf ve mahiyeti de değişikliğe uğrayabilir. Böyle bir durum istenmemektedir. Terör örgütü yöneticisi olarak suçlanılması, salt hukuk açısından ne kadar doğrudur? Türk Ceza Kanunu'nun hazırlanmasında görev alan Sayın Prof. İzzet Özgenç bu konuyu şu şekilde değerlendirmektedir:

"Türkiye'de Genelkurmay Başkanlığı görevini yapmış ve bu görevden yaş haddinden emekli olarak ayrılmış olan bir kişinin görevi başında iken terör örgütünün yöneticisi olarak faaliyet icra ettiğini iddia etmek, bir akıl tutulmasının yansımasıdır."

Sayın Başbakan da bu konu üzerinde değerlendirmelerde bulunmuş ve şunları söylemiştir:

"Generallerimiz emekli olsun, muvazzaf olsun yani hiç birisine bir defa kalkıp da, yani alışılmış anlamda bir terör örgütü mensubu demek çok ciddi yanlıştır, affedilemez. Yani şu anda kendileri bulundukları makam itibariyle, yani kendilerini sağlamda görseler bile, tarih onları affetmez."

Sayın Başbakan ve değerli hukukçu Sayın Prof. Özgenç ne söylerse söylesin "bulundukları makam itibariyle, kendilerini sağlamda görenler"in düşüncelerinde bir değişiklik görülmemektedir. Eğer bu yaklaşım tarihin bile affedemeyeceği boyutta ciddi ise, ortada bir görev vardır. Bu görev de, öncelikle sözlerinin arkasında durması gereken yetkili siyasi makamlara düşmektedir.

Cumhuriyet savcılarının hazırladıkları mütalaada ileri sürdükleri asıl suçlamayı "Darbe ortamı oluşturmak amacıyla belirtilen internet siteleri ve bu siteleri meşrulaştırmak amacıyla düzenlenen andıç vasıtasıyla kara propaganda ve dezenformasyon faaliyetlerinin icra ve organize edilmesi..." iddiası oluşturmaktadır. Bu iddia temelden yoksundur. Defalarca anlatılmasına rağmen de maalesef anlaşılmak istenilmemektedir. İlk önce, "İnternet Andıcı" internet sitelerini konu alan, metin kısmı iki sayfadan ibaret, yasal ancak tamamlanmamış bir karargâh çalışmasıdır. İnternet Andıcı'nda suç teşkil edecek bir husus kesinlikle yoktur. Mütalaada, söz konusu andıçta suç unsuru teşkil eden hangi hususların olduğu ortaya konulmamıştır. Andıçta suç teşkil eden hangi somut fiiller vardır? İnternet Andıcının, daha önce açılmış olan sitelerle bir ilişkisi yoktur. Ağustos 2008'den önce açılmış olan siteler Şubat 2009 kapatılmıştır. İnternet Andıcı ile açılması planlanan sitelere yönelik çalışma ise, siteler hiçbir zaman aktif hale getirilmeden, yayına geçirilmeden, görülen lüzum üzerine 19 Haziran 2009'da sona erdirilmiştir. Dolayısıyla Şubat 2009'dan Ağustos 2010'a kadar olan süreçte Genelkurmay Başkanlığı'nın bu amaçla kullanabileceği hiçbir internet sitesi yoktur.

Bu durumda, mütalaayı hazırlayan savcılar, internet siteleri vasıtasıyla kara propaganda ve dezenformasyon faaliyetlerinin icra edildiğini nasıl ileri sürebilirler? Ortada öyle bir iddia varsa, somut olarak Ağustos 2008-Ağustos 2010 arasında, kara propagandayı içeren hangi haberlerin internet sitelerine konulduğunu ortaya koymaları gerekmez mi? Aslında internet sitelerinin olmadığı bir dönemde, böyle bir iddianın ortaya konulması dayanaktan yoksundur.

Türk milletine savunmamız devam edecektir.

TÜRK MİLLETİNE SAVUNMA III

Savcılara göre Türk Silahlı Kuvvetleri'ne sızan ve ilerleyerek Türk ordusunda Genelkurmay Başkanlığı'na, örgütte de üst düzey yöneticiliğe yükselen, 26. Genelkurmay Başkanı'na yöneltilen diğer bir suçlama ise şöyledir:[1]

"Örgütün amaçları doğrultusunda yapmış olduğu basın açıklamaları ve değişik faaliyetlerle, devam eden Ergenekon Terör Örgütü'ne yönelik soruşturma ve kovuşturmaları etkilemek amacıyla alenen sözlü ve yazılı beyanlarda bulunmak..."

Böyle bir iddiayı ileri sürebilmek için insanın Türk ordusunu hiç tanımaması, anlamaması, Türk ordusunu başka kuruluş ve yapılarla karıştırması gerekir. Bu iddia çirkindir, ağırdır. Bu iddia ile, Türk milletinin aklı ile alay edilmekte, binlerce yıl geçmişi olan devlet anlayışı da yerle bir edilmektedir. Bazı savcılar, böyle bir durumun olabileceğini çeşitli nedenlerle düşünebilirler. An-

---

1   Mütalaa s.2038.

169

cak, bu düşündüklerini bir hukuki belgeye yazma noktasına gelmişlerse, bir hukuk devletinin gereği olarak, yazdıklarının dayandığı somut delilleri de ortaya koymak zorundadırlar. En azından şunu aydınlatmaları gerekir:

"26. Genelkurmay Başkanı bir türlü somut olarak ortaya konulamayan örgütün amaçları doğrultusunda bu şekilde hareket etme talimatını kimden, ne zaman, nerede, nasıl almıştır?"

Mütalaada iddia edilen örgüte ilişkin hiçbir yapılanma bilgisi olmadığı gibi, elbette bu soruya cevap olarak da hiçbir unsur yoktur. Mütalaada, savcılara göre suç unsuru teşkil edebileceği iması yapılan bir iki örneğe özellkle ağırlık verilmektedir. Bunlardan birincisi, 17 Aralık 2009 tarihinde Trabzon'da yapılan konuşmadır. Bu konuşmadan sadece şu cümle alınmıştır:

"TSK'ya karşı yürütülmekte olan asimetrik psikolojik harekâta değinmek için, özelikle Oruç Reis Firkateyni'ni seçtim. Bunun özel bir anlamı vardır, herhalde herkes açıkça ne demek istediğimi de anlamaktadır."

Ceza Muhakemesi Kanunu'nun 160. maddesine göre savcılar hem lehte hem de aleyhte olan delilleri toplamakla sorumludurlar. Ama maalesef mütalaada, bu hukuki sorumluluğun yerine getirildiğine dair hiçbir unsur yoktur. Savcılar, eğer Trabzon konuşmasına CMK'nın 160. maddesine göre baksalardı, ne kadar anlamsız bir işle uğraştıklarını kolaylıkla görebilirlerdi. Konuşmada söylediklerim:

"Son zamanlarda artan toplumsal olaylarda şiddete başvurulduğunu görmekteyiz. Bu olaylar hiçbir şekilde kabul edilemez. Herkes itidal ile hareket etmelidir. Toplumsal çatışma hiç kimseye ve ülkemize fayda sağlamaz. Türk Silahlı Kuvvetleri'ne karşı yürütülmekte olan asimetrik psikolojik harekâta ilişkin bazı hususlara değinmek istiyorum.

Ciddi hukuk devletinde imalı konuşmalara, dedikodulara yer yoktur.

Türk Silahlı Kuvvetleri'ne karşı, haksız yere her gün gündemde tutarak, gerçek dışı olaylara, yalanlara dayalı, önyargılı olarak bazı çevreler tarafından asimetrik psikolojik harekât yürütülmektedir.

Adli makamlar, ihbar mektuplarına özellikle itirafçıların ve gizli tanıkların verdikleri ifadelere karşı daha duyarlı ve daha dikkatli hareket etmelidir.

Türk Silahlı Kuvvetleri'nde, hiçbir zaman hataları örtme, suçluları koruma durumu olmamıştır.

Gün birlik, beraberlik ve bütünlük günüdür."

Bu ifadelerde, ne hükümet aleyhine söylenmiş ne de yargılamayı etkilemeye yönelik bir söz vardır. Aksine itidal, duyarlı ve dikkatli hareket edilmesini tavsiye ve işbirliği önerisi vardır.

Deniz Kuvvetleri personeline yönelik "Kafes Eylem Planı" ile ilgili soruşturmaya 5 Kasım 2009 tarihinde başlanmıştır. 19 Kasım 2009 tarihinde de, yine gizlilik ihlal edilerek bir gazetede "Kod Adı Kafes" manşeti ile soruşturmaya ait haberler, sayfa sayfa yayımlanarak adı geçen personel adeta mahkûm edilmiştir.

29 Kasım 2009 tarihine kadar geçen sürede de 29 Deniz Kuvvetleri personeli "Poyrazköy" davası nedeniyle ifadeye çağrılmıştır. Bu olayların Deniz Kuvvetleri personeli üzerinde olumsuz etkiler yarattığı ortadadır. Bu durumlara karşı bir Genelkurmay Başkanı'nın sessiz kalması düşünülemez. Oruç Reis Firkateyni'nde, 17 Aralık 2009 tarihinde bir konuşma yapmasından da daha doğal bir şey olamaz.

Burada esas doğal olmayan, isyan edilmesi gereken başka olaylar vardır. Soruşturma safhasında insanların teşhir edilmesi, aşağılanması ve yargısız infaz edilmelerine ısrarla karşı durmamıza rağmen savcılar ne yapmışlardır? Deniz Öğretmen Yarbay Ali Tatar, 5 Aralık 2009'da tutuklanmış, 16 Aralık 2009'da ise serbest bırakılmıştır. İşin garibi, Trabzon konuşmasından bir gün sonra 18 Aralık 2009'da hakkında tekrar yakalama kararı çıkarılmıştır.

Kendilerine yöneltilen suçlamalar arasında iddia edilen, kamuoyuna o şekilde yansıtılan, "Amirallere Suikast" davası da vardır. Böyle ağır bir ithamı kabullenemeyen onurlu, şerefli Türk subayı Ali Tatar intihar etmiştir.

Geçtiğimiz günlerde ise, bu davayı yürüten mahkemenin "Amirallere Suikast diye bir dava yoktur" dediği basında yer aldı. Şimdi soruyorum: "Savcılar bu işlenen insanlık suçu karşısında ne yapmışlardır? Ne düşünüyorlardır?"

Mütalaada yer alan, suç unsuru olarak görülmeye çalışılan ikinci konu ise, bir gazetede yer alan röportajdır. Savcılar röportajdan şu kısmı almışlardır:

"Ama işte bunlar sabrı taşırıyor. Bütün bunlar benim askerimin moralini bozuyor. Ben askerimin moralini bozan herkesle savaşırım."

11 Şubat 2010'da yapılan röportajda şu konulara değindim:

"Deniz Kuvvetleri sürekli gündemde. Kendi komutanına suikast yapmayı planlayan bir yapı olur mu? Deniz Kuvvetleri üzerinde ciddi bir karalama kampanyası var. Aşırı maksatlı. 5. İddianamede suikast suçlamasına yönelik ceza istenilmesi var mı? Yok. Aylarca suikast diye bağırdılar, yokmuş. Yeter yahu!

Karadeniz'in önemi gittikçe artıyor. Doğu Akdeniz'deki zaten malum. Denizler önemli. Benim kaygım yok. Deniz Kuvvetlerimiz çok güçlü. Modern. Ama son olaylarda Deniz Kuvvetlerindeki personelimizin moral durumunda ciddi sıkıntılar, ciddi sorunlar var. Hepsinin komutanı olarak bu beni rahatsız ediyor. Askerin morali sadece benim sorunum değildir. Bu ülkenin sorunudur. Morali bozuk bir Ordu, ülkenin sorunudur.

Ben askerimin moralini bozan herkesle savaşırım."*

---

* *Habertürk*'ten Fatih Altaylı ve Murat Bardakçı'nın, Türkiye Cumhuriyeti 26. Genelkurmay Başkanı İlker Başbuğ ile yapmış oldukları röportajdan alıntıdır. (Y.N.)

Evet, ben bugün de bu sözlerimin arkasındayım. Genelkurmay Başkanlığı görevinden ayrıldığım son dakikaya kadar yetki ve sorumluluklarım çerçevesinde haksızlıklara karşı mücadele ettim. Bu yapılanlara karşı hiçbir zaman sessiz kalmadım. Bu, benim Türk ordusuna komuta eden bir komutan olarak görevimdi, sorumluluğumdu. Aksini düşünenlere şaşarım. Savcılara göre yapılan bu konuşmalarla iki suç işlenmiştir. Birincisi, Ergenekon Terör Örgütüne yönelik soruşturma ve kovuşturmalar etkilenmek istenmiştir. İkincisi, böylece devlet yöneticileri baskı altına alınmaya çalışılmıştır. Konuşmalar ortadadır. İki iddia da temelsizdir. Ama hâlâ bu konuda ısrar edilmek isteniyorsa, şu sorulara cevap verilmesi gerekir: Eğer bu konuşmalarda savcıların iddia ettiği suçlar işlenmişse, konuşmaların akabinde neden ilgililer tarafından gerekli yasal yaptırımlara başvurulmamıştır. Çünkü bu konuşmalar doğrudan kamuoyuna aksetmiş, aleni şekilde yapılan konuşmalardır. Neredeyse dört sene geçtikten sonra bu konuşmalara dört elle sarılmaya çalışmak, bir hukuk devletinde olacak bir şey değildir.

TÜRK MİLLETİNE SAVUNMA IV

Savcılara göre 26. Genelkurmay Başkanı ve silah arkadaşları Genelkurmay Karargâhı'nda yasadışı örgütlenen teröristlerdir. Ergenekon Terör Örgütünün amaçları doğrultusunda da "askeri darbe ortamı" oluşturmaya çalışmışlardır. Bu nedenle Türk Ceza Kanunu'nun 312. ve 314. maddeleri gereğince cezalandırılmaları gerekir. 312. madde "Hükümete Karşı Suç"tur. Madde Şöyledir:

"Cebir ve şiddet kullanarak, Türkiye Cumhuriyeti Hükümeti'ni ortadan kaldırmaya veya görevlerini yapmasını kısmen veya tamamen engellemeye teşebbüs eden kimseye ağırlaştırılmış müebbet hapis verilir."

Madde açıktır. Ya hükümet ortadan kaldırılacak ya da hükümetin görevlerini yapmasına engel olunacaktır. Ceza Kanunu'nda "askeri darbe ortamı" oluşturmak gibi bir suç yoktur. Mütalaada "Hükümete Karşı Suç"un meydana gelmesi için gerçekleştiren "fiiller" olarak iki husus ileri sürülmektedir: İnternet siteleri üzerinden kara propaganda ve dezenformasyon faaliyetlerinin icra edilmesi ve Ergenekon Terör Örgütüne yönelik soruşturma ve kovuşturmaları etkilemek amacıyla alenen sözlü veya yazılı beyanlarda bulunulmasıdır.

Genelkurmay Başkanlığı Bilgi Destek Dairesi'ne ait bilgisayar imajları Naip Hâkim tarafından incelendi ve bir rapor hazırlandı. Bu raporda Ağustos 2008-Ağustos 2010 döneminde yukarıdaki suçlamayı haklı gösterecek hiçbir yayın gösterilmemiştir.

Mütalaada hiçbir somut delil olmaksızın ileri sürülen bir diğer iddia ise "devlet yöneticilerini baskı altına almak"tır. Devlet yöneticilerinin baskı altına alınması ne gibi bir sonuç doğurabilir? "Hükümete Karşı Suç" nasıl oluşabilir? Eğer hükümet üyelerine, hükümetin tümüne bir baskı oluşturulmuş ve bunun sonucunda, hükümetin görevlerini yapmasını engellemeye teşebbüs edilmiş ise delili nedir? Kime, ne zaman ve nerede bu baskı uygulanmıştır? Şimdi, yöneltilen suçlamaya hem maddi gerçekler hem de üzerinde durulan hukuki çerçeve açısından bakalım.

Mütalaada Ağustos 2008-Ağustos 2010 döneminde, internet üzerinden yapıldığı tespit edilen TEK BİR KARA PROPAGANDA VEYA DEZENFORMASYON faaliyeti yoktur. Böyle bir iddianın ileri sürülmesi mümkün değildir. Çünkü Ağustos 2008'den önce açılmış olan siteler Şubat 2009'da kapatılmıştır. İnternet Andıcı ile kurulması planlanan dört adet siteye ilişkin hazırlık çalışmalarına da Haziran 2009'da son verilmiştir. Dolayısıyla Şubat 2009'dan Ağustos 2010 kadarki süreçte, internet sitesi bile yoktur. Buradan net olarak görülüyor ki iddia edilen suçun oluşumu için gerekli "fiil" yoktur. Fiilin olmadığı bir yerde de suçun olmasını düşünmek akıl dışıdır.

Bu gerçeğin dışında, iddia edilen fiillerin, söz konusu suçun meydana gelmesi açısından "elverişli" olup olmadığı da ayrı bir tartışma konusudur. Somut fiilleri ortaya koyamayan savcılar, çaresizlik içinde başka nedenlere sarılmaya çalışmışlardır. Örneğin: "Daha önce açılan siteleri göreve başlar başlamaz neden kapatmadınız? Siteleri deşifre olduktan sonra kapatmış olmanız suçtan kurtulma amacıyla yapılmıştır. Açılması planlanan dört adet site kapatılmasaydı, siz de bu siteler aracılığıyla suç işleyecektiniz." Eğer savcılar, ellerinin altındaki polis tespit tutanağında yer alan Kasım 2008 tarihli andıca bakmış olsalardı, sordukları ilk sorunun cevabını kolaylıkla bulabilirlerdi. Andıç şu paragraf ile başlamaktaydı:

"Genelkurmay Başkanı, Bilgi Destek Dairesi'nin lağvedilmesi ve lağvedilen şubelerin, terörle mücadeleye öncelik verilerek yeniden teşkilatlanması ve ilgili dairelerin bünyesine birer şube olarak dahil edilmesi direktifini vermiştir."

Direktif, Genelkurmay Başkanlığı görevine başlar başlamaz verilmiştir. Bilgi Destek Dairesi'nin lağvedilmesini istenilmektedir. Bu bir anlamda Ağustos 2008'den önce açılmış olan sitelerin de kapatılması demektir. Bundan sonra, soruşturma safhasında verilen ifadede söylendiği gibi, sadece dört alanda bilgi destek faaliyetlerine devam edilecektir. Siteleri Şubat 2009'da kapatmakla, bize yöneltilen "suçtan kurtulma" iddiasını anlamak da mümkün değildir. Dönemimizde gerçekleşen bir "fiil" yoktur. Yeni açılacak sitelerde suç işleneceğini ileri sürmek ise sadece ve sadece niyet okuyuculuğudur. Bunun da hukukta hiçbir yeri yoktur.

Ayrıca şu soruyu sormakta bizim hakkımız değil midir? "İnternet üzerinden kara propaganda ve dezenformasyon faaliyetlerinde bulunmaya niyetlenen biri, göreve başlar başlamaz elinde mevcut olan ve kendisine büyük imkanlar bahşeden Bilgi Destek Dairesi'ni yalnız karargâhı ile değil, Bilgi Destek Taburları ile beraber kapatmayı neden düşünsün?" Bunu birileri bize izah etmelidir.

Mütalaada ileri sürülen ikinci "fiil" ise Ergenekon Terör Örgütü'ne yönelik soruşturma ve kovuşturmaları etkilemek amacıyla alenen sözlü veya yazılı beyanlarda bulunulmasıdır. Savcılar tarafından da yazıldığı gibi, alenen sözlü veya yazılı olarak yapılan beyanların öncelikli hedefi hükümet değildir. Ayrıca, bu konuşmalarda hükümeti hedef alan, tehdit oluşturan bir cümle bile yoktur. Aksi anlamlarda ise çok şey vardır. Ortada suça ilişkin hiçbir "fiil" yoktur. Ellerinde sadece ve sadece yasal olarak hazırlanmış, içinde hiçbir suç unsuru bulunmayan, tamamlanmamış bir karargâh çalışması vardır. O da "İnternet Andıcı"dır. Bu andıca, andıcın kamuoyundaki kötü geçmişine de dayanılarak bir suç belgesi muamelesi yapılmıştır. İnsanlar bu andıca dayanarak haksız yere tutuklanmıştır ve aylardır Silivri zindanlarında tutulmaktadır. Zaten üye hâkim, 7 Eylül 2012 tarihinde yapılan duruşmada bu gerçeği açıkça ortaya koymuştur:

"İnternet Andıcı dosya sanıklarının hemen hemen ortak bir beyanı oldu. Komutana arz ibaresinin komutana bu belgenin arz edildiği şeklinde anlaşılması gerektiği yönünde beyanlarda bulundular. Mahkememiz de bu beyanlar üzerine gereğinin takdir ve ifası için Cumhuriyet Savcılığı'na bir ara kararla durumu aktardı."

İşte 26. Genelkurmay Başkanı'nı ve silah arkadaşlarını "darbeci" yapan olayın aslı budur. Onlar ne teröristtir ne de "darbeci"dir. Ancak onların "devlet yöneticilerini baskı altına alarak hükümete karşı suç" işledikleri iddia edilmektedir. Bu konuda ortada hiçbir somut delil ve fiilin olup olmaması da önemli değildir.

Şimdi geldik işin püf noktasına: İddia edilen suç ortadadır. Suçu işleyen kişi ise Genelkurmay Başkanı'dır. Böyle bir suça teşebbüs edilip edilmediğini en iyi bilecek ve tanıklık edebilecek kişiler kimlerdir? Başta Sayın Başbakan olmak üzere dönemin hükümet üyeleri ve Genelkurmay Başkanının yakın çalışma arkadaşları olan Kuvvet Komutanlarıdır... Mahkeme, bu nedenle dinlenilmelerini talep ettiğimiz tanıkları dinlememekte niçin ısrar etmiştir? Maddi gerçeğin ortaya çıkarılmasından neden kaçınmıştır? Sayın Başbakan ve dönemin sayın hükümet üyeleri, beraber çalıştığınız Genelkurmay Başkanı ve karargâhı, size karşı yani "Hükümete Karşı Suç" işlemekle suçlanmakta ve haklarında ağırlaştırılmış müebbet hapis istenmektedir. Elinizi vicdanınıza koyunuz. Böyle bir durumun olmadığını, sizlere baskı uygulanarak görevinizi yerine getirmenize engel olmaya çalışılmadığını en iyi bilen kişiler sizsiniz. Unutmayınız, suçlanan bu Genelkurmay Başkanı, belki de Bakanlar Kurulu toplantısına katılarak sizleri bilgilendirmeye, sorularınızı cevaplamaya çalışan ilk Genelkurmay Başkanıdır. İddiaları hukukçularınıza da incelettiriniz. Sonra tekrar elinizi vicdanınızın üzerine koyarak sesinizi yükseltiniz. Bu fiil, yargıya müdahale değil, sizlere düşen tarihi bir görevdir.

TÜRK MİLLETİNE SAVUNMA V

Hakkımda hazırlanan iddianame mahkeme tarafından 17 Şubat 2012 tarihinde kabul edildi. Neredeyse bir yıl geçtikten sonra 18 Mart 2013 tarihinde savcılar mütalaalarını mahkemeye sundular ve 64 kişi hakkında da müebbet hapis cezası istediler. Ben iki üç defa duruşmalara katıldım. Avukatım hemen hemen bütün duruşmalarda hazır bulundu. Söz aldı, konuştu, soru sordu. Sanıklar ifade verdi. Bazı tanıklar dinlendi. Tanık taleplerinin büyük kısmı reddedildi. Binlerce yeni belge geldi. Beyanlar alındı. Sanık avukatlarının yüzlerce sözlü veya yazılı talebi oldu. Peki ne oldu? Benim açımdan hiçbir değişiklik olmadı. Bir iki küçük nokta dışında mütalaa, hemen hemen iddianamenin tekrarı. Ceza Muhakemeleri Kanunu'nun 160. maddesine göre savcılar şüpheli/sanıkların lehine ve aleyhine olan delilleri toplamak ve onların haklarını korumakla da yükümlüdürler. Bu madde açıktır ve savcılara sorumluluk yüklemektedir. Acaba, bu konu mütalaaya nasıl yansımış. Bir iki örnek üzerinden bu konuya bakalım:

İDDİA EDİLEN 51 NO.LU DVD VE İÇİNDEKİ "BİLGİ NOTU"

Mütalaada yer alan iddia:

51 no.lu DVD, 7 Ocak 2009 tarihinde bir ofiste bulunmuştur. DVD'nin ofisinde bulunduğu iddia edilen kişi, bu iddiayı ifade ve savunmasında reddetmektedir. 51 no.lu DVD adli emanete alınmıştır. Ancak, daha sonra DVD'ye bakıldığında, açılmayacak derecede kesilmiş olduğu tespit edilir. Mahkeme, polislere bu DVD'nin yedeği olup olmadığını sorar. Polisin cevabı, normal olarak yedekleme yapmadıkları, ancak 51 no.lu DVD'nin ellerinde yedeği olduğu şeklindedir. Gönderilen yedek DVD'nin Naip Hâkimlik tarafından bilirkişi raporu istenir. Bilirkişi raporu gelir. 7 Ocak 2009 tarihinde ele geçirildiği belirtilen 51 no.lu DVD'nin polisteki yedeği 31 Aralık 2008 tarihinde oluşturulmuştur. Yani 51 no.lu DVD'nin aslı ele geçirilmeden bir hafta önce. Bunu kim, nasıl izah edecektir?

11 Eylül 2012 tarihinde, tanık olarak dinlenen Em. Tümg. Mutlu Arıkan'a mahkemede Cumhuriyet Savcısı şu soruyu sorar:

"Turgut Ak, sizin şubede çalışan birisi midir? 'Bilgi Notu' hazırlanmış mıdır?"

Bilgi notu dijital bir veridir. Üzerinde imza yoktur. Dz. Kur. Alb. Turgut Ak tarafından hazırlandığı görülmektedir. Arıkan'ın cevabı şöyledir:

"Biz bu araştırmayı yaptığımız zaman hem onun şubesindeki bütün bilgisayarlara baktık, tek tek incelettik hem de kendisini çağırarak böyle bir şey var mı diye sorduk. Kendisinden aldığımız cevap 'Hayır böyle bir belge hazırlanmadı' şeklinde."

Ayrıca, 3 Haziran 2011'de bu "Bilgi Notu" gazetede haber olunca, Genelkurmay Başkanlığı ve "Bilgi Notu"nda adı geçenler aynı gün yaptıkları açıklamalar ile "Bilgi Notu"nu yalanladılar. Ne soruşturma ne de kovuşturma esnasında bu kişilerin tanıklıklarına başvurulmadı. Bütün bu "lehte" bilgiler, mütalaada yer almamaktadır. "Bilgi Notu" savcılara göre bir suç belgesidir!

İDDİA EDİLEN "İRTİCA İLE MÜCADELE EYLEM PLANI"

Mütalaada yer alan iddia:

Söz konusu belgenin ele geçiriliş tarihi, taslağı olan "Proje" isimli belgenin son kez kaydedilme tarihi ve içerisinde yer alan dosyanın Genelkurmay Başkanı'na sunulmak üzere isimlendirilmiş olması, sanığın yaptığı basın toplantısında bu belgeyi itibarsızlaştırmak çabası çerçevesinde bu planın taslak halde sanığa sunulduktan sonra hazırlandığı kanaatine varılmıştır."

Mütalaada yer almayan "lehte unsurlar" ise şöyledir:

İddia edilen planın üzerinde, ne zaman hazırlandığına ait hiçbir tarih yoktur. İddia edilen planın, 7 Haziran 2009 tarihinde bir ofiste bulunduğu belirtilmektedir. Bulunan bir fotokopi idi, neredeyse masanın üzerindeydi. Fotokopinin ofisinde bulunduğu iddia edilen kişi, bu iddiayı ifadesinde ve savunmasında reddetti. Üzerinde tarih bulunmayan bu fotokopinin ele geçirildiği tarih adeta bir delil olarak değerlendirildi. Çok zaman olduğu gibi, iddia edilen plan, beş gün sonra bir gazetede haber oldu. Aynı gün, 12 Haziran 2009 tarihinde, Genelkurmay Askeri Savcılığı'na soruşturma açılması emri verildi. Soruşturma ile, iddia edilen planın Genelkurmay Karargâhı'nda hazırlanıp hazırlanmadığı, haberin yayımlandığı gün orijinalinin imha edilip edilmediği, bilgisayar kayıtlarının temizlenip temizlenmediği ve bu suretle delillerin karartılıp karartılmadığının ortaya çıkarılması istenildi. Belki de, bu Genelkurmay Başkanlığı'nda yaşanılan bir ilkti. Askeri savcılık, 6 general, 32 subay, 2 astsubay, 13 sivil memur ve 6 erbaş ve erin şüpheli veya tanık olarak ifadesini aldı. Soruşturma neticesinde Askeri savcılık, böyle bir planın hazırlanmasına ilişkin sıralı amirler tarafından emir verilmediği ve Bilgi Destek Dairesi'nde böyle bir planın hazırlanmadığı sonucuna vardı. Bu sonuca şüpheyle bakmak ağır bir bühtandır. Savcılık bilgisayarları incelemiş, imajlarını almış, gerekli gördüğü personelin ifadesini almıştır.

İstanbul 13. Ağır Ceza Mahkemesi daha sonra, Askeri savcılıktan emanete alınan bilgisayar haddisklerini istemiş ve bunları incelenmesini Naip Hâkimliğe yaptırmıştır. Yaklaşık üç milyon belge incelenmiştir. İncelemeleri yapan Naip Hâkim 11.02.2013 tarihli bir "inceleme tutanağı" hazırlamıştır. Buna göre de, iddia edilen İrtica ile Mücadele Eylem Planı bulunamamıştır.[1] Bu anlamda Naip Hâkim askeri savcılığın tespitini doğrulamıştır. Ancak, bu raporda tespit edilen bazı belgelerle, iddia edilen plan ve bu planın taslağı mahiyetinde kabul edilen "Proje" isimli dijital veri ile benzer yönleri olduğu değerlendirilmiştir.[2] Aynı veya benzerlikleri olduğu ileri sürülen belgelerin ne zaman hazırlandıkları bellidir. Bunlardan hiçbiri Ağustos 2008-Ağustos 2010 tarihleri arasında hazırlanmamıştır. Savcının iddiasına göre "Proje" adlı dijital veri, iddia edilen planın taslağıdır ve 6 Aralık 2010 tarihinde Gölcük'te bulunmuştur. Polis incelemesine göre üzerinde imza bulunmayan "Proje" dijital verinin oluşturma tarihi 2 Mart 2008, son kaydetme tarihi ise 21 Mart 2009'dur. Donanma Komutanlığı bilirkişi raporuna göre, aynı dijital belgenin oluşturma tarihi 15 Temmuz 2009, son kaydetme tarihi ise 22 Mart 2009'dur. Oluşturulma tarihi, son kaydedilme tarihinden öncedir. Bilirkişi raporuna göre tüm veriler manipülatif amaçlı olarak başka bir bilgisayarda oluşturularak yerleştirilmiştir. Bu dijital verinin hukuki bir değeri olamaz.

İddiaya göre "Proje" dijital verisini Alaattin Sevim hazırlamıştır. Tanıklar ve Genelkurmay Başkanlığı'ndan gelen yazılar, son kaydetme tarihi olan 21 Mart 2009 tarihi, saat ve dakikası itibariyle Sevim'in ABD ile ortak işletilmekte olan karargâhta olduğunu teyit etmiştir. Bu çerçevede, Sevim'in bu işlemi yapması mümkün görülmemektedir. 26 Haziran 2009 tarihinde yapılan basın toplantısında bu konuya ilişkin olarak şunlar söylenmiştir:

"Yargıtay içtihadına göre, belge hukuki hüküm ifade eden bir hakkın doğmasına ve bir olayın ispatına yarayan bir yazıdır. Şu anda elimizde olan, hukuki anlamda bir kâğıt parçasıdır. Askeri savcılık kovuşturmaya yer olmadığına karar

1 Rapor/1. Klasör/inceleme tutanağı, s.2.
2 Rapor/1. Klasör/inceleme tutanağı, s.288-308.

vermiştir. İlave belge, delil çıkarsa elbette soruşturma tekrar açılabilir."

O anda bilindiği gibi belge, savcılığın elinde olan bir fotokopidir. 23 Ekim 2009'da iddia edilen plana ilişkin yeni bir delilin ortaya çıktığı haber olunca, Genelkurmay Askeri Savcılığı tekrar soruşturma açmıştır. İstanbul Cumhuriyet Başsavcılığı, askeri savcılığın ısrarlarına rağmen, dört buçuk ay sonra 16 Şubat 2010'da iddia edilen "Islak İmzalı" adlı planı göndermiştir. Bu durumu anlamak da çok zordur. Savcılık, imzasız ve isimsiz bir ihbar mektubunda söylenenlere, manipülatif olduğu ortaya çıkan "Proje" isimli bu dijital veriyi başka şekilde teyit etmeye ihtiyaç duymadan, ortada iddialarını doğrulayacak hiçbir maddi gerçek ve somut delil olmadan bir kanaate ulaşarak bu iddiayı ileri sürmektedir. Bu hususların hiçbiri de mütalaada açıkça yer almamaktadır.

İNTERNET ANDICI

Mütalaanın sonuç bölümünde şu husus vardır.[*]

"İnternet Andıcı'nın 14 Nisan'a kadar İlker Başbuğ'a sunulmadığı, ancak komuta katının onayı alındığı belirtilerek işleme konulduğu, bazı şube müdürlerinin komutanının onayı görme taleplerinin olması üzerine, 14 Nisan'da zarf içerisinde İlker Başbuğ'a iletilip okey işaretinin alındığı, D. Çiçek'in İlker Başbuğ'un olurunu sözlü olarak da almış olabileceği, her hal ve şartta bu durumun D. Çiçek'in örgütsel konum bakımından askeri rütbedeki üstlerinden daha etkili olduğunu gösterir bir durum olduğu, bu sebeple andıcın 2 Nisan tarihinde yürürlüğe girmesine rağmen, İlker Başbuğ'un 14 Nisan'da bu belgeyi onaylamaktan çekinmediği anlaşılmıştır."

---

[*] Ergenekon davası savcılarının, 18 Mart 2013 tarihinde açıkladığı mütalaanın 1531. sayfasından alıntıdır. (Y.N.)

185

Bu değerlendirme hukuki açıdan başlı başına, sorunludur. Birincisi, andıcın bir zarf içinde sunulduğu, üzerinde okey işaretinin bulunduğudur. Bu husus bir kişinin ifadesine dayanmaktadır. Zarfın üzerindeki bir okey işaretinin hukuken ne anlam taşıdığı da ortadadır. Zarfın içerisinde bulunan belge üzerinde hiçbir şey yoktur. Savcı da bunu düşünmüş olmalı ki, D. Çiçek'in "sözlü" olarak da olurunu almış olabileceğini bir ihtimal olarak düşünmüştür. Ancak, duruşmalarda Dursun Çiçek'e böyle bir soru da yöneltmemiştir. Ayrıca, bir kişi tarafından sözlü olarak olurunun alındığının söylenmesinin de hukuken bir değer taşımayacağı açıktır. Savcı, değerlendirmesinde Genelkurmay Karargâhı'nı bir örgüt olarak görmekte, şöyle ki, bir albay örgütsel olarak bir genelkurmay başkanından daha üst durumda olabilmektedir.

Mahkemenin, İlker Başbuğ hakkında suç duyurusunda bulunma nedeni İnternet Andıcı'dır. Bu husus, 7 Eylül 2012 tarihinde yapılan duruşmada üye hâkim tarafından şöyle ifade edilmişti:

"İnternet Andıcı dosya sanıklarının hemen hemen ortak bir beyanı oldu. Komutan'a arz ibaresinin komutan'a bu belgenin arz edildiği şeklinde anlaşılması gerektiği yönünde beyanlarda bulundular. Mahkememiz de birbiriyle uyumlu bu beyanlar üzerine gereğinin takdir ve ifası için Cumhuriyet Savcılığı'na bir ara kararla durumu aktardı."

Burada da görüldüğü gibi, "arz edildiği anlaşılması gerektiği" şeklinde bir yorum yapılmıştır. Bugüne kadar hiç kimse çıkıp "Andıcı komutana ben arz ettim. Andıcın üzerinde komutanın imza veya parafını gördüm" şeklinde bir beyanda bulunmamıştır. Yorum üzerine tutuklama gerçekleşmiştir. Bu yorum doğrultusunda da cezalandırma, hem de müebbet hapis cezası verilmek istenilmektedir.

Mütalaada yer almayan "lehte" unsurlardan ilk önce şu hususu ifade edelim. İnternet Andıcı'nda hiçbir suç unsuru yoktur. Bu yasal belge bir suç unsuru olarak gösterilmektedir. Ancak, mahkemede bu noktanın üzerinde durulması gerekirken nedense yoşunlukla bu andıcın komutana arz edilip edilmediği noktası üzerinde durulmuştur. 7 Eylül 2012 tarihinde, yine bu konu gündeme gelince Hasan Iğsız şunu söylemiştir:

"Sayın komutana arz lafı bana aittir. Bu ifade, onun arz edildiğini göstermez. Komutana arz edilmesi gerektiğini ifade eder."

Bu ifade üzerine, Mehmet Eröz 8 Ekim 2012 tarihinde mahkemeye bir dilekçe sunmuştur. Bu dilekçe mütalaada olduğu gibi yer almıştır. Eröz'ün ifadelerinde ve verdiği dilekçede söyledikleri şöyledir:

"Mustafa Bakıcı gelip, komutanım geldi, tamam şeklinde bilgi verdi. Kâğıdın üzerinde komutanın okey işareti vardı. Andıcı görmedim, bu şekilde tekmil verdi. Savcının 'İmza atılan evrakı gördünüz mü siz?' sorusuna ise verdiği cevap 'Hayır görmedim. Sözlü olarak tekmil verdi, imzalandı' dedi."

Görüldüğü gibi Mehmet Eröz, Mustafa Bakıcı'nın kendisine vermiş olduğu sözlü tekmil çerçevesinde olayı ifade etmektedir. Mustafa Bakıcı şu anda firari durumundadır. Bütün yanlış değerlendirmeler onun bu sözlü ifadesine dayandırılmaktadır. İşin ilginç yönü, Mustafa Bakıcı'nın savcılıkta ifadesi alınırken, İnternet Andıcı'nın komutana arz edilip edilmediği sorulmamıştır. Mehmet Eröz'ün 8 Ekim 2012 tarihinde verdiği dilekçede ileri sürülen hususlara cevap, 15 Ekim 2012 tarihli bir dilekçede tarafımızdan mahkemeye sunulmuştur. Ancak, maalesef bu dilekçe mütalaada yer almamıştır. Tarafımıza yöneltilen asıl suçlamanın nedeni olarak İnternet Andıcı'yla ilgili iddialar bu kadar tutarsız ve anlamsızdır. Ancak, unutulmasın ki bu iddialara dayanarak savcılar müebbet hapis cezası istemişlerdir.

TANIK İFADELERİ

Em. Orgeneral Hilmi Özkök tanık olarak 2 ve 3 Ağustos 2012 tarihlerinde ifade vermiştir. Mütaalada, Özkök'ün bazı ifadeleri yer alırken, Avukat İlkay Sezer'in kendisine yönelttiği soruya verdiği cevap tutanağa geçmesine rağmen nedense yer almamıştır.

"İlker Başbuğ, beni yönlendirmeyen, doğru karalar vermem için bana bilgiler toplayan, çok düzgün bir insandır. Başkan olarak kendisinden çok istifade ettim."

Buna benzer örnekler çoğaltılabilir. Ancak yukarıda verilen örneğin yeterli olacağı düşünülmektedir.

BASINA YAPILAN KONUŞMALAR

Mütalaanın sonuç bölümünde, basına yapılan konuşmalar kapsamında iki örneğe değinilmektedir. Bunlardan biri 17 Aralık 2009 tarihinde Trabzon'da yapılan konuşmadır. Konuşmadan şu cümle alınmıştır:

"TSK'ya karşı yürütülmekte olan asimetrik psikolojik harekâta değinmek için özellikle Oruç Reis Firkateyni'ni seçtim. Bunun özel bir anlamı vardır, herhalde herkes açıkça ne demek istediğimi de anlamaktadır."

Ancak, aynı konuşmada söylenen şu sözlere nedense mütalaada yer verilmemiştir:

"Son zamanlarda artan toplumsal olaylarda şiddete başvurulduğunu görmekteyiz. Bu olaylar hiçbir şekilde kabul edilemez. Herkes itidal ile hareket etmelidir. Toplumsal çatışma hiç kimseye ve ülkemize fayda sağlamaz.
TSK'ya karşı yürütülmekte olan asimetrik psikolojik harekâta ilişkin bazı hususlara değinmek istiyorum. Ciddi hukuk devletinde imalı konuşmalara, dedikodulara yer yoktur. Türk Silahlı Kuvvetleri'ne karşı, haksız yere her gün gün-

demde tutarak, gerçek dışı olaylara, yalanlara dayalı, önyargılı olarak bazı çevreler tarafından asimetrik psikolojik harekât yürütülmektedir. Adli makamlar, ihbar mektuplarına, özellikle itirafçıların ve gizli tanıkların verdikleri ifadelere karşı daha dikkatli ve duyarlı hareket etmelidir. TSK'da hiçbir zaman hataları örtme, suçluları koruma durumu olmamıştır. Gün birlik, beraberlik ve bütünlük günüdür."

Bu ifadelerde ne hükümet aleyhine söylenmiş bir söz ne de yargılamayı etkilemeye yönelik bir söz vardır. Aksine itidal, duyarlı ve dikkatli hareket edilmesine ilişkin bir görüş ifadesi vardır. Neden Oruç Reis Firkateyni'nde konuşulduğu açıktır. Buna başka anlamlar yüklenmeye çalışılmasında hiçbir iyi niyet olamaz. *Milliyet*'in internet sitesinde yer alan yorum, konuyu en iyi şekilde açıklamaktadır:

"Orgeneral Başbuğ'un özellikle bir savaş gemisini basın toplantısına mekân olarak seçmesi, son dönemde özellikle Ergenekon soruşturmasının Deniz Kuvvetleri Komutanlığı üzerinde yoğunlaşması ve burada bir cunta oluşumu iddialarına cevap olarak değerlendirildi."

Konuşma yeri ve konuşma içeriği üzerinden komplo teorileri üretmeye çalışanlara sorulacak en iyi soru da şu olabilir:

"Eğer bu konuşmada savcıların düşündüğü gibi suç işlenmiş ise, neden ilgililer tarafından konuşmaların hemen akabinde gerekli yasal yaptırımlara başvurulmamıştır?"

Çünkü bu konuşmalar, kamuoyuna aksetmiş, aleni olarak yapılan konuşmalardır. Dört sene sonra belirli amaçlar doğrultusunda bunlar üzerinden suç üretilmeye çalışılması, bir hukuk devletinde olmamalıdır.

BURADAYIM, DİMDİK AYAKTAYIM!*

Ülkemizde yaşanan ve yaşanmakta olan bu olayları, ileride sebep sonuç ilişkilerine dayanarak yazacak tarihçilere yardımcı olmak üzere, ilk önce bugün burada bazı düşünce ve değerlendirmelerimi, tarihe not düşmek üzere ifade etmeyi bir görev olarak kabul ediyorum.

Yüce Türk Milleti!

Mustafa Kemal Atatürk ve silah arkadaşları Türk ordusunu, senin askerine karşı duyduğun güven ve sevgi üzerine inşa etmişlerdir.

Bu ordu, senin güven ve desteğinle adeta yoktan var edilmiştir.

Bu ordu, ülkenin riskler ve tehditlerle dolu jeopolitiğinde, İstiklâl Savaşı'ndan bugüne kadar geçen sürede, canı ve kanı pahasına hiçbir fedakârlıktan kaçınmayarak senin güvenliğini sağlamıştır.

Bu ordu, böylece senin güvenine mazhar olmuş, gönlünde de şerefli bir konum elde etmiştir.

---

* Türkiye Cumhuriyeti 26. Genelkurmay Başkanı İlker Başbuğ'un mahkemede yapmış olduğu ikinci konuşmadır. (Y.N.)

Türk ordusu "milli ordu"dur; çünkü vatanın her karış toprağından gelen vatan evlatları bu orduda kendilerine yer bulabilir. Bu orduda ehliyet ve liyakat esastır. Irk, din ve mezhep gibi farklılıklar asla gözetilmez. Bu ordunun bütün personeli her türlü siyasi tesir ve düşüncelerin dışındadır.

Bu orduda, erden orgeneral/oramirale kadar herkes arasında "silah arkadaşlığı" bağı, duygusu ve dayanışması vardır. Silah arkadaşlığının göstergesi de karşılıklı olarak duyulan ve gösterilen sevgi, saygı, güven ve vefalı davranıştır.

Bu ordu, bu ülkenin ürettiği harp silah ve araçları ile donatılmayı hedeflemiştir.

Bu ordunun varoluş nedeni, sadece içinden geldiği Türk milletine hizmet etmektir.

Türk milletine hizmet etmek, senin kurduğun ve yaşattığın devletin bağımsızlığını, üzerinde yaşamakta olduğun toprakların bölünmezliğini ve Türk milletinin, yani senin bütünlüğünü korumak demektir. Türk ordusu, kendisine tevdi edilecek bu görevlere, her an başarı ile yerine getirmek üzere, hazır olmak zorundadır. Bu nedenle, Türk ordusu kendisini güçlü ve özgün kılan milli ordu niteliğine ve kendi içindeki bütünlüğüne olabilecek her türlü olumsuz etkilere karşı dikkatli olmak ve gerekli görülen tedbirleri de zamanında almak mecburiyetindedir. Bu sorumluluk ve görev de, öncelikle silahlı kuvvetlerin komutanı olan Genelkurmay Başkanına verilmiştir. Türk ordusunun "milli ordu" oluşundan rahatsızlık duyanlar dün vardı, bugün de varlar, yarın da olacaklardır... Onların yapacağı ilk şey Türk milletinin, senin, orduna duyduğun tarihi güven ve sevgiyi tahrip etmektir. Böylece Türk ordusunun senin gözündeki itibarı kaybolacak ve kalbindeki şerefli konumu da yok olacaktır. Nasıl mı? Her şeyden önce senin gözünde, Türk ordusunun bugün hâlâ darbe ile yatıp kalkan bir ordu olduğu şeklinde bir algı oluşturulmalıdır. Türk ordusunun geçmişinde yaşanan bazı olaylar da bu açıdan bir avantajdır. Bu avantaj kullanılarak yürütülecek psikolojik harekât ile istenilen olumsuz algı toplum üzerinde kolaylıkla yaratılabilir. Onlar için, bugün Türk Silahlı Kuvvetleri'nin hataları örten, suçu ve suçluyu koruma durumunda olmaması hiç önemli değildir. Aslında, Türk ordusuna karşı bugün bilinçli ve kasıtlı büyük bir haksızlık yapılmaktadır.

2008 ile 2010 yılları arasında, Türk Silahlı Kuvvetleri'ne karşı çok kapsamlı asimetrik psikolojik harekât yürütülmüştür. Asimetrik psikolojik harekâtta büyük bir eşitsizlik söz konusudur. Asimetrik denilmesinin nedeni de budur. Türk ordusu büyük bir kurumdur. Yani büyük bir hedeftir. Faaliyetleri açıktır, alenidir. Büyük bir kurum içinde manipüle edilebilecek, istismar edilebilecek olayların bulunması zor değildir. Böylece, karşı tarafın elinde çeşitli kanallardan kendisine servis edilen ve istismar, manipüle edilerek düzmece olaylar çıkarılmaya müsait pek çok bilgi olabilir. Karşı tarafın elinde, her dakika kullanabileceği sayısız derecede iletişim araç ve imkânları vardır. Bunlara karşılık, sizin ise hem iletişim imkânlarınız son derece kısıtlıdır hem de her dakika konuşma fırsatınız, lüksünüz de yoktur. Asimetrik psikolojik harekâtta, savunmada kalarak size karşı yürütülen taarruzi harekâta karşı istenilen sonuçları elde edemezsiniz. Ancak, siz bir devlet kuruluşu olarak yalnız yasalar içinde kalmak zorunda olmayıp aynı zamanda etik ve ahlaki kurallara da uymak zorundasınız. Karşı tarafın ise bu konulara karşı zorunluluk duymadığı gibi, saygısı da yoktur. Bu nedenle de biliniz ki sıkı kuralları olan bir dünyada yaşayıp, kuralları olmayan bir dünya ile mücadele etmek hemen hemen imkânsızdır. Yürütülen psikolojik harekâtla istenilen algı oluşturulduktan sonra sapla samanı karıştırarak asılsız, hiçbir somut delile dayanmayan iddialar ileri sürülerek askeri personele adli yargılama yolu da açılabilir. İşte böylece, istenilenler tutuklanmış, istenilenler Türk ordusundan, senin ordundan tasfiye edilmişlerdir.

Biraz önce ifade edilenleri sanki teyit edercesine, mahkeme tarafından tanık olarak dinlenilmesi kararı alınan, nedense sonradan vazgeçilen bir kişinin, 2008 yılı Ocak ayında bir gazetede çıkan yazısında[1] şöyle deniliyordu:

"Darbe planı revize edildi. 2008 yılının Şûra'dan hemen sonraki ilk altı ayı hazırlık evresi, 2009 yılının ilk çeyreğinden sonraki en uygun takvim de eylem zamanı..."

Bu yazılana göre ortada revize edilen bir darbe planı vardı ve Türkiye'de 2009 yılı baharında, birileri darbe teşebbüsü amacıyla cebir ve şiddet eylemlerine başlayacaktı. Mahkeme tarafından tanık olarak dinlenilmesi kararı alınan, revize edilen bir darbe planının varlığından bahseden bu kişinin tanık olarak dinlenilmesi kararından daha sonra niçin vazgeçildi? Neden? "Nerede bu revize edilen darbe planı?" diye soru sorulmasından niçin vazgeçildi? Bu iddia, bu dava için önemli değil midir? Balyoz davası olarak bilinen davada yaşanan, iddia edilen "Balyoz Darbe Planı" fiyaskosu gibi bir olayın tekrarlanmasından mı kaçınıldı?

Peki, 2009 yılı bahar aylarında neler yaşandı? Darbe amaçlı cebir ve şiddet eylemleri yaşandı mı? Hayır. Ancak, 2009 yılı bahar aylarında başlayıp giderek yoğunlaşan bir şekilde ortalığa isimsiz ve imzasız ihbar mektupları, düzmece dijital veriler, gizli tanık ifadeleri saçılmaya başlandı. Bu durumu gözaltı operasyonları, ifadeler, tutuklamalar, sayısız iddianameler ve takibi bile mümkün olmayacak mahkeme süreçleri izledi. Günün hangi saatinde, hangi televizyon kanalları açarsanız, hangi gazeteye bakarsanız mutlaka bu olaylara ilişkin bir habere rastlanıyordu. Bu durum maalesef bugün de devam etmektedir. Yaşananlara bakılınca haklı olarak, 2008 yılı Ocak ayında kaleme alınan yazı ile kastedilenin, başka bir merkez tarafından tespit edilen bir eylem takvimi olup olmadığı sorusu insanın aklına geliyor. Gelin bu sorunun cevabını da bir köşe yazarının[2] 17 Kasım 2009 tarihinde yazdığı oldukça iddialı o yazısında arayalım. Altaylı'nın köşe yazısı,

---

1   Şamil Tayyar, *Star*, 28 Ocak 2008.
2   Fatih Altaylı, *Habertürk*, 17 Kasım 2009.

2009 yılı Ekim ayının sonunda Cumhuriyet Başsavcısı'na gönderilen bir ihbar mektubu hakkında idi:

"Ben size bir sır vereyim.

Hepiniz, hepimiz, hatta belki siyaset kandırılıyor.

Size söyleyeyim, ortada 'ihbarcı bir subay' falan yok.

Belgelere bakınca, görüyorsunuz ki bunlar uzun zaman içinde toplanmış, farklı birimlerden, farklı dönemlerden belgeler.

Bunları tek bir subay toplamış olamaz.

Çünkü belgeler uzun dönemde, sistematik bir çalışmanın ürünü.

Belli ki bu belgeler zaman içinde TSK'dan dışarı çıkarılıp toplanmış, biriktirilmiş ve dosyalanmış.

Ama birileri toplum mühendisliği yapıyor ve bunları bize yavaş yavaş sızdırıyor, gündemde diri tutuyor.

Ve bence bu çalışmalar bir kişinin ürünü falan da değil. Bütün bunları toplayan, hazırlayan ve yazan geniş bir ekip var."

Yaşanan olaylar, yapılan değerlendirmenin ciddiye alınacak boyutta doğru olduğunu göstermektedir. Olayların bir merkez tarafından planlandığını ve uygulandığını söylemek hiç de yanlış olmaz. Özellikle 2009 ve 2010 yıllarında isimsiz ve imzasız ihbar mektuplarına, bir yerlerde hazırlanmış düzmece dijital verilere, gizli tanık ifadelerine dayanılarak Türk Silahlı Kuvvetleri personeline yönelik iftiralar ortaya atılmış, suçlamalar ileri sürülmüştür. Adeta hakarete varan ifadelerle Türk ordusunun tümü suçlu olarak gösterilmeye çalışılmıştır. Bu durum elbette personeli tedirgin etmiş ve personelin moralini olumsuz yönde etkilemiştir. Bu haksız saldırılar karşısında, Türk Silahlı Kuvvetleri'nin korumasız bırakılmaması ve kamuoyunun doğru bilgilerle donatılması görevi, Türk ordusunun komutanı olarak Genelkurmay Başkanına aittir. Ben de, bu yapılan haksız saldırılara karşı sorumluluğum ve yetkilerim içinde kalarak bütün gücümle mücadele ettim. Bu çerçevede 26 Haziran 2009 tarihinde söylediğim gibi, elde mevcut olan duyumları ve bilgileri ilgili makamlarla paylaştım. Yapılması gereken hususlara ilişkin düşünce ve önerilerimi de kendilerine ifade ettim. Ben yaptıklarımın bulunduğum makamın bana yüklediği görev ve sorumluluklar içinde olduğunu düşündüm. Bugün de aynı düşünceyi taşımaktayım. Bugün ben terörle mücadeleye etkin biçimde katılan çok sayıda askeri personelin ve Cumhuriyetin kazanımlarının ve sorumluluklarının farkında olan çok sayıdaki aydının bu davada sanık olarak yargılanmalarını bir tesadüf olarak görmüyorum. Bugün 457 emekli ve muvazzaf asker tutukludur. Çeşitli dava ve soruşturmalarda 2.000 civarında askerin ismi geçmektedir. Balyoz isimli dava kullanılarak silahlı kuvvetlerden çok sayıda askeri personelin tasfiye edilmesini tesadüf olarak görmüyorum. Bu sayılar bazıları tarafından önemsenmiyor olabilir. Ancak bu rakamın niteliği çok önemlidir. Bugünün ve yarının komuta kademelerinde yer alabilecek niteliklere sahip personel ordudan uzaklaştırılmıştır.

Aziz Milletim!

Buraya kadar size anlatmaya çalıştığım nokta, Türk ordusunun zayıflatılmasının, Türkiye Cumhuriyeti'nin bekasını ilgilendiren bir sorun olduğudur. Bu durum sadece ve sadece düşmanlarımızı memnun eder. Bugün ülkemizin birçok yerinde, kanunla tasfiye edilmelerine rağmen sadece seçilmiş davalara bakmaya devam eden Özel Yetkili Mahkemelerde yargılanan ve halen cezaevlerinde tutuklu bulunan, görevlerini yasalar çerçevesinde kahramanca yapmış olan silah arkadaşlarım, sizlerin asılsız iddialarla suçlanmanız karşısında masum olduğunuza bütün kalbimle inanıyorum ve yaşatılan bu haksızlıkların kamu vicdanında da büyük yaralar açtığını düşünüyorum.

Değerli silah arkadaşlarım,

Türk askeri için namus, şeref, vicdan, ahlak, karakter, vefa ve cesaret vazgeçilmez niteliklerdir. Atatürk'ün dediği gibi, Türk askeri fedakârlar sınıfının en önünde olmak zorundadır. Türk askerinin yaşamak için tek çaresi vardır. O da şerefini korumak! Haksızlıklar karşısında eğilmediniz. Bunun zıddı davrananların, haklarıyla beraber şereflerini de kaybedeceğini çok iyi biliyorsunuz. Bizim şerefimiz ve onurumuz, yaşadığımız adaletsizlikler karşısında en büyük gücümüzdür, silahımızdır. Bizler ve ailelerimiz için yapılacak tek şey de şerefimizi korumaktır. Türk milleti, Türk ordusuna karşı yapılan haksızlıkları artık fark etmiş ve anlamıştır. Bütün yapılanlara rağmen kamuoyu araştırmalarında, Türk ordusu bugün de en çok güvenilen kurumların başında gelmektedir. İşte bunun içindir ki dün olduğu gibi bugün de millet, ordusuna sahip çıkacaktır. Bundan hiç kimsenin şüphesi olmasın!

Yüce Türk Milleti!

Türkiye Cumhuriyeti'nin doğuşu ve gelişimi bir mucizedir, bir devrimdir. Bu mucize ve devrimi, Mustafa Kemal Atatürk ve arkadaşları Anadolu halkına dayanarak, güçlerini oradan alarak gerçekleştirmişlerdir. Onların kutsal amacı, Anadolu'da bağımsız bir devletin kurulması ve daha sonra da kanları ve canları pahasına bu mucizeyi gerçekleştiren, Atatürk'ün kendi deyimiyle, "Türkiye halkı"ndan bir milletin, Türk milletinin yaratılmasıdır.

Anadolu topraklarında etnik, dilsel, dinsel veya mezhepsel farklılıklarına rağmen kaynaşan, bütünleşen bu halk, Atatürk'ün liderliğinde bu mucizeyi gerçekleştirerek kendi arzusuyla tarihte "Türk milleti" olarak yerini almıştır. Üzerinde hür olarak nefes alınan ve verilen bir vatan parçasına ve bu topraklar üzerinde kurulan bir bağımsız devlete sahip olunamadan millet olunamaz. Atatürk, Anadolu toprakları üzerinde kurulan bu son devleti, ebediyen var oluşunu sürdürebilmesi için üç temel üzerine inşa etmiştir:

Ulus devlet, üniter devlet ve laik devlet.

Ulus devletin varlığı, Türk milletinin bütün bireylerini bir araya getiren, birbirine sıkı sıkı bağlayan, ortak paydaların korunması ve güçlü tutulması ile devam ettirilebilir. Ortak kültür, ortak dil ve ortak menfaatler bizim ortak paydalarımızdır. Bu ortak paydalar bizi biz yapan değerlerdir. Ortak paydalar ortadan kalkarsa veya zayıflatılırsa geriye "sen" ve "ben" kalır. Bunun adı yok olmadır, bölün-medir. Ortak kültür ve dile sahip olunması, bireylerin kendi kültür-lerine ve ana dillerine sahip çıkmalarına ve bunları geliştirmelerine engel olamaz, olmamalıdır. Etnik kimlikler ne kadar herkesin şerefi ise, ortak kimlik de aynı şekilde herkesin şerefi olmalıdır.

Tarih boyunca kurulan, yok olan ve varlıklarını sürdüren bü-tün devletlerin ve milletlerin isimleri olmuştur. Anadolu'da bir güneş gibi doğan ve parlayan devletimizin ismi Türkiye Cumhuri-yeti'dir. Milletimizin ismi ise Türk milletidir. Bu isimler üzerinden fırtına koparılmaya çalışılmasını anlamak mümkün değildir. Bu fırtınayı kopartanlara soruyorum:

"Sizin sorununuz gerçekten bu isimlerle mi? Fransa'da vatan-daşlara Fransız, Almanya'da vatandaşlara Alman denildiğini ne-den görmezden geliyorsunuz? Bu isimlendirme onların Fransız veya Alman milletinin bir ferdi, bireyi olduğunu göstermiyor mu? Türkiye için de durum aynı değil mi? Yoksa sorununuz Türkiye'yi bölgesinde ve dünyada farklı ve güçlü konuma getiren, Türkiye'ye özgün bir karakter kazandıran, Türkiye Cumhuriyeti'nin üzerinde yükseldiği üç temel direk olan ulus devlet, üniter devlet ve laik devlet yapısıyla mı?"

Ortak kültürel değerlerin, dil birlikteliğinin zayıflatıldığı, milli menfaatlerin ikinci plana atıldığı, bireysel ve küresel menfaatle-rin öne çıktığı bir ülkenin geleceğinden nasıl emin olabilirsiniz? Küreselleşmenin en güçlü aktörleri kendi ulus devlet yapılarını korurken ve sağlamlaştırmaya çalışırken, niçin diğer ülkelerin ulus devlet yapılarını zayıflatmaya, ortadan kaldırmaya çalış-maktadırlar? Dünyadaki federal devletlerin bağımsız devletlerin birleşmesi ile meydana geldiğini bilmiyor musunuz? Üniter devlet yapısından kendi içinde bölünerek federal yapıya geçen Belçika dışında başka bir örnek verebilir misiniz? Amacınız Türkiye'yi Belçika yapmak mıdır?

Cumhuriyetin temel niteliklerinden birisi olan laiklik konusuna gelince, bireysel değerler açısından din elbette önemlidir. Ancak, Anayasa'nın 24. maddesine göre kimse devletin sosyal, ekonomik, siyasi ve hukuki temel düzenini kısmen de olsa din kurallarına dayandıramaz. Bu düşünceler içinde, 25 Ağustos 2006 tarihinde Kara Kuvvetleri Komutanlığı devir ve teslim töreninde şu sözleri söylemeye kendimi mecbur hissetmiştim:

"Her zaman olduğu gibi, Türkiye üzerinde iç ve dış kaynaklı değişim projelerinin bulunduğunu görmekteyiz. Bu kesimler projelerinin önündeki en önemli engel olarak da Türk Silahlı Kuvvetleri'ni görüyorlar. Ordunun ulus devlet, üniter devlet ve laik devlete yapılan saldırılara kayıtsız kalmasını istiyorlar."

Aslında bu sözlerim, yürürlükteki Anayasa hükümlerinin savunulmasından başka bir şey değildir. Çünkü yürürlükteki Anayasa, Cumhuriyetin temel niteliklerini ve devletin temel görevlerini net olarak ortaya koymuştur. Türkiye Cumhuriyeti, demokratik, laik ve sosyal bir hukuk devletidir. Anayasada kalın çizgilerle altı çizilen, devletin temel görevi ise devletin bağımsızlığının, ülkenin bölünmezliğinin ve milletin bütünlüğünün korunmasıdır.

Bugün yaşananlar ve yaşamakta olduklarımız, 25 Ağustos 2006 günü yapmış olduğum tespitlerin doğruluğunu kanıtlamıyor mu?

Aziz Milletim!

Ulus devlet yapısını koruyamadan, milletin bütünlüğünü koruyamazsınız.

Üniter devlet yapısını koruyamadan, ülkenin bölünmezliğini koruyamazsınız.

Laik devlet yapısını koruyamadan demokrasiyi, insan haklarını koruyamazsınız.

Sosyal devlet yapısını oluşturamadan, insanlarınızı lâyık oldukları refah seviyesine taşıyamazsınız.

Hukuk devleti niteliğini, hukukun üstünlüğünü koruyamadan, devletin ve ülkenin geleceğini koruyamazsınız.

Her şeyden önemlisi bağımsızlığınızı koruyamazsanız, bugün sahip olduğunuz maddi ve manevi hiçbir şeyinizi koruyamazsınız.

Bugün sahip olduğumuz her şeyi, milletiyle bütünleşen Atatürk ve silah arkadaşlarının Kurtuluş Savaşı'nda verdikleri mücadeleye borçlu olduğumuzu unutmamalıyız. Bugün sahip olduğumuz maddi ve manevi her şeyi koruma görevi, egemenliğin tek hâkimi olan -yediden yetmişe- Türk milletini oluşturan her Türk vatandaşına verilen bir vatandaşlık görevidir, vatan borcudur.

Aziz Milletim!

Yıllardır bölücü terör örgütünün neden olduğu terör olaylarından dolayı büyük acılar yaşadın, büyük fedakârlıklarda bulundun. Senin yaşadığın bu acılara son verdirilmesi, bizim için hem öncelikli bir görev hem de gönülden istediğimiz bir amaç oldu. Güvenlik, ekonomik, sosyokültürel, psikolojik harekât, uluslararası alanlarda birbiriyle paralel ve koordineli olarak yürütülecek faaliyetlerle bu amacın gerçekleştirileceğine yürekten inandık. Bu düşünceler çerçevesinde, bölücü terör örgütüne karşı yürüttüğümüz mücadeleye büyük bir kararlılık ve azimle devam ettik. Türk ordusu olarak biz bu yola baş koyduk. Binlerce can verdik, şehit verdik...

Aziz Milletim!

Dün olduğu gibi bugün de senin yaşadığın bu acılara bizi biz yapan ulus devlet, üniter devlet ve laik devlet yapımıza zarar verilmeden son verdirilmesini gönülden istemekteyiz. Bunun aksinin düşünülmesi, akıl dışıdır. Unutulmasın ki bu üç temel nitelik, Türkiye'yi bölgesinde güçlü, etkin ve örnek kılmaktadır. Türkiye tarihin bütün dönemlerinde dünyanın odaklandığı kriz bölgelerinin tam ortasında yer almıştır. Durum değişmeyecektir. Anadolu coğrafyasına ve bu coğrafya üzerinde yaşanan tarihe bakarsanız, bu coğrafya üzerinde ancak güçlü devletlerin varlıklarını sürdürdüklerini, güçsüzlerin ise kısa sürede tarih sahnesinden silindiklerini görebilirsiniz. Unutulmamalı ki "tarih ilerisini göremeyenler için acımasızdır". Beni dinleyenlere seslenmek ve onları bir an için düşünmeye davet etmek istiyorum.

Sıçrayarak bir yerlere yükselmek, tırmanmak istiyorsunuz. Her şeyden önce ayaklarınızın yere sağlam basması gerekir. Zemin, yer sallantılı, dengesiz, dayanıksız ve güvenilmez ise sıçrayamaz, yükselemez, büyük bir ihtimalle de tökezleyerek düşersiniz. Ülkedeki adalet sistemi ve uygulamaları da ülkenin zeminini, temelini oluşturur. Mahkeme salonlarında insanların gözüne çarpan ilk şey nedir?

"Adalet mülkün, yani ülkenin, temelidir."

Temelin, zeminin sallanması bir ülkenin başına gelebilecek en büyük felakettir. Böyle bir durumda toplum belirsizlik duygusuna kapılır, yarınlarına ilişkin güvensizlik ve emniyetsizlik duymaya başlar. Bu duygular içine girmek bir gemide sisler içinde yol alırken, her an sizi bekleyen aysberg olduğunu, ona çarpıp batacağınızı düşünmeniz demektir. İşin kötüsü, siyasetçiler de denizde son hızla ilerlemekte olan gemiye hâkim değildirler. Eğer bir ülkede, bir Genelkurmay Başkanı görevi başında iken aynı zamanda terör örgütü yöneticisi olmakla da suçlanabiliyorsa, yapılan kamuoyu araştırmalarında, örneğin Balyoz ismiyle bilinen davada olduğu gibi açıklanan mahkeme kararını adil bulmayanların ezici bir çoğunlukta olduğu ve halen devam eden davalarda "suçlananların büyüdüğü, adaletin ise küçüldüğü" görülüyorsa toplum ve yetkililer bu yapılanlara "sıradan olay" gibi bakmaya devam edemez. Biliniz ki kötünün en iyi dostu sıradanlıktır.

Sıradanlaşmaya son örnek, 28 Şubat soruşturması neticesinde hazırlanıp ilgili mahkemeye sunulan iddianamedir. Bu iddianame ile 103 kişi hakkında ağırlaştırılmış müebbet hapis cezası istenilmiştir. Bu kadar çok kişi hakkında Türk Ceza Kanunu'nda yer alan en ağır cezanın talep edildiği başka bir iddianame Türk adalet tarihinde var mıdır, bilmiyorum... Herhalde yoktur. Ancak işin önemli ve acıklı olan yanı, bu haber büyük tiraja sahip gazetelerin birinci sayfalarında hiç yer bulamazken, bazılarında ise birinci sayfalarda sadece bir sütunluk yer bulabilmiştir. Bu durum düşündürücü olmalıdır. Nedeni sorgulanmalıdır.

– Neden, Türkiye'de kişiler hakkında ağırlaştırılmış müebbet hapis cezasının istenilmesinin kanıksanmış, sıradanlaştırılmış bir olay haline dönüştürülmüş olması ise, bu durum Türk adalet sistemi için bir felakettir.

– Neden, istenilen ceza taleplerinin kamuoyu tarafından ciddiye alınmaması ise, bu durum, Türk Adalet sistemi için daha da büyük bir felakettir.

Bu durumdan yasama, yürütme ve yargı erkleri ders çıkarmalı ve üzerlerine düşen yasal sorumlulukları artık yerine getirmelidirler. Eğer toplum, yargıda yaşanan olağanüstü uygulamalara sıradan bir olay gibi bakıyor veya bu olağanüstülükleri ciddiye almıyorsa, o ülkede adalete duyulan güven ve inanç yok olmuştur. Bu durum da ülkenin bir uçuruma yaklaştığının göstergesidir. Görünüz ve anlayınız, köprüden önceki son çıkıştasınız.

5 Kasım 1925'de Ankara'da Adliye Hukuk Mektebi'nin açılış töreninde Atatürk şunları söylemişti, hatırlamakta yarar var:

"Milletimizi çöküşe mahkûm etmiş olumsuz ve kahredici kuvvet şimdiye kadar elimizde bulunan hukuk ve onun takipçileri olmuştur."

Adaletin, zeminin sallanmakta olduğu bir ülkede herkese düşen ortak görev bize göre şöyledir: "Dünyanın adil ya da adaletsiz oluşu fark etmez, ben en iyisi onun kurallarını işime gelecek şekilde kullanayım" düşüncesinden sıyrılınız. Adil olmayan uygulamalara, ahlaki hislerinizi zedelediğini düşündüğünüz her şeye karşı, yasalar içerisinde kalarak mücadele ediniz, sesinizi çıkarınız. Bağırınız ve deyiniz ki "Hukuk ne kadar istismar edilerek kullanılırsa kullanılsın, tarihin tekerleğini yargı marifetiyle tersine döndüremeyeceksiniz!"

27 Mart 2012 tarihinde görülen duruşmada, ileri sürülen iddianameye karşı neden savunma yapmayacağımı şu sözlerle ifade etmiştim:

"Ben, Türkiye Cumhuriyeti'nin 26. Genelkurmay Başkanıyım. Dünyanın hiçbir ülkesinde hem ülkenin silahlı kuvvetlerinin komutanı hem de bir silahlı terör örgütünün yöneticisi olan Genelkurmay Başkanı görülmemiştir. Bu suçlama hiçbir zaman kişisel suçlama olarak kabul edilemez. Bu suçlama, gerçekte şahsım üzerinden Türk Silahlı Kuvvetleri'ne de yöneltilen ağır bir suçlamadır. Bu suçlama ile bir Genelkurmay Başkanının görev süresinin iddianamede, hukuken bu şekilde tarif edilmesi, siyasi açıdan da özel olarak düşünülmesi gereken sıra dışı bir durumu ifade etmektedir. Bu nedenle bu suçlama, siyaseten devlete de yöneltilen son derece ağır ve haksız bir ithamdır. Hayatımda hiç hukuk dışı davranışım olmamıştır. Demokrasiye olan bağlılığım da kamuoyu ve beni yakinen tanıyanlar tarafından da çok iyi bilinmektedir. Bu nedenlerle bu iddianamenin hiçbir itibarı yoktur. Böyle bir iddianameyle bir kişinin suçlanmaya çalışılması sadece yetersizliğin bir komedisidir.

Genelkurmay Başkanlığı, devletin en önemli makamlarından biridir ve bu nedenle, Anayasa'nın 148. maddesi bu makama da özel bir statü tanımıştır. Eğer şahsımla ilgili bir yargılama olacaksa, bu yargılama yerinin Yüce Divan olduğu açıktır. Bu nedenlerle, huzurunuzda savunma yapmaya zorlanmayı işgal etmiş olduğum makama ve Türk Silahlı Kuvvetleri'ne karşı çok ağır haksızlık olarak görüyorum. Bu inançla, bugün burada savunma yapmayacağım ve hiçbir soruya da cevap vermeyeceğim.

Türk ordusunun üniformasını onur ve gururla taşıdığım 53 yıl boyunca vatanıma, milletime, devletime ve orduma sadakatle hizmet ettim. Aksini iddia edenleri bugün benim, yarın ise tarihin affetmeyeceğine inanıyorum."

Mahkemenizde neden savunma yapmayacağımı açıkladığım tarih olan 27 Mart 2012'den bugüne kadar bir yıldan fazla zaman geçti. Bu uzun süreçte sanıklar ifade verdi. Bazı tanıklar dinlendi. Savunma tarafının tanık dinletme taleplerinin büyük kısmı ise reddedildi. Avukatlar ve sanıklar kimi zaman söz aldı kısıtlı sürede konuştu kimi zaman ise hiç konuşamadı. Binlerce yeni belge geldi; Naip Hâkim tarafından hazırlanan binlerce sayfalık rapor gibi. Beyanlar alındı. Binlerce sözlü ve yazılı talep oldu. Dava dosyası birbiriyle irtibatsız 23 iddianamenin birleşmesiyle 100 milyon sayfayı aştı. Peki, bütün bunlardan sonra ne oldu? 18 Mart 2013 tarihinde, savcılar hazırladıkları mütalaayı mahkemeye sundular. Genel olarak bakıldığında görüldü ki mahkemeye sunulan mütalaa adeta iddianamelerin bir tekrarıdır. Yapılan savunmalar, savunmayı doğrulayan deliller, iddianamelerde ileri sürülen iddialarda bir değişikliğe neden oldu mu? Hayır. Bırakın değişiklik olmasını, sanıkların lehlerine olabilecek ifade ve belgelere bile mütalaada yer verilmediği görüldü. Hukuk devletinde, hâkim ve savcılar da dahil hiç kimse hukuka aykırı keyfi işlem ve kararları nedeniyle sorumsuz değildir. Oysa bu salonda:

- İlgisiz birçok iddianamenin birleştirilerek bir torba davanın yaratıldığını, bu şekilde sadece duruşma tutanağının bile on binlerce sayfayı oluşturduğunu, gerek kişiler gerekse tarihler itibariyle birbiriyle hiçbir ilgi ve irtibatı olmayan hususların bilinçli bir şekilde bir araya getirildiğini, böylelikle de savunma hakkının kullanılmasının güçleştirildiğini, adeta fiilen yok edildiğini,

- Yasama organının iradesinin dikkate alınmadığını, yasama organına karşı çıkan ve yeni düzenlemelerin amir hükümlerine karşı keyfi bir biçimde adeta direnen bir iradenin olduğunu, sadece tutuklamaların devamı hususundaki soyut gerekçelere bakıldığında dahi bu saptamamızın ne kadar doğru olduğunu,

- Ciddi sağlık sorunları bulunan ve telafisi mümkün olmayacak derecede zararlar görmüş insanların tahliye edilmedi-

204

ğini, aslında sadece bu tutumun bile deyim yerindeyse bu davada öfke ve kızgınlığın hâkim bir görünüm arz ettiğini,

- Yargıtay Onursal Başkanı Prof. Dr. Sami Selçuk, Prof. Dr. Ergun Özbudun ve Prof. Dr. Fatih Selami Mahmutoğlu'nun da aralarında bulunduğu, konunun uzmanı birçok kişinin hakkımda bir yargılama yapılacak ise yerinin Yüce Divan olduğuna dair değerlendirmelerine ve hakkımdaki suçlamalar karşısında tepkisini çok açık şekilde "akıl tutulması", "savcılık ve hâkimlik göreviyle bağdaşmaz" şeklinde ortaya koyan Prof. Dr. İzzet Özgenç'in beyanlarına karşı adeta kulakların tıkandığını,

- Görevim nedeniyle şahsımı yakinen tanıyabilecek kişilerin gerek mahkemedeki gerekse kamuoyuna yönelik beyanlarının, iddia edilen cebir ve şiddet kullanılarak Türkiye Cumhuriyeti Hükümeti'ni ortadan kaldırmaya veya görevlerini yapmasını kısmen veya tamamen engellemeye teşebbüs suçunun yanlışlığını ve mesnetsizliğini ortaya koymuş olmasına rağmen, bunların da ısrarla görmezden gelindiğini,

- Devletimize ve ordumuza husumeti herkesçe bilinen, ellerinde Mehmetçiğin kanı olan terör örgütü yöneticisi ve üyelerinin gizli tanık olarak dinlendiğini, bu suretle onların tanık, Türk Silahlı Kuvvetleri'nin ise sanık yapıldığını,

- Huzura getirilen ve gerek üstlendikleri görevler gerekse çalıştıkları dönem itibariyle dava konusu olayların açıklığa kavuşturulmasında ciddi katkıları olabilecek üst seviyedeki komutanların tanık olarak dinlenmesine yönelik talebin yasanın amir hükmüne rağmen reddedildiğini,

- Geçmişte yaşananları her fırsatta kullanarak Türk ordusunun her zaman siyasete müdahale eğiliminde olduğuna, ordunun bir suç örgütü gibi davrandığına, personelinin ise bu nedenlerle suça bulaştığına veya bulaşabileceğine dair kamuoyunda algı yaratılmaya çalışıldığını,

- Bu iddiaları destekleyebilmek için isimsiz ve imzasız ihbar mektuplarına, gizli tanık ifadelerine, bir yerlerde hazırlanmış düzmece dijital verilere, yasadışı dinlemeye dayalı ve tahrif edilmiş telefon konuşmalarına sorgusuz sualsiz büyük bir güvenle itimat edildiğini,

- Elde bunların da bulunmadığı durumlardaysa kanıtların olup olmadığına bakılmaksızın sadece niyet okumaları, varsayımlar ve yorumlardan hareket edilerek insanların suçlanmasından bile çekinilmediğini,

- En vahimi de, 26. Genelkurmay Başkanı olarak benim, bazılarına hoş görünmek için bugün burada değil, görevim başında iken 25 Ocak 2010 günü inanarak ve samimiyetle söylediğim;
"Türkiye 1960'lardan beri bazı olaylar yaşadı. Bugün artık o olayların geride kaldığını düşünüyoruz. Bu yaşananlardan herkesin kendi payına gerekli dersleri de çıkardığını görmekteyiz. Biz diyoruz ki, demokraside en önemli olan husus, iktidarların seçimlerle, demokratik yöntemlerle el değiştirmesidir", aleni beyanımın kasten görmezlikten gelindiğini,
Buna rağmen Genelkurmay Başkanlığı yapmış olan benim görevim başında iken terörist, Türk Silahlı Kuvvetleri'nin ise terör yuvası ve amacının hükümetin ortadan kaldırılması veya görevlerini kısmen veya tamamen engelleme olduğunun iddia edildiğini,
Aslında, bir akıl tutulması şeklinde bu iddiayı ileri sürenlerin ve kabul edenlerin yaptıkları ile Türklerin bin yıllık devlet geleneklerini yerle bir ettiklerinin farkına bile varamadıklarını, büyük bir ibret, şaşkınlık ve üzüntü içinde gördük.

Bütün bu yaşananlar, 27 Mart 2012 tarihinde savunma yapmamaya karar vermemin ne kadar doğru olduğunu bir kez daha gösterdi. Bugün de aynı noktadayım. İddianameye ilişkin düşüncem, mütalaa için de aynen geçerlidir. Bir Genelkurmay Başkanı ve Türk ordusu hakkında iddianame ve mütalaa ile ileri sürülen suçlamaların, siyaseten devlete de yöneltilen son derece ağır ve haksız ithamlar olduğu aklıselim sahibi herkes tarafından görülmüş ve kabul edilmiştir. Gerçek durumu bütün çıplaklığıyla bilmelerine rağmen, çıkar ilişkilerindeki dengeleri koruma pahasına bugün ortadaki bu vahim durumu, sonuçlarıyla birlikte anlamamakta ve görmemekte ısrar edenler, en azından vicdanen nasıl huzura kavuşabileceklerdir? Bütün bu nedenlerle bu mütalaanın da hiçbir itibarı yoktur. Bütün bunlara rağmen benden hâlâ savunma yapmamı mı istiyorsunuz? Böyle bir dava sebebiyle karşınıza çıkarılmış olmam, benim için cezaların en büyüğüdür. Bu konuda size söyleyeceğim başka bir şey yoktur.

Aziz Milletim!

29 Ekim 1938 tarihinde Cumhuriyet Bayramı nedeniyle ebedi Başkomutanımız Mustafa Kemal Atatürk'ün Türk ordusuna gönderdiği mesajda yer aldığı şekilde Türk vatanının, Türk milletinin şan ve şerefini her türlü tehlikelere karşı korumakla görevlendirilen Türk ordusunun, kendisine verilen vazifeleri her an ifaya hazır ve amade bulundurmak üzere etmiş olduğum yemine sadık kalarak tüm varlığımla çalıştım.

Bundan da asla pişmanlık duymadım ve duymayacağım!

Her zaman doğruların yanında olduğum ve hareket ettiğim için vicdanım rahattır. Gerçekleri bugün olmasa da, tarih haykıracaktır. Tarih sussa, hakikat susmayacak. Sözlerimi, tarihe bir son not düşerek tamamlayacağım. Bunu da zorunlu bir görev olarak görmekteyim.

Eğer İnternet Andıcı adlı sanal davanın asıl amacı -ki ben öyle olduğunu düşünüyorum- Genelkurmay Başkanlığı Karargâhı'nda benim komutam altında çalışan ve sadece yasal bir belge olan İnternet Andıcı üzerinde parafeleri bulunan sivil memurundan orgeneraline kadar tüm personelin adeta üzerlerine basarak Genelkurmay Başkanına yani bana ulaşmak ise, bu silah arkadaşlarımı bırakınız gitsinler.

Ne yapacaksanız bana yapınız.

Buradayım. Dimdik ayaktayım!

İBRETLİK MİDHAT PAŞA DAVASI VE BUGÜN[1]

Midhat (Mithat) Paşa, 1840 yılında Babıâli'de memuriyete başladı. Başarılı hizmetlerinden dolayı sırasıyla Niş Valiliği'ne, Şûra-i Devlet Başkanlığı'na ve Bağdat Valiliği'ne getirildi. Daha sonra da Padişah Abdülaziz, beklenmedik şekilde Midhat Paşa'ya sadrazamlık görevini verdi. Düşüncelerini açıklamakta temkinli davranmayan Midhat Paşa, bir konuşmasında Padişah'a sarayın israfından söz edince sadrazamlığı üçüncü ayında son buldu. Adalet Bakanlığı, Selanik Valiliği'nden sonra, 1876 yılında ikinci defa Şûra-i Devlet Başkanı oldu.

Sadrazam Rüştü Paşa, Harbiye Nazırı Hüseyin Avni Paşa ve Midhat Paşa, Şeyhülislam'ın verdiği fetva ile Padişah Abdülaziz'i tahttan indirdi ve yerine V. Murad'ı getirdi. Ana neden, Abdülaziz'in şuurunun yerinde olmaması ve israfın büyük boyutlarda olmasıydı. Hüseyin Avni Paşa'nın bir subay tarafından öldürülmesi ortalığı karıştırdı. V. Murad aslında zayıf bir kişiliğe sahipti. Olaylar aklının

1 Kaynak: Yaşar Şahin Anıl, *Osmanlı Döneminde İki Dava*, Yapı Kredi Yayınları, 1995.

kaybına neden oldu. V. Murad'ın yerine II. Abdülhamid padişahlığa getirildi. Midhat Paşa bu olayda önemli bir rol oynadı. Tahta getirilmesi koşullarının görüşülmesini Abdülhamid ile kendisi gerçekleştirdi. Anayasa'nın kabulü ile meşruti yönetime geçilmesi ve Abdülhamid'in V. Murad'ın iyileşmesine kadar tahtta kalmayı kabul etmemesi asıl koşullardı. Abdülhamid, Midhat Paşa'ya bu konulara ilişkin yazılı bir belge verdi.

Midhat Paşa Sadrazam oldu. Meşrutiyet idaresine geçildi. O an çok güçlüydü. Abdülhamid kendisini büyük bir baskı altında hissediyordu. Midhat Paşa'dan kurtulmak için güçlü bir kadro oluşturmaya çalışmaktaydı. Osmanlı-Rus savaşı, İngiltere'nin Abdülhamid'e destek vermesi sonucunu doğurdu. Devleti eline geçiren Abdülhamid, Midhat Paşa'yı azlederek Avrupa'ya sürgüne gönderdi. Daha sonra ülkeye geri getirilen Midhat Paşa, Suriye ve Aydın valiliklerine getirildi.

II. Abdülhamid, Padişah Abdülaziz'in öldürüldüğü iddialarını incelemek üzere soruşturma açtırdı, bazı kimseler de tutuklandı. Midhat Paşa'ya yurtdışına çıkması tavsiye edilir. II. Abdülhamid'in padişahlığa getirilmesinde başrol oynayan Paşa, padişahın kendisine bir kötülük yapabileceğini düşünemiyordu. 1881 yılında korktuğu gerçekleşir. Bir gece tutuklanır. Vapurla İzmir'den İstanbul'a getirilir. Yolda 11 saat sorgulanır ve cinayete yardım etmek suçlamasını reddeder. İstanbul'da Yıldız Sarayı'na götürülerek orada Çadır Köşkü'nde nezarete alınır. Burada da on gün boyunca sorgulanır. Bu arada Saray'dan verilen işaret üzerine *Tercüman-ı Hakikat* gazetesinde Abdülaziz'in öldürülmüş olduğuna dair yayına başlanır. Ahmet Midhat Efendi'ye Midhat Paşa'yı itham eder nitelikte makaleler yazdırılarak aleyhinde bir kamuoyu oluşturulmasına çalışılır. Soruşturmaların tamamlanması üzerine, hazırlanan iddianame Padişah Abdülhamid'e sunulur. Heyetler tarafından da durum değerlendirilir. Neticede, Yıldız Sarayı'nda Malta Karakolhanesi'nin yakınında kurulacak özel bir mahkemede yargılamanın yapılmasına karar verilir.

İddianame 19 Haziran 1881 tarihinde, Midhat Paşa'ya tebliğ edilir. Malta Karakolhanesi yakınında bulunan boş bir alana büyük bir çadır kurulur. Yargılama burada yapılacaktır. Mahkemenin ismi, İstinaf Cinayet Mahkemesi'ydi. Böylece bu mahkemeye birinci derecedeki mahkemeler ile temyiz mahkemesi arasında bir özel statü veriliyordu. Mahkeme Başkanı, Midhat Paşa'nın suistimalleri nedeniyle görevden uzaklaştırdığı Sururi Efendi, ikinci Başkanı ise Etniki Eterya isyanı sırasında babası II. Mahmut tarafından astırılmış olan Hristas Foridas Efendi idi. Savcılık makamında ise yine bir Midhat Paşa düşmanı Latif Bey bulunuyordu. Mahkemenin ilk celsesi, 27 Haziran 1881 tarihinde başlar. Dinleyiciler, mahkeme çadırına biletle giriyorlardı. Mahkeme salonu adeta bir tiyatroya benzetilmek istenmişti.

Midhat Paşa, sorgulamasının diğer sanıklarla beraber yapılmamasını talep eder. Bu isteği kabul edilir. Duruşmada, Hacı Mustafa ve Pehlivan Mustafa isimli sanıklar, Abdülaziz'i öldürdüklerini kabul ederler. Bu suçlamayı kabul eden sanıklar, sanki ezberletilmiş gibi olayı iddianamede yazıldığı şekilde aynen tekrarlarlar. Ancak sonra, Pehlivan Mustafa birden ayağa fırlayarak "Asın kesin, öldürün yalnız işkenceler yeter" diye bağırmaya başlar. Sonra da "Bana ve iki arkadaşıma yapmadıklarını komadılar. Bize, zorla bu işi yaptık dedirttiler. Yalandır. Biz efendimize kıymadık" diye haykırır. Mahkeme duruşmaya ara verir. Duruşma tekrar başladığında Pehlivan Mustafa, sanıklar arasında bulunmuyordu. Cinayeti gördüklerini söyleyen üç Arap hadımağası sanki iddianameyi tekrar ediyorlarmış gibi açık ve belirli bir ezbercilikle Abdülaziz'in nasıl öldürüldüğünü anlatırlar. Sorgulama sırası Midhat Paşa'ya gelince Mahkeme Başkanı, Midhat Paşa ile aralarında geçen bir olay nedeniyle, şüphelere meydan bırakmamak için davadan çekildiğini bildirir. Az sonra Midhat Paşa mahkeme çadırına alınır. Davranışları serbest ve rahattır.

Midhat Paşa, sorgusunun başında Abdülaziz'in intihar ettiğinin hukuken sabit olduğunu, öldürülmesi iddiasının yalan olduğunu söyler. Bu konudaki kanıtlarını bir bir sayar. Belgeler olduğunu, şahitleri bulunduğunu, özellikle Abdülaziz'in öldürülmeyip intihar ettiği konusunda, Abdülaziz'in annesi Pertevniyal Sultan'ın şahadetine dayandığını, eğer bu şahit Abdülaziz'in öldürüldüğünü mahkemede ve kendi yüzüne karşı söylerse suçu kabul edeceğini söyler. Mahkemede hiç dinlenmeyecek olan bu şahidin dinlenmesi gerektiğini uzun uzun açıklar. Midhat Paşa, mahkemeden kendisini itham edenlerin, sanıkların, kendi önünde de yeniden sorgulanmasını talep eder. Uzun tartışmalardan sonra, Pehlivan Mustafa çağrılır. Pehlivan Mustafa suçunu itiraf ettiği ifadesini tekrarlar. Mahkeme bütün ısrarlara rağmen Midhat Paşa'nın sanığa soru sormasını kabul etmez. Böylece saatler geçer. Midhat Paşa anlatır, tartışır, kendisini savunmaya çalışır. Bir ara Mahkeme Başkanı Hristo Efendi sözünü kesmek isteyince şunları söyler:

"Efendi, savunma hakkı ya vardır ya yoktur. Ben seni eskiden beri tanırım. Bu iddianamenin sadece başındaki besmele ile sonundaki tarih doğrudur. Neden Sultan Aziz'in vefatını, merhumun annesinden sormuyorsunuz? Çünkü ciğerparesi olmasına rağmen vicdan ve Allah korkusu olan herkesin yalan söylemeyeceğini biliyorsunuz.

Zihinler, istikametini kaybederek iftira atılmasına karar verdikleri zaman, beni insanlar içinde öyle çıkarır ki bizzat şeytanın bile yüzü kızarır. Bu mahkemeye ne lüzum vardır. Şahit dinlememek, delil ve belgeleri incelememek, bilirkişilere itibar etmemek, kanunları ayakaltına aldıktan sonra mahkemeye ne lüzum var. Tanzimat'tan önceki duruma geri döndüğümüzü gördüğüm için çok üzgünüm. Bu benim için sizin vereceğiniz bir ölüm kararından daha acıdır.

Bazı mahkemeler vardı ki şeklen biter, aslında devam eder. Sanıklarla mahkeme heyetinin yer değiştirdiği vaki olan bu safhada, hâkim tarihtir. Ben sizleri cümleten bu büyük hâkime tevdi ediyorum."

212

Mahkeme başkanı, Midhat Paşa'nın sözünü tekrar keserek kendisine sordukları sorulara cevap verip vermeyeceğini sorar. Midhat Paşa, sanıklara kendisinin soru sormasına izin verilmediği durumda, savunma yapmayacağını söyler. Mahkeme başkanı mahkemeye son verir. Midhat Paşa'nın savunması dokuz saat sürmüştü. Mahkemeye ara veren heyet, bir saat sonra kararı okumak için kürsüdeki yerini alır. Mahkemenin kararı Midhat Paşa'nın Abdülaziz'in öldürülmesi olayının faillerinden olduğu yönündedir. Ertesi gün, 29 Haziran 1881 tarihinde mahkemenin son duruşması açılır. Şimdi, bu suçtan dolayı verilen ceza açıklanacaktır. Önceki günlerde duruşmalara katılan elçiler ve konsoloslar bugünkü duruşmaya, protesto nedeniyle gelmemişlerdi. Mahkeme Başkanı, Midhat Paşa'ya "Oy çokluğuyla idama mahkûm edildiniz" der. Midhat Paşa "Teşekkür ederim" diye cevap verir. Midhat Paşa kararı temyiz eder. 8 Temmuz 1881 tarihinde temyiz mahkemesi kararı onaylar. II. Abdülhamid kararın infazının sorumluluğunu yalnız başına üstlenmek istemez. Şer-i usullerle onaylanmasını dener, başarılı olamaz. Bunun üzerine, nazırlardan ve askerlerden meydana gelen çok özel bir heyet oluşturarak konuyu onların önüne getirir. Heyetteki 15 kişi mahkemenin kararının aynen uygulanması, 12 kişi de hafifletilmesi yönünde görüş bildirir. Yabancı devletlerin baskıları sonucunda, Abdülhamid cezanın aynen uygulanmasına cesaret edemez, cezaları hapis ve sürgün cezasına çevirerek adeta şefkatli bir hükümdar rolünü oynamaya karar verir.

Midhat Paşa Taif'e sürüldü. 7 Mayıs 1884 tarihinde Abdülhamid'in gizli bir emriyle orada boğduruldu. II. Abdülhamid'in muhaliflerini ezmek amacıyla yaptığı darbenin esas odağı da ister istemez Midhat Paşa olmuştu. Davadaki diğer bütün sanıklar, gerçekten de figüran rolündeydiler.

Midhat Paşa büyükbabasından beri, kültürlü ve saygın bir kadı ailesinden geliyordu. Son derece vatansever, dürüst, ikiyüzlülük etmesini bilmeyen, samimi, tok sözlü ve heyecanlı bir kişiliğe sahipti. Midhat Paşa herkesin türlü kurnazlıkları denediği ve ayakta kalabildiği bir dönemde, II. Abdülhamid gibi kindar ve kurnaz bir rakibe karşı hiçbir tedbire riayet etmeden, şahsi bir emel ve ihtiras gütmeden hareket etmişti.

132 yıl önce yaşanan ibretlik Midhat Paşa davası ile bugünün Özel Yetkili Mahkemelerinde görülen davalar arasında benzerlikler var mı? Dikkatli bir göz benzerlikleri kolaylıkla tespit edebilir:

• Soruşturma safhası gizlidir. Ancak bu safhada medyaya yapılan servislerle, kişileri itham eden yazılar yazılmıştır. Bu görevi de dünün ve bugünün Ahmet Midhat'ları büyük bir başarı ile yerine getirmişlerdir. Böylece, kişiler daha mahkemeye çıkarılmadan kamuoyu gözünde mahkûm edilmeye çalışılmıştır.

• İstinaf Cinayet Mahkemesi de özel bir mahkemedir. Normal mahkemeler varken, Midhat Paşa bu mahkemede yargılanmıştır.

• Bu mahkeme, Yıldız Sarayı'nda adeta Padişah'ın gölgesi altında görev yapmıştır. Özel Yetkili Mahkemeler de, cezaevi kampüsünün içinde kurulmuştur.

• İstinaf Cinayet Mahkemesi için bir çadır kurulmuş, dinleyiciler duruşmalara biletle girmişlerdir. Saray, nedeni anlaşılmaz bir şekilde bu mahkemenin sadece içeriğini değil, görüntüsünü de adeta bir çadır tiyatrosuna çevirmiştir. Özel Yetkili Mahkemeler de, spor salonunun duruşma salonuna dönüştürüldüğü bir alanda yargılamalarını yapmışlardır. Başta, Ergenekon davasının yaratıcısı Tuncay Güney olmak üzere birçok kişi, Ergenekon davasının bir tiyatro olduğunu açıkça söylemiştir.

• Ceza Mahkemeleri Usul Kanunları, mahkemeler tarafından sık sık ihlal edilmiştir.

• Duruşmalarda bazı tanıklar ve sanıklar, ifadelerini sanki kendilerine ezberletilmiş gibi aynen iddianamelerde yazıldığı şekilde beyan etmişlerdir. İfadelerini değiştirmişler, sonraysa yine aynen tekrar etmişlerdir.

- Midhat Paşa ve sanıklar, Özel Yetkili Mahkemelerde kendilerine atılı suçların yersizliğini net ve açık olarak ortaya koymalarına rağmen, mahkemeler bu söylenenlere adeta kulaklarını tıkamışlardır.

- Sanıkların sorgusu esnasında Midhat Paşa'ya, sanıklara soru sorma hakkı verilmemiştir. Aynı durum sık sık Özel Yetkili Mahkemelerde de yaşanmıştır.

- Hazırlanan iddianameler gerçeklerle hiç bağdaşmamaktadır. Nitekim Midhat Paşa bunu "Bu iddianamenin sadece başındaki besmele ile sonundaki tarih doğrudur" diyerek ifade etmiştir. Bugünün iddianameleri için bu hususlar bile geçerli değildir.

- Midhat Paşa, ısrarla Abdülaziz'in annesinin tanık olarak dinlenmesini istemiş ancak bu talebi kabul edilmemiştir. Benzer bir durum bugünlerde de aynen yaşanmış, mahkemeler, davanın sonucu açısından hayati öneme haiz tanıkların dinlenmesinden özenle kaçınmışlardır.

- Delil ve belgelerin incelenmemesi diğer önemli bir benzerliktir.

- Bilirkişilere, onların raporlarına itibar edilmemesi de yine ortak bir özelliktir.

- Midhat Paşa'nın savunması dokuz saat sürmüş, bitimini müteakip verilen bir saat aradan sonra mahkeme kararını açıklamıştır. Bu da, mahkemenin kararını çoktan verdiğinin, savunmaları dikkate bile almadığının bir göstergesidir.

- 132 sene önce yaşanan ibretlik Midhat Paşa davası gibi siyasi davalardan gerekli dersler çıkarılabilseydi, bugün de aynı durumlarla karşı karşıya gelinir miydi? Elbette hayır!

Tarihten ders çıkarmayanlar için geriye sadece bir söz kalıyor: "Tarih tekerrürden ibarettir."

HAKKIMDA YAPILAN YORUMLAR

14 Nisan 2009 tarihinde, Harp Akademilerinde "Yıllık Değerlendirme Konuşması"nı yaptım. Yaklaşık iki saat süren konuşma üç ana başlık altında hazırlanmıştı. Bunlar sivil-asker ilişkisi, terörle mücadele ve laiklik karşıtı hareketlerdi. Toplantıya katılan davetli sayısı 400 civarındaydı. Davetlilerin yarısına yakını da medya mensubuydu.

Konuşmanın bütününde terör, din, Türkiye, demokrasi, cumhuriyet ve etnisite kavramları öne çıkmıştı. Teröre 95, dine 63, Türkiye'ye 55, demokrasiye 45, cumhuriyete 44 ve etnisite kavramına ise 41 defa değinmiştim. Naklen yayınlanan konuşma dokuz ulusal kanalın büyük ilgisini çekmişti. Konuşmaya ilişkin 100'ün üzerinde köşe yazısı çıktı. Muhalefet partilerinden konuşmaya ilişkin fazla değerlendirme yapılmazken, iktidar partisinin önde gelen kişilerinin bazı değerlendirmeleri şöyle olmuştu:

– Başbakan Yardımcısı Cemil Çiçek:
"Ben konuşmayı canlı olarak izleyemedim. İnternetten metni alıp okudum. Önce şunu söylemek isterim, çok ince, ayrıntılı bir hazırlıktan sonra oluşturulmuş bir konuşma.

Zaman ve emek harcanmış. Akademik yönü olan bir konuşmaydı. Bilimsel atıflar dikkat çekici. Ayrıca ben konuşmayı gerçekçi buldum. Türkiye gerçeklerini kapsayan bir konuşmaydı. Objektif bir konuşmaydı."[1]

– AKP Grup Başkan Vekili Bekir Bozdağ:
"Genelkurmay Başkanı uzun, kapsamlı, kendi içinde analizleri tutarlı ve entelektüel derinliği olan bir konuşma yaptı. Üst ve alt kimlikten söz etti. Genelkurmay Başkanı'nın yaklaşımı demokrasiyi güçlendirici bir yaklaşım."[2]

Bazı köşe yazılarında ise yıllık değerlendirme konuşmasına ilişkin şu değerlendirmeler yapılmıştı:

– Eyüp Can:
"Demokrasi ile laikliği karşı karşıya getirenlere apaçık yanlış yapıyorsunuz dedi. Öyle ki bir Genelkurmay Başkanının konuşmasında ben, ilk defa bu kadar kapsamlı bir demokrasi vurgusu ve analizi gördüm. Dini cemaatlerin sivil toplum hareketi olduğunu söylerken, analizini Weber'e dayandırdı. Esposito ve Touren gibi düşünürler dini cemaatlerin modern dünyada sivil toplum işlevini gördüğünü söylüyor.
Başbuğ, iki saati bulan derinlikli konuşmasında sorunların farkında, analitik bakış açısına sahip, çözümcü, gerçek bir entelektüel asker portresi çizdi."[3]

Umur Talu:
"Yıllardır tanık olduğum en olgun Genelkurmay Başkanı konuşması idi. Dünkü konuşma çok açıdan önemliydi. Tehditsiz cümleler, kendi kullandığı ifadeyle katı prensiplerden ziyade sağduyu, darbeci heveslere bir göz kırpmanın bulunmaması, yargı bağımsızlığı ve hukukun üstünlüğünün telaffuzu, düşman edebiyatından uzaklık.

1 *Milliyet*, 16 Nisan 2009.
2 *Star, Yeni Şafak*, 16 Nisan 2009.
3 Eyüp Can, *Hürriyet*, 15 Nisan 2009.

Cumhuriyetin sadece laiklik açısından değil; demokrasi ile birlikte telakkisi de."[4]

Yavuz Donat:

"Org. Başbuğ, içinden çıktığı halka saygılı, siyaset kurumuna saygılı, halkın iradesine saygılı, diyaloğa açık, kucaklayıcı bir profil sergiledi.

Bugün, İlker Başbuğ'un şahsında maksadı bağcı dövmek değil, üzüm yemek olan bir ocağa sahibiz... Peygamber ocağına."[5]

Fatih Altaylı:
"TSK, Obama'nın Türkiye ziyaretinin anlamını siyasetçilerden daha iyi yorumlamış gibi görünüyordu.

İlk kez bir Genelkurmay Başkanının bir yabancı ülke liderinden, ABD Başkanı'ndan bu kadar fazla alıntı yaptığını gördüm. Obama'nın sözlerine, açıklamalarına, siyasi tavrına değindi."[6]

Taha Akyol:
"Başbuğ, laiklik meselesini irticadan tek kelime bile bahsetmeden anlattı. İç düşmanla savaşan bir militan gibi değil, sosyal bir sorunu irdeleyen cumhuriyetçi bir entelektüel gibi konuştu.

Cemaatler konusuna, görüldüğü yerde ezilmeli mantığıyla bakmadı.

Yanlış ve Anayasa'ya aykırı bulduğu şeyin, dinin toplumsal düzeni belirleyen bir sistematik olarak düşünülmesi olduğunu söyledi."[7]

---

4 Umur Talu, *Sabah*, 15 Nisan 2009.
5 Yavuz Donat, *Sabah*, 15 Nisan 2009.
6 Fatih Altaylı, *HaberTürk*, 15 Nisan 2009.
7 Taha Akyol, *Milliyet*, 15 Nisan 2009.

Reha Muhtar:

"Türkiye'de bugüne kadar yapılmış en demokratik, bir numara konuşmaydı. Bu ülkenin bazı sivilleri boşuna Başbuğ gibi komutanlardan maceracı ve darbeleri çağrıştıracak hareketler falan beklemesinler.

Böyle bir şey olmaz."[8]

Nagehan Alçı:

"Kürt konusunda sergilediği bütünleştirici ve kalıpları yok edeci üsluba karşılık, cemaat ve laiklik konusunda yarıştırıcı ve düşman tanımlayıcı bir tavır takındı."[9]

Yılmaz Öztuna:

"Liberal, çağdaş, tehdit etmeyen, ağırbaşlı, kavga değil anlaşma arayan bir konuşma idi."[10]

Mehmet Altan:

"Konuşmada daha cömertçe ifade edilen demokrasi sözcüğünden de anlaşılacağı gibi, henüz hamleye dönüşmemiş iyi niyetli bir kıpırdama görülüyor.

Milli devlet anlayışına bağlı, diğer yanı ise kayıtsız kalınamayacak çoğulcu, renkli ve farklı liberal toplum talepleriyle boğuşmakta. İlk gözüme çarpan da bu sıkışmışlık ve onun getirdiği çelişkiler."[11]

Şamil Tayyar:

"Genel hatlarıyla demokrasiyi önemseyen, temel hak ve özgürlükleri referans alan bir general vardı karşımızda. Uzlaşmacı, sorgulayıcı, birleştirici bir yaklaşım içinde dargın veya kırgın olduğu her kesimle barışmak ister gibiydi. Tek istisnası vardı; o da dini cemaatler. İrtica kavramını kul-

---

8   Reha Muhtar, *Vatan*, 15 Nisan 2009.
9   Nagehan Alçı, *Akşam*, 15 Nisan 2009.
10 Yılmaz Öztuna, *Türkiye*, 15 Nisan 2009.
11 Mehmet Altan, *Star*, 15 Nisan 2009.

lanmaktan kaçınması dikkat çekiciydi. İrtica tartışmasına akılcı ve gerçekçi yaklaştı. Peygamber ocağı olarak orduyu tanımlaması çok dikkat çekiciydi. Her şeye rağmen, Başbuğ'un dünkü demokratik açılımı, TSK tarihi açısından bir kırılma noktasıdır."[12]

İbrahim Karagül:
"Kuşatıcı, esnek, bütünleştirici, ortak alanları güçlendirici, farklılıkları ayrışmaya dönüştürme girişimlerini boşa çıkarıcı bir döneme girildiğinin izlerini taşıyor."[13]

Fehmi Koru:
"Org. Başbuğ, farklı bir çerçeve çizdi laiklik için; dinin istismarına yol açmadığı takdirde geniş bir özgürlük alanı sağlayabilecek bir çerçeve bu."[14]

Ali Bayramoğlu:
"Olumlu, çatışmacı olmayan, askeri otoritenin doğal alanı dışına taşmamaya gayret eden, siyasi meselelere güvenlik üzerinden değinen bir konuşma. Biraz vesayetçi, biraz modernist, ama yasalcı ve yumuşak."[15]

Hakkı Devrim:
"Dünkü konuşma, yalnız bugünün şartları altında değil, Türkiye'nin yarım asırdır beklediği, bir aydınlığa çıkış işaretidir. Dünkü konuşma, askerlerden dinlediğim bilgiden ve dengeden yana en sağlıklı ve en aklı başında konuşmaydı."[16]

---

12 Şamil Tayyar, Star, 15 Nisan 2009.
13 İbrahim Karagül, Yeni Şafak, 15 Nisan 2009.
14 Fehmi Koru, Yeni Şafak, 15 Nisan 2009.
15 Ali Bayramoğlu, Yeni Şafak, 15 Nisan 2009.
16 Hakkı Devrim, Radikal, 15 Nisan 2009.

Akif Beki:

"İrtica lafını hiç almadı ağzına. Milletin diniyle, değerleriyle barışık bir laiklik. Asker konuştu evet... Ama demokrasiye bağlılığını ilan ederek."[17]

İsmet Berkan:

"İlker Başbuğ bilinen, doğal ve olağan olan ama çok da telaffuz edilmeyen şeyi söyledi: Anayasaya, yasalara ve demokrasiye saygılıyız, son sözü sivil otorite söyler."[18]

Lale Sarıibrahimoğlu:

"Modern cumhuriyet ancak demokrasiyle gerçekleşir yolundaki Başbuğ'un sözleri Türkiye'nin istikrarı açısından umut verici bir mesaj olarak okunmalı."[19]

Mümtaz'er Türköne:

"Genelkurmay Başkanının konuşmasının, Türkiye'nin artık daha çok demokrasinin ve hukukun egemen olduğu bir evreye girdiğinin bir kanıtı olarak okunması doğru olacaktır. Başbuğ'un profesyonellik üzerine yaptığı analizler, aslında demokratik bir ülkenin ordusunun standartlarını özetliyor. Soğukkanlı ve makul analizlerin çoğalması gereken bir alan cemaatlerin boy gösterdiği alan. Daha fazla dikkat, özen lazım."[20]

Mustafa Ünal:

"Genelkurmay Başkanı, klasik bir paşa gibi değil entelektüel donanıma sahip üniversite hocası gibi konuştu. Dinsel gruplarla ilgili söyledikleri ayrı bir tartışma konusu. Merak ettiğim, dini gruplar derken acaba Alevi cemaatini de kastetti mi?"[21]

17 Akif Beki, *Radikal*, 15 Nisan 2009.
18 İsmet Berkan, *Radikal*, 15 Nisan 2009.
19 Lale Sarıibrahimoğlu, *Taraf*, 15 Nisan 2009.
20 Mümtaz'er Türköne, *Zaman*, 15 Nisan 2009.
21 Mustafa Ünal, *Zaman*, 15 Nisan 2009.

Emre Aköz:
"Genelkurmay Başkanı, kendini bir düşünce geleneğinin içine yerleştirmeye çalışıyor. Çok çeşitli fikir akımları arasındaki konumunu belirliyor. Bu açıdan saygıyı hak ediyor."[22]

Kadri Gürsel:
"Başbuğ'un konuşmasında en çok etkilendiğim nokta, her pozisyonu ahlaki veya hukuki meşrutiyet zemini üzerinde durarak açıklama gayreti oldu."[23]

Mehveş Evin:
"Demokrasi vurgusunun, bazı muhalefet parti temsilcilerinden daha ileri noktada olduğunu düşünenlerdenim."[24]

İsmail Kapan:
"Demokrasiye ve sivil otoriteye bağlılığı vurgulayan bu sebeple de askerin siyasetten uzak durmasını öngören bu konuşma, çok önemli ve olumlu bir açılımdır."[25]

Mustafa Karaalioğlu:
"Böyle gitmez arkadaşlar diyor. Dindarlarla savaşamayız. Demokratikleşmeden kaçamayız. Askeri politikanın içine sokamayız."[26]

Murat Birsel:
"Ne anladığımı notlar halinde vereyim:
Silahlı kuvvetlerin darbe yapması gibi bir konu kitapta yazmamaktadır. Bu fasıl kapanmıştır. Ülkede kimse darbe yapamaz, demokrasinin bu anlamda da teminatıyız."[27]

22 Emre Aköz, *Sabah*, 16 Nisan 2009.
23 Kadri Gürsel, *Milliyet*, 16 Nisan 2009.
24 Mehveş Evin, *Akşam*, 16 Nisan 2009.
25 İsmail Kapan, *Türkiye*, 16 Nisan 2009.
26 Mustafa Karaalioğlu, *Star*, 16 Nisan 2009.
27 Murat Birsel, *Star*, 16 Nisan 2009.

Ahmet Kekeç:
"İlk kez, bir general siyaset kurumuyla çatışmacı bir ilişki içinde görünmedi. Bu yeni bir şeydi. Sonuçta, olumlu bir konuşmaydı."[28]

Hasan Celal Güzel:
"Karşımızda son derece seviyeli, ölçülü, bilgili bir devlet adamı, demokrasiye ve hukuka bağlı bir komutan vardı. Darbeler dönemini kapatmak istemektedir."[29]

Ekrem Dumanlı:
"İlker Başbuğ'un son konuşmasıyla ortaya koyduğu genel hava daha demokrat, daha liberal, daha özgürlükçü bir yol haritası gibi algılanıyor. Bu umut verici bir gelişme. Ancak, bu yaklaşımın her kesim için yapılması lazım ki inandırıcı ve kalıcı olsun."[30]

Mehmet Metiner:
"Başbuğ'un konuşması, devrimsel nitelikte yeni perspektifler de içeriyordu. Laik demokrasi bahsinde söyledikleriyle de yeni bir askeri aklın mücessem ifadesi olarak duruyordu karşımızda."[31]

Etyen Mahçupyan:
"Gerçekten de ilk kez bir Genelkurmay Başkanı demokrasinin, cumhuriyetin temel ilkelerinden biri olduğunu söyledi."[32]

28 Ahmet Kekeç, *Star*, 16 Nisan 2009.
29 Hasan Celal Güzel, *Radikal*, 16 Nisan 2009.
30 Ekrem Dumanlı, *Zaman*, 16 Nisan 2009.
31 Mehmet Metiner, *Star*, 17 Nisan 2009.
32 Etyen Mahçupyan, *Taraf*, 17 Nisan 2009.

İrfan Yıldırım:
"Genelkurmay Başkanı, ordu içi kamuoyu ile ülke ve dünya kamuoyu arasında denge kurarak, orduyu darbecilik batağından kurtarmaya yönelik tavrını devam ettiriyor."[33]

Ali Bayramoğlu:
"Eski asker konuşmalarıyla karşılaştırılacak olursa, demokrasinin değerlerine daha yakın duran bir dil benimseyerek bir imaj tazeleme yoluna girdi. Cemaatlerle ilgili vurgusuyla da gücünün altını çizmeye yönelmiştir, ordu."[34]

Şahin Alpay:
"TSK mensupları seçimle gelmiş, meşru iktidarları şu veya bu şekilde devirmeye kalkışmayacak, hiçbir şekilde yargısız infaz yapmayacak."[35]

Önder Aytaç, Emre Uslu:
"Başbuğ'un en önemli söylemi, PKK ile bile barışa varım ama The Cemaat'i -hukuki yoldan- bitirene kadar da savaş şeklinde özetlenebilir."[36]

Niyazi Öktem:
"Türkiye'de sözde aydın zaten sürekli ordu müdahalesini istemektedir. Başbuğ konuşması bir anlamda onlara da yanıt vermektedir:
Biz artık siyasete karışmayanız.
Evet, Montesquieu bağlamında, kuvvetler ayrılığına dayalı demokrasinin önemini vurguladı. Weber'e yer vermiş olması da, inanç boyutunun ne kadar güçlü bir sosyal olgu olduğunun vurgulanmasıdır. İnanç olgusunun temsilcisi olan

33   İrfan Yıldırım, *Zaman*, 17 Nisan 2009.
34   Ali Bayramoğlu, *Yeni Şafak*, 18 Nisan 2009.
35   Şahin Alpay, *Zaman*, 18 Nisan 2009.
36   Önder Aytaç, Emre Uslu, *Taraf*, 25 Nisan 2009.

cemaatlerin yerine sosyal devleti oturtmak istiyor. Olabilir, ama sosyal devletin güçlü olduğu ülkelerde örneğin İngiltere'de cemaatler hâlâ önemli konumdadır. Yeter ki rejimle ters düşmesinler, ortalığı karıştırmasınlar, manipülasyonlara alet olmasınlar."[37]

Yalçın Akdoğan:
"Başbuğ profesyonel, ciddi, ilkeli, ölçülü karakteriyle kendini işine ve TSK'ya adamış bir vazife ve görev adamı görüntüsü sergilemektedir. Dünya ve Türkiye gerçeklerine teorik ve pratik vukufiyetle yaklaşması, farklı görüşleri dinleme meziyeti, yeniliklere açık yapısı, kurumsal başarıya odaklanan TSK'yı kamuoyu önünde yeni bir imaja taşımaktadır. Genelkurmay Başkanı'nın sergilediği görüntü, dine saygılı, demokrasiye saygılı, topluma saygılı, siyasete saygılı bir ordu imajı üretmektedir. Demokratik rejimin yıpranmasına izin vermemekle eşanlamlı olarak görülmelidir."[38]

14 Nisan 2009 tarihinde yapılan konuşmaya ilişkin işte bazı yorum ve değerlendirmeler böyleydi. Daha sonra ne mi oldu? 26. Genelkurmay Başkanı İlker Başbuğ "Demokrasi düşmanı" ilan edilerek 6 Ocak 2012 tarihinde tutuklandı.

Hakkında hazırlanan 2 Şubat 2012 tarihli iddianamenin kapağında ise şu hususlar yazılıydı:

Suçları:
Silahlı Terör Örgütü Kurma veya Yönetme ve Türkiye Cumhuriyeti Hükümeti'ni Ortadan Kaldırmaya veya Görevini Yapmasını Engellemeye Teşebbüs Etme.

Suç Tarihi:
2009 yılı ve öncesi.

---

37 Niyazi Öktem, *Star Ek*, 26 Nisan 2009.
38 Yalçın Akdoğan, *Star Ek*, 26 Nisan 2009.

Buraya kadar olan bölümde, konuya ilişkin farklı dünya görüşlerine sahip kişilerin yazdıklarına, söylediklerine hiçbir yorum yapılmaksızın aynen yer verilmiştir. Yazıyı, Dan Brown'ın son kitabı *Cehennem*'in giriş bölümünde de yer alan, Şair Dante'nin *İlahi Komedya* adlı eserinden bir alıntıyla bitirelim:

"Cehennemin en karanlık yerleri, buhran zamanlarında tarafsız kalanlara ayrılmıştır."

Olayların, yaşananların yorumu size yani okuyucuya aittir...

SORULMAYAN SON SÖZ!

Aklımın sesi sus, konuşma diyor. Vicdanımın sesi ise, burada bulunan ve bulunmayan arkadaşlarım adına bazı hakikatleri -tekrar bile olsa- söyle diyor.

Bugün mahkemelerde yargılanan ve halen cezaevlerinde tutuklu bulunan 457 emekli ve muvazzaf askeri personel mevcuttur. Ayrıca, çeşitli dava ve soruşturmalarda 2000'e yakın askerin ismi geçmektedir. Bu rakamlar bir gerçeğe işaret etmektedir: Bu mahkemelerde Türk ordusu, yargılanmaktadır. Hele bir de Genelkurmay Başkanını ve neredeyse karargâhının tümünü, Genelkurmay 2. Başkanı, Genelkurmay İstihbarat Başkanı, Genelkurmay Harekât Başkanı, Genelkurmay Genel P. ve P. Bşk, Genelkurmay Mu. ve Elk. Bşk, Genelkurmay Adli Müş. ile Genelkurmay İsth. D. Bşk. nını askeri darbe oluşturmak amacıyla -ki TCK'da böyle bir suç tanımı yok- olmayan internet siteleri üzerinden kara propaganda yaptıklarını ileri sürerek -ki ortada ne site var ne de yapılmış bir tek kara propaganda- terör örgütü yöneticisi olmak ve hükümeti ortadan kaldırmaya teşebbüs etmekle suçlarsanız, bir de "Biz burada Türk ordusunu yargılamıyoruz" derseniz, biliniz ki hiç mi hiç inandırıcı olamazsınız ve bu görüşünüzde ısrar ederseniz de tarihi bir hata yapmanın ötesinde Türk devletinin şanlı tarihine de bugüne kadar görülmemiş bir kara leke sürmüş olursunuz.

Burada, mahkemelerde yargılanan ve tutuklu olan bütün silah arkadaşlarımdan ayrı ayrı söz etmem mümkün değil. Ancak, onların içinde bir grup var ki onların adını burada söylememek haksızlık olur.

Bu devlet onları yetiştirdi.

Bu vatan için, vazifelerini yerine getirmek için ölümlere koştular.

Türk bayrağının namusunu korudular.

Onlar, belki de bu ülkenin kaderini değiştirdiler.

Onlar, Kardak'a Türk bayrağını diken SAT komandolarıdır.

Yaptıklarıyla hepimizin, Türk milletinin göğsünü kabarttılar.

Şimdi ise, Kardak'a Türk bayrağını diken bileklerinde kelepçe var. Bu insanlar hem kahraman hem hain olamazlar. Görün bu gerçeği artık. Meşhur bir söz vardır:

"Başlangıçta yığınakta yapılan hata, daha sonra düzeltilemez, telafi edilemez."

Yığınak toplanma, yığılma ve birleşme anlamına gelir. Mahkemeniz, birbiriyle ilgisiz 23 adet iddianameyi, davayı, bir torba içine yığarak, toplayarak bu davayı içinden çıkılmaz hale getirmiştir. Bunun en vahim ve önemli örneği de Danıştay davasının Ergenekon davası ile birleştirilmesi olmuştur. Ankara 11. Ağır Ceza Mahkemesi, Danıştay cinayeti hakkında hüküm vermiş ve bu davanın Ergenekon davası sanıklarıyla hukuki ve fiili bağlantısının bulunmadığına karar vermiştir. Ancak, Yargıtay 9. Ceza Dairesi, alınan bu kararı bozmuş ve mahkemenizden Danıştay cinayeti ile Ergenekon davası ve sanıkları arasında bir ilişki olup olmadığının araştırılmasını istemiştir. Aslında, ortada hiçbir somut bağlantı yoktur. Ortada sadece ve sadece hakkında 11. Ağır Ceza Mahkemesi tarafından cinayete azmettirmeden dolayı hüküm verilen,

Ergenekon davasında önce sanık, sonra tanık ve daha sonra da gizli tanık olan, gizli tanık ifadesiyle tanık olarak verdiği ifadeyi savcılara göre teyit eden, esas Hakkındaki Mütalaa ile de cinayete azmettirme suçundan beraatı istenen bir kişinin hiçbir zaman doğrulamayan ifadesi vardır. Mahkemeniz de bu ifadeye dayanarak birleştirme kararı almıştır. İşte bu kararla o an "adli yığınakta" en büyük hatayı yaptınız.

Bu karmaşa ve hata içinde, ne şekilde karar verirseniz verin, insanların vicdanları tarafından da aklanan adil ve hukuki bir çözüme ulaşamazsınız. Ve inanıyoruz ki yargılananlar için son sözü, son kararı yüce Türk milleti söyleyecek ve verecektir. Ve Türk milleti yanılmaz. İlahi adaletin varlığını yüreğinde hissedenler ve adaletin er ya da geç, bir gün mutlaka tecelli edeceğine inanlar Yüce Allah'ın "Bir topluluğa karşı duymakta olduğunuz kin sizi adaletten ayırmasın! Hep adaletten yana olun" şeklindeki buyruğuna da uymak zorundadırlar. Her zaman doğruların, hak ve haklının yanında olanların vicdanları rahat olur. Ben öyleyim.

Ve inanıyorum ki hak hiçbir zaman yerde kalmaz!

KARAR TSK'YI TERÖR ÖRGÜTÜ İLAN ETTİ!

İstanbul 13. Ağır Ceza Mahkemesi, sanık yakınlarının ve seyircilerin 5 Ağustos 2013 tarihinde yapılacak karar duruşmasına alınmayacağı yönünde bir karar aldı. Bu kararın duyulması, ülkede zaten mevcut olan gerginliğin daha da artmasına neden oldu. Karar usul yönünden de hatalıydı. Karar açık duruşmada açıklanmalı ve gerekçeleri de kamuoyuna belirtilmeliydi. Ancak bu noktalar mahkeme için önemli değildi.

Duruşma saat 9'da başlayacaktı, fakat öğlen vakti başladı. Salon milletvekilleri, basın mensupları ve avukatlar tarafından doldurulmuştu. Salonda "anormal derecede" emniyet tedbirleri alınmıştı. Avukatlar ile sanıklar arasında jandarma ile adeta etten duvar örülmüştü. Avukatlar, sanıkları görebilmek için sıraların üstüne çıkmıştı. Acaba kendi ülkemizde mi yargılanıyorduk yoksa düşman bir ülkede mahkeme karşısına mı çıkarılmıştık? Yoksa mahkeme bizi düşman olarak mı görüyordu? Özellikle mahkeme, sanıkların yapacaklarını bekliyordu? Tablo gerçekten acı, vicdanları rahatsız etmesinin ötesinde vahimdi.

233

Mahkeme başkanı duruşmayı açtı. Hükmü açıklayacaklarını söyledi. Avukatların sözlerini, çağrılarını dinlemedi, duymadı. Konuşurken sesi gergindi, rahat değildi, endişeli görünüyordu. Sanıklar ise genel olarak rahat ve sakindiler. En azından öyle görünmeye çalışıyorlardı. Bir kısmı kendileri için verilecek karardan emindiler bir kısmı ise belli etmemelerine rağmen verilecek karara ilişkin olumlu ümitler taşıyorlardı. Mahkeme başkanı, kararın ayakta dinleneceğini ancak rahatsız durumda olanların oturabileceklerini söyledi ve kararı okumaya başladı. Salonda büyük bir uğultu vardı. Söylenenler anlaşılmıyordu. Ön sıradakiler oturuyordu. Gerilerde olanların bir kısmı ise okunan kararı işitebilmek için ön sıraya yanaşmış ve orada büyük bir yığılma oluşmuştu. Birisinin elinde de bir Türk bayrağı vardı. Ön sıraya yanaşmış, eliyle kulağına destek sağlayarak hakkında verilen hükmü anlamaya çalışan fakat anlayamadığı veya tam işitemediği için hakkındaki kararın bir defa daha okunmasını isteyen sanıkların olduğunu gördüm. Hüküm açıklama tutanağı, sanık isimlerine dayanılarak harf sırasına göre hazırlanmıştı. Ancak okunma sırası bilerek karıştırılmıştı. İsimler adeta tombala torbasından çekilerek çıkıyordu. Kamuoyunun dikkatini çekebilecek isimler, sonlara bırakılmış ve birbirlerinden ayrılmıştı. Örneğin benim ismim, Mehmet Haberal'dan hemen sonra yani 163. sırada olmasına rağmen daha sonraki sıralara alınmıştı. Sanıkların, isminin ne zaman tombala torbasından çıkacağını beklemesi adeta bir işkenceye dönüştürülmüştü. Bu tablo 21. yüzyıl Türkiye'sini çok gerilere götüren bir şekildeydi. İnsan, asılacak bile olsa bunun bir asaleti, bir kuralı olmalı ve insana gösterilen saygı çerçevesinde yapılması gerekmez miydi?

Hakkında açıklanan kararı, yakınlarımın olmadığı salonda sakin olarak dinledim. Diğer kararların da okunmasını dinlemeye devam ettim. Ancak, ne zaman ki sanık Osman Yıldırım hakkındaki beraat kararları okundu, artık o salonda bulunmanın kendi şahsiyetime hakaret olacağını düşünerek kalktım ve kararı alkışlayarak salonu terk ettim.

Buraya kadar sizlere 5 Ağustos 2013 tarihinde mahkeme salonunda yaşananları, ortaya çıkan çirkin, acı, insafsız, insan haysiyetini yerle bir eden durumu anlatmaya çalıştım. Gelelim açıklanan hükmün yani kararın incelenmesine. Hüküm tutanağında benim için şunlar yazılmıştı:

"Sanık Mehmet İlker Başbuğ hakkında TCK 314/1 ve 312/1 maddeleri gereğince ayrı ayrı cezalandırılması talebi ile kamu davası açılmış ise de, sanığın eylemleri bir bütün halinde TCK 312/1 maddesindeki suçu oluşturduğu anlaşıldığından, sanığın eylemine uyan; cebir ve şiddet kullanarak Türkiye Cumhuriyeti Hükümeti'ni ortadan kaldırmaya veya görevlerini yapmasını kısmen veya tamamen engellemeye teşebbüs etmek suçunu işlemiş olduğu sabit olduğundan, TCK 312/1 maddesi gereğince ağırlaştırılmış müebbet hapis cezası ile cezalandırılması, yargılama sürecindeki tutum ve davranışları nedeniyle, ceza indirimi yapılarak neticeten müebbet hapis cezası ile cezalandırılması..."

TCK 314/1 maddesine göre silahlı terör örgütü kuran veya yöneten kişilerin 10 yıldan 15 yıla kadar hapis cezası ile cezalandırılması gerekmektedir. TCK 312. maddesi ise, hükümete karşı işlenen suçu kapsamakta olup cezası ise ağırlaştırılmış müebbet hapistir. Hakkımda verilen kararda şu söylenmektedir: Mehmet İlker Başbuğ, terör örgütü yöneticisidir. Çünkü terör örgütü yöneticisi suçlaması ile açılan kamu davasının düşmesi için, mahkemenin TCK'nın 314/1 maddesine dayanılarak yapılan atılı suçtan beraat kararı vermesi gerekmekteydi. Ayrıca, terör örgütü yöneticisi, terör örgütü üyesi gibi herhangi bir şekilde iddia edilen yapılanma ile ilişkilendirilemeyen kişilerin Ergenekon davası içinde yer alması söz konusu olamaz. TCK 312/1 maddesindeki suçu işlemiştir. Cezası ise ağırlaştırılmış müebbet hapistir. Yargıtay içtihatları da dikkate alınarak Mehmet İlker Başbuğ terör örgütü yöneticisi olmasına rağmen ayrıca bu suçtan da cezalandırılmasına gerek yoktur.

İnternet Andıcı davası kapsamında sanık yapılan, Genelkurmay Başkanlığı Karargâhı'nda görev yapan diğer silah arkadaşlarımıza yöneltilen suçlamalar ile verilen cezalar ise şöyledir: Genkur 2. Bşk., Hrk. Bşk., Gn. P. P. Bşk. ile iki şube müdürü örgüt yöneticisi olarak kabul edilmişler ve TCK 312/1 maddesi gereğince müebbet hapis cezası ile cezalandırılmışlardır. Gnkur. İsth. Bşk., Mu. ve Elk. Sis. Bşk., Adli Müşaviri, İsth. D. Bşk. ile diğer Şube Müdürleri örgüt üyesi olarak kabul edilmişler ve TCK 314/2. maddesi gereğince 7 yıl 6 ay ile 10 yıl arasında değişen cezalara çarptırılmışlardır.

Görüldüğü gibi Genelkurmay Karargâhı'nda bulunanların bir kısmı terör örgütü yöneticisi, diğerleri ise terör örgütü üyesi durumundadır. Yani Türk Silahlı Kuvvetleri'nin Başkomutanlık Karargâhı bir terör örgütü karargâhıdır. Türk Silahlı Kuvvetleri'nin komutanı ise terör örgütü yöneticisidir. Şimdi burada duralım, nefes alalım ve haklı olarak şu soruları soralım:

– Sayın Başbakan 1 Şubat 2013 tarihinde Habertürk televizyonunda şöyle konuştu:

"Evet, diğer generallerimiz emekli olsun, muvazzaf olsun yani hiçbirine bir defa kalkıp da, yani bir alışılmış anlamda bir 'terör örgütü mensubu' demek bir defa çok çok ciddi bir yanlıştır, yani bu affedilemez. Yani şu an kendileri bulundukları makam itibariyle yani kendilerini sağlamda görseler bile tarih onları affetmez. TSK bir örgüttür ama terör örgütü değildir. Anayasal bir örgüttür."

Oysa 13. Ağır Ceza Mahkemesi, bu konuşmadan neredeyse 6 ay sonra vermiş olduğu kararla Genelkurmay Başkanlığı Karargâhı'nda üst düzey görev yapanların bir bölümünün "terör örgütü üyesi", başta Genelkurmay Başkanı olmak üzere bir bölümün ise "terör örgütü yöneticisi" olduklarına karar verip, kararını açıklamıştır. Bu durumda akla "Yasama organında yani TBMM'de çoğunluğu ellerinde bulunduranlar ama mahkemenin yaptığı bu tarihi hatayı önlemek üzere gerekli yasal düzenlemeleri bugüne kadar yapmayanların ileride de yapmamaları halinde, onlar hakkında ne düşünülecek, neler yazılacaktır?" sorusu gelmektedir. Sayın Prof. Dr. Sami Selçuk 7 Ağustos 2012 tarihli röportajında şunları söylemiştir:

"Genelkurmay Başkanı, Başbakan'a karşı sorumlu. Şimdi siz Genelkurmay Başkanını terör örgütünün başıdır diye tutuklarsanız bunun sadece hukuki değil, siyasal sonuçları da olur. Bir Genelkurmay Başkanının bir örgütün başı olabileceğini benim aklım almıyor. Hukuki olarak sorarsanız, bunun güneşin batıdan doğması kadar doğa dışı bir şey olduğunu düşünüyorum. Daha en yakın arkadaşını değerlendiremeyen birisi Başbakanlık yapamaz."

Sayın Prof. Dr. İzzet Özgenç'in *Suç Örgütleri* kitabında yer alan bir dipnotta ise şunlar yazılıdır:

"Genelkurmay Başkanını terör örgütü yöneticisi olmaktan dolayı asla suçlayamazsınız. Aksi takdirde, Türkiye Cumhuriyeti Devleti'nin ve bu devletin kurum ve kuruluşları arasında uyumlu çalışmayı sağlamakla görevli kamu otoritesinin varlığını inkâr etmiş olursunuz."

İki saygın hukuk adamının değerlendirmeleri böyledir. Genelkurmay Başkanı, Bakanlar Kurulu'nun teklifi üzerine Cumhurbaşkanı tarafından atanmaktadır. 26. Genelkurmay Başkanı'nın atanması teklifini yapan ve onunla çalışan Bakanlar Kurulu üyeleri ile yapılan atama teklifini onaylayarak atamayı gerçekleştiren ve birlikte çalışan Sayın Cumhurbaşkanı'nın, iki saygın hukuk adamının yapmış olduğu bu değerlendirmeler hakkında ne düşündüklerini elbette kamuoyu merak etmektedir.

13. Ağır Ceza Mahkemesi vermiş olduğu bu kararla, 26. Genelkurmay Başkanı ile Genelkurmay Başkanlığı Karargâhı'nın üst kademe yöneticilerini terör örgütü yöneticisi veya terör örgütü üyesi olmakla suçlamış ve cezalandırmıştır. Bu karar tartışmasız şekilde, Türkiye Cumhuriyeti'nin Anayasal bir kuruluşu olan Türk Silahlı

Kuvvetleri'nin Başkomutanlık Karargâhı'nı ve dolayısıyla Türk Silahlı Kuvvetleri'ni yasadışı silahlı bir terör örgütü olarak ilan etmektedir. Aksini düşünmek, konuyu saptırmaya çalışmak ve yalan yanlış, önyargılı yorumlarla savunmaya kalkışmak akıl, mantık dışı olup kamuoyunu da asla tatmin etmez. Unutulmamalıdır ki Genelkurmay Başkanı Türk Silahlı Kuvvetleri'nin komutanıdır. Kurumsal olarak Türk Silahlı Kuvvetleri'ne yöneltilen haksız, asılsız ve ağır saldırılara karşı da kurumunu korumak zorundadır. Bugün, Genelkurmay Başkanlığı makamında oturan komutan, verilen bu kabul edilemez karar karşısında, kurumsal sorumluluğu gereği olarak Sayın Başbakan'ın da kabul etmeyerek tepki gösterdiği bu konuda devam eden sessizliğini sürdürecek midir?

TÜRK MİLLETİNİN GÖNLÜNDEKİ VE YÜREĞİNDEKİ RÜTBELER

Askeri Ceza Kanunu'na göre, Türk Silahlı Kuvvetleri'nden çıkarılma cezasının niteliği, hükümlünün silahlı kuvvetler ile ilişkisinin kesilmesidir. Yani askeri rütbe ve memuriyetin kaybedilmesidir.

Türk Silahlı Kuvvetleri'nde bulunduğu süre boyunca dahi hiçbir zaman rütbe ve makam peşinde olmayanlar, yalnızca devlete, millete ve orduya sadakatle hizmet etmeye çalışanlar için bu kanun hükmünün uygulanmasının hiçbir anlam ve önemi yoktur. Birer emekli asker olarak bugün omuzlarımızda ne rütbe taşıyoruz ne de askeri memuriyete sahibiz. Varsın silahlı kuvvetlerin bugün bizlere sağladığı bazı olanakları da kaybedelim. Üzerinde konuşmaya bile değmez!

Bizim için asıl önemli olan, Türk milletinin gönlünde ve yüreğinde kazandığımız rütbeler ve makamlardır. Bu rütbe ve makamlar da hiçbir mahkeme kararı ile sökülüp geri alınamaz!

26. GENELKURMAY BAŞKANI'NA VE SİLAH ARKADAŞLARINA DARBECİ DİYENLERİ TARİH AFFETMEYECEKTİR!

12 Haziran 2007 tarihinde İstanbul Ümraniye'de bir gecekondunun çatı katında bir sandık el bombası bulundu. İhbar Trabzon'dan gelmişti. İstanbul Emniyeti ihbarı nedense Ümraniye Savcılığı'na değil, Beşiktaş'taki Özel Yetkili Savcılara bildirdi. Ve işte düşlenen "Ergenekon davası" böyle başladı. Savcılara göre ortada silahlı bir terör örgütü vardı. Örgütün amacı da, darbe yapmaktı. Aslında bu davanın sonu baştan belliydi. Sonuca uygun oyun ve oyuncular seçildi. Peş peşe gelen gözaltılar, sorgulamalar, tutuklamalar, havalarda uçan iddialar ve hazırlanan iddianameler neredeyse her gün kamuoyu gündemini işgal etti. Ancak iki yıl sonra bir gün görüldü ki, darbe yapacak örgütün askeri ayağı çok da güçlü değildi! Bir neden yaratılarak bu eksiklik derhal tamamlanmalıydı. Aranan "neden" bulundu. İnternet Andıcı...

İnternet Andıcı soruşturması, ortada birçok savcı varken Ergenekon davasını soruşturan Özel Yetkili Savcıya verildi. Bu durum, İnternet Andıcı soruşturmasının Ergenekon davası torbasına atılacağını gösteriyordu. Böylece 2013 yılına gelindi. Ergenekon davası iddia edilen birbiriyle ilgisiz suç ithamları, suç fiilleri ve bu fiiller etrafında, birbiriyle herhangi bir somut eylemsel bağ kurulamayan, aralarında hiçbir hukuki ilişki bulunmayan insanların bir araya getirildiği, içine atılanın ise bir daha kolaylıkla içinden çıkamayacağı, belki de dünyanın en tuhaf, en haksız, en acımasız ve anlaşılması en güç torba davası haline getirildi.

Savcılar, kişiler arasındaki somut bağı ortaya koymuyor, koyamıyor, ancak hepsinin Ergenekon örgütü içinde olduğunu ileri sürüyorlardı. Herkes, hatta görevi başındaki bir Genelkurmay Başkanı dahi, bir biçimde Ergenekon örgütü tarafından kullanılan bir "araç"tır! Ortada somut hiçbir tespit ve bağ yoktur. Ancak savcılar bir çeşit "genel örgüt tanımı"nı yeterli görmektedirler. Devletin istihbarat birimlerinden hiçbiri, "Ergenekon Terör Örgütü" diye bir örgüt duymamıştır, böyle bir örgütü bilmemektedirler. Oysa savcılar için bu pek de önemli değildir. Artık Türkiye'de yargı neredeyse devlet olmaktadır. Yargı o kadar güçlüdür ve ön plana çıkmaktadır ki 6 Haziran 2012 tarihinde Sayın Başbakan şunları söylemek zorunda kalmıştır:

"Demek ki bu madde, CMK 250. maddesi, haddinden fazla yetki doğuruyor ve adeta biz devlet içinde devletiz havasına sokuyor bu işi. Yani, devlet bilmiyor, ancak devlet içinde devlet olanlar bilebiliyor."*

Bu tespit ile ileriteki süreçte bütün özel yetkili mahkemeler kaldırılıyor, "Balyoz" ve "'Ergenekon" gibi davalara bakmakta olan mahkemeler ise görevlerine devam ettiriliyor. Neden? Gerçekten neden? Yargıda "Devlet içinde devletiz" havasında olanlar

---

* Türkiye Cumhuriyeti Başbakanı Recep Tayyip Erdoğan'ın, 6 Haziran 2012 tarihinde ATV'de katıldığı canlı yayın programında yapmış olduğu değerlendirmelerden alıntıdır. (Y.N.)

var. Bunlar güçlerini nereden almaktadır? Bu şartlarda görevini sürdürmesine müsaade edilen 13. Ağır Ceza Mahkemesi 5 Ağustos 2013 tarihinde Ergenekon davasına ilişkin hükmünü yani kararını açıkladı. Hüküm tutanağında şahsımla ilgili şunlar yazılmıştı;

"Sanık, Mehmet İlker BAŞBUĞ hakkında TCK 314/1 ve 312/1 maddeleri gereğince ayrı ayrı cezalandırılması talebi ile kamu davası açılmış ise de, sanığın eylemleri bir bütün halinde TCK 312/1 maddesindeki suçu oluşturduğu anlaşıldığından, sanığın eylemine uyan; cebir ve şiddet kullanarak Türkiye Cumhuriyeti Hükümeti'ni ortadan kaldırmaya veya görevlerini yapmasını kısmen veya tamamen engellemeye teşebbüs etmek suçunu işlemiş olduğu sabit olduğundan, TCK 312/1 maddesi gereğince ağırlaştırılmış müebbet hapis cezası ile cezalandırılması, yargılama sürecindeki tutum ve davranışları nedeniyle, ceza indirimi yapılarak neticeten müebbet hapis cezası ile cezalandırılması..."

Mahkemenin bu kararını bir kez daha açıklamaya çalışalım:

✓ Mehmet İlker Başbuğ <u>Ergenekon Terör Örgütü yöneticisidir.</u>

✓ Terör örgütü yöneticisi suçlaması ile açılan kamu davası düşmemiştir. Bu suçlamanın düşmesi mahkemenin beraat kararı vermesi ile gerçekleşebilir.

✓ Mehmet İlker Başbuğ, terör örgütü yöneticisi olmasına rağmen, Yargıtay içtihatları dikkate alınarak kendisine ayrıca bu suçtan da ceza verilmemiştir.

Unutulmamalıdır ki terör örgütü yöneticisi veya üyesi gibi, iddia edilen Ergenekon terör örgütü ile herhangi bir şekilde ilişkilendirilemeyen kişileri Ergenekon davası içinde tutamazsınız. Bu diğer bir deyişle "İnternet Andıcı" davasının, Ergenekon davası dosyasından ayrılması demektir. Bu, hiçbir zaman mahkemenin düşünüp, değerlendirip, kabul edebileceği bir durum olmamıştır. Mahkeme vermiş olduğu kararla, bizleri hükümete karşı suç işlemekle itham etmektedir. Hüküm açıklama tutanağı 503 sayfadır. Bütün sanıklar bu hükümle şunları öğrendiler:

✓ Siz TCK'deki şu suçu veya suçları işlediniz.

✓ İşlediğiniz bu suç veya suçlardan dolayı da şu cezaları aldınız.

Peki mahkemenin bu kararlara ulaşmasının gerekçeleri nelerdir? 503 sayfalık tutanakta gerekçelere ilişkin bir kelime bile yoktur. Harp Akademilerinde öğrencilere taktik meseleler üzerinde çalışırlarken önce karar verip sonra gerekçelerini yazmalarının son derece yanlış olduğu öğretilmektedir. Başta Türkiye'deki hukuk fakültelerinin dekanları olmak üzere, tüm değerli hukuk adamlarının bu konuyu değerlendirip, konu üzerinde tartışacaklarını umuyorum. Ceza Muhakemeleri Kanunu'nun 231. maddesine göre "Duruşma tutanağına geçirilen hüküm fıkrası okunarak, GEREKÇESİ ANA ÇİZGİLERİYLE anlatılmalıdır", hüküm buna amirdir. Bu maddeye göre gerekçenin bütünüyle değil, ana çizgileriyle anlatılması gerekmektedir. Bu madde uygulanmamıştır. Müebbet hapis cezasına çarptırılan kişiler, bunun gerekçelerini, ana çizgileriyle de olsa bilmemektedir. Acaba hâkimler bizim Harp Akademilerinde yapılmamasını istediğimiz şekilde, önce karar vermişler, şimdi de gerekçelerini yazmakla mı meşgullerdir? Muhtemelen hâkimlerin karar şablonu şöyleydi: Kimilerine ağır cezalar, kimilerine ise hafif cezalar verilecektir. Ağır ceza verilecekler, terör örgütü yöneticisi olarak değerlendirilecek, hükümete karşı suç işlemekle suçlanacaktır. Diğerleri ise terör örgütü üyesi olarak değerlendirilecek, üyelikten suçlanacaklardır. Örgütte yönetici veya üye olmanın kriterleri nelerdir? Herhalde gerekçede açıklanır...

Diğer yandan mahkemenin yedek hâkimlerinden biri* 10 Ağustos 2013 tarihinde *Milliyet* gazetesine yaptığı ilginç açıklamada müzakere sürecine katıldıklarını ve yedek hâkimler olarak

---

* Ergenekon davasının karar aşamasında yapılan müzakere sürecinde yer alan yedek hâkimlerden Mehmet Fatih Uslu ve Ercan Fırat, 10 Ağustos 2013 tarihinde *Milliyet* gazetesine karara ilişkin değerlendirmelerde bulunmuşlardır. (Y.N.)

gerekçeye dönük olarak çalıştıklarını söylemiştir. Bu açıklamadan iki nokta anlaşılmaktadır. Yedek hâkimler Ceza Muhakemesi Kanunu'nun 227. maddesini kesinlikle ihlal ederek müzakerelere katılmış ve gerekçelerin yazılması üzerinde çalışmışlardır. Hâkimler arasında "çok güzel" bir iş bölümü yapılmış gibi gözüküyor. Bu durumun, hukuk devletinde kabul edilmesi mümkün müdür? Hemen her zaman olduğu gibi, bu "çok açık" kural ihlalini de savunmaktan çekinmeyenler ortaya çıkıveriyor. Davaların başlangıcından bu yana ekranlarda boy gösteren ve "çok bilen" bir isim "Özel yetkili mahkemelerde üyelerin müzakereye katılıp katılmama durumunun takdiri mahkeme başkanına aittir" diyor. O zaman tutanakta bu hâkimlerin isimlerinin de yazılması gerekmez mi? Bu yorumu yapan, hüküm tutanağına bakarsa tutanakta sadece üç hâkimin adının yazıldığını görecektir. Hüküm tutanağında gerekçeler görülmemektedir. Ceza Muhakemesi Kanunu'nun 232. maddesine göre, mahkeme, hükmün tam gerekçesini 15 gün içinde dava dosyasına koymakla yükümlüdür. Ancak Türkiye'de özellikle usule yönelik amir hükümler sadece yazılmakla kalındığı için, genellikle gerekçenin sunulması ayları almaktadır. Bazıları bu hususu önemli görmeyebilir. Ancak, bu uygulama ile dava dosyasının Yargıtay'da ele alınması aylarca geciktirilmekte, belki de sanıkların lehine olabilecek durumların öncelikle gerçekleştirilmesi de engellenmektedir. Mahkemenin yazacağı gerekçe de, büyük bir ihtimalle savcıların mahkemeye sunduğu esas hakkındaki mütalaa ile örtüşecektir. Büyük farklar beklenmemelidir. Mütalaada da mahkemenin kararı, bizleri hükümetin görevlerini yapmasına engel olmaya teşebbüs etmekle suçlamaktadır. Nasıl mı? Devlet yöneticileri üzerinde baskı oluşturmaya çalışarak. Bunu nasıl mı yaptık? Savcılara göre esas itibariyle iki şey yapmıştık:

✓ Birincisi, internet siteleri üzerinden kara propaganda ve dezenformasyon faaliyetleri icra ettik.

✓ İkincisi ise, Ergenekon Terör Örgütüne yönelik soruşturma ve kovuşturmaları etkileme amacıyla, alenen sözlü ve yazılı beyanlarda bulunduk.

Bunlar iddialardır. Peki ya gerçekler ne söylüyor? Mütalaanın içinde, Ağustos 2008-Ağustos 2010 dönemine ilişkin internet üzerinden yapıldığı tespit edilen tek bir kara propaganda veya dezenformasyon faaliyeti yoktur. Olamaz çünkü Eylül 2008'de Bilgi Destek Dairesi'nin lağvedilmesi direktifi verilmiştir. Ağustos 2008'den önce açılmış olan siteler de Şubat 2009'da kapatılmıştır. İnternet Andıcı ile kurulması planlanan dört adet siteye ilişkin hazırlık çalışmalarına da Haziran 2009'da son verilmiştir. İnternet sitelerinin olmadığı bir ortamda internet üzerinden kara propaganda ve dezenformasyon faaliyetleri nasıl yapılabilir? Fakat çok açık olan bu gerçek göz ardı edilmektedir. Suçlama için bir neden bulunmalıdır. Aranan "neden" bulunmuştur: İnternet Andıcı...

İnternet Andıcı, yasal, hiçbir suç unsurunu içinde bulundurmayan, tamamlanmamış bir karargâh çalışmasıdır. İki sayfadır. Zaten çok kimse de, bu iki sayfalık andıcı okuyup gerçeği öğrenme zahmetine bile girmez. Maalesef gerçekte böyle yaşanmaktadır.

Sözlü veya yazılı beyanlara gelince; bu konuşmalarda öncelikle hükümet aleyhine söylenmiş bir tek söz bile yoktur. Konuşmaların bütününe dikkatle bakılırsa da, yargılamaları etkilemeye çalışıldığı kanaatine ulaşmak da mümkün değildir. İleri sürülen iddiaların kamuoyunun gözünde değer kaybetmesi üzerine de son bir çare olarak iddia sahipleri ve onun savunucuları, iddia edilen "İrtica ile Mücadele Eylem Planı"na dört elle sarılmaya başlamışlardır.

Anılan Plan 7 Haziran 2009 tarihinde bir ofiste bulundu. Bulunan bir fotokopi idi. Kolay bulunabilecek bir şekilde masanın üzerindeydi. Üzerinde herhangi bir tarih bulunmuyordu. 12 Haziran 2009 tarihinde de bu konu basında yer aldı. Ondan sonra yaşananlar şöyle gelişti:

✓ Aynı gün Genelkurmay Askeri Savcılığı'na soruşturma açılması emri verildi. İddia edilen planın Genelkurmay Karargâhı'nda hazırlanıp hazırlanmadığı bilgisayar kayıtlarının temizlenip temizlenmediği, delillerin karartılıp karartılmadığının ortaya çıkarılması istenildi. Bu aslında bir ilkti. Doğrudan askeri soruşturma yolu tercih edilmişti.

✓ Askeri Savcılık 6 general, 32 subay, 2 astsubay, 13 sivil memur ve 6 erin şüpheli veya tanık olarak ifadesini aldı.

✓ Soruşturma neticesinde, savcılık böyle bir planın, Genelkurmay Bilgi Destek Dairesi'nde hazırlanmadığı sonucuna vardı. Bu sonuca şüphe ile bakmak ağır bir bühtandır.

✓ Daha sonra, Bilgi Destek Dairesi'nin yaklaşık üç milyona yakın belgesini inceleyen 13. Ağır Ceza Mahkemesi Naip Hâkimi de iddia edilen İrtica ile Mücadele Eylem Planı'nın bulunamadığını hazırladığı rapora yazdı.

✓ Gölcük'te yapılan aramada "Proje" adlı bir dijital veri, 6 Aralık 2010 tarihinde bulundu. Donanma Komutanlığı bilirkişi raporuna göre bu dijital verinin oluşturma tarihi 15 Temmuz 2009, son kaydetme tarihi ise 22 Mart 2009'du. Bilirkişi raporuna göre tüm veriler manipülatif amaçlı olarak başka bir bilgisayarda oluşturularak yerleştirilmişti.

İddia ise son kaydetme tarihinin 21 Mart 2009 günü olduğuna dayanıyordu. Ancak, ne gariptir ki bu dijital veriyi hazırladığı ileri sürülen kişi de o gün, o saat ve dakikada ABD ile ortak işletilmekte olan karargâhta bulunuyordu ve işlemi orada yapması da mümkün değildi. Proje adlı dijital veriyle iki şey iddia ediliyordu: Birincisi, iddia edilen İrtica ile Mücadele Eylem Planı bu "proje" adlı dijital veriye dayanıyordu. İkincisi ise, bu konu "Gnkur. Bşk.'na arz" edilen konular içindeydi. Ortada hiçbir somut delil yahut belge olmamasına rağmen, sadece sahte bir dijital veriden hareket edilerek iddia edilen planın, Genelkurmay Başkanının bilgisi dahilinde Genelkurmay Karargâhı'nda hazırlandığını ileri sürmek büyük bir haksızlık ve hukuki açıdan da kabul edilemez bir durumdur. Demokrasiye, asker-sivil ilişkilerine yaklaşımı, dünya görüşü, iç ve dış olaylara bakışı bilinen, iddia edilen "İrtica ile Mücadele Eylem Planı"nın basında yer alması üzerine tereddüt etmeden soruşturma açtıran, daha sonra ortaya çıkan ıslak imzayı Jandarma Kriminal'a gönderen bir kişinin ve karargâhının, üzerinde tarih bulunmayan bir ihbar mektubuna dayanılarak, iddia konusu edilen planın Nisan 2009'da hazırlandığı kabul edilerek ve üretilmiş bir dijital veriye dayandırılarak ilişkilendirilmeye çalışılması her şeyden önce bizlere yöneltilen bir hakarettir ve asla kabul edilemez bir durumdur. Son günlerde çaresizlik içine düşen bazı çevreler de şahsımı 28 Şubat süreci ile ilişkilendirmeye çalışmaktadırlar. Yalan ve dolanla haber üreten bu şahıslar biraz araştırsalar şahsımın,

✓ **1995-1997 yılları arasında yurtdışı** görevinde,

✓ **1997-1999 yılları arasında da 2. Kolordu Komutanlığı** görevinde bulunduğumu öğrenebilirlerdi.

Tarih, bizlere asılsız ve haksız iddialara dayanarak "darbeci" damgasını vurmaya çalışanları en az, bizlere "terörist" demekten çekinmeyenleri andığı kadar lanetle anacaktır.

248

30 AĞUSTOS 2013, ZAFER BAYRAMI MESAJI

Gazi Mustafa Kemal Paşa "Büyük Taarruzun" başlayacağını Ankara'ya gönderdiği mesajla şöyle bildirmişti: "Batı cephesindeki ordularımız, Allah tarafından gösterilen doğru yola dayanarak Ağustos'un yirmi altıncı cumartesi günü düşmana taarruza başlayacaktır."

26 Ağustos 1922 tarihinde başlayan Büyük Taarruz, kahraman Türk ordusunun 9 Eylül 1922 tarihinde İzmir'i düşman işgalinden kurtarmasıyla hedefine ulaşmıştır. Türk ordusunun kazandığı bu büyük zafer, bağımsız ve modern Türkiye'nin doğuşunun müjdecisi olmuştur adeta.

Türk askeri, gerek duyulduğu an ülkesinin düşmanları ile savaşmak ve vatanı, milleti uğrunda canını feda etmek üzere yetiştirmiş, eğitilmiştir. Vatanı ve milleti için şehit olmak, Türk askeri için en büyük şereftir. Türk subayı için, şehitlikten sonra, orduda ulaşılabilecek en yüksek rütbe ise orgeneral ve oramiralliktir. Bugün 30 Ağustos 2013'tür. Büyük Taarruzun 91. yıldönümü. Bugün, Türk ordusunun yetiştirdiği ve ülkesine, milletine uzun yıllar hizmet etmiş başta 18 orgeneral/oramiral olmak üzere yüzlerce general/amiral, subay, astsubay ile sivil memur cezaevlerindedir. 18 orgeneral ve oramiralin isimleri ve bulundukları son görevler ise şöyledir:

1. Em. Org. Hikmet Köksal (K.K.K.)
2. Em. Org. Ahmet Çörekçi (Hv. K.K.)
3. Em. Org. İlhan Kılıç (Hv. K.K.)
4. Em. Org. Teoman Koman (J. Gn. K.)
5. Em. Org. Çevik Bir (1. Ordu K.)
6. Em. Org. Çetin Doğan (1. Ordu K.)
7. Em. Org. Tuncer Kılınç (MGK Gn. Sek.)
8. Em. Org. Bülent Alpkaya (Dz. K.K.)
9. Em. Org. Özden Örnek (Dz. K.K.)
10. Em. Org. İbrahim Fırtına (Hv. K.K.)
11. Em. Org. İlker Başbuğ (Gnkur. Bşk.)
12. Em. Org. Hurşit Tolon (1. Ordu K.)
13. Em. Org. Fevzi Türkeri (Jn. Gn. K.)
14. Em. Org. Orhan Yöney (K.K. EDOK K.)
15. Em. Org. Şükrü Sarıışık (Ege Ordu K.)
16. Em. Org. Hasan Iğsız (1. Ordu K.)
17. Em. Org. Nusret Taşdeler (K.K. EDOK K.)
18. Em. Org. Bilgin Balanlı (Harp Ak. K.)

Büyük Taarruzun 91. yıldönümü milletimize kutlu olsun.

OYUN

Tuncay Güney Ergenekon davasını şu şekilde tanımladı:
"Bir oyun ve bu oyunda herkes üstüne düşeni yapar."
Bu oyun nasıl başladı? Birinci perdesi nasıl bitti? Aslında bu
sorulara verilecek cevaplar Ergenekon davasının ne olduğunu
açıkça ortaya koyacaktır. Tuncay Güney 1 Mart 2001 tarihinde gö-
zaltına alındı. Evi arandı. Evinde bulunanlar arasında "Ergene-
kon Lobi" belgesi de vardı.

"Ergenekon Lobi" belgesi, 12 Mayıs 2001 tarihinde, *Aksiyon*
dergisinde şu başlıkla yayımlandı:
"Yeniden Yapılanmanın Aktörü: Ergenekon"
Aksiyon dergisi bu belgeye nasıl ulaştı?
Beş yıl geçti. 12 Temmuz 2006'da, e-posta ile "Piyade Kurmay
Yarbay" adıyla gönderilen ihbar mektubu, Ergenekon soruştur-
masının başlatılmasına neden oldu. Neden beş sene beklendi?
Piyade Kurmay Yarbay nerede? Ne arandı ne de bulundu. Tun-
cay Güney'de ele geçirilen belge 13 sayfaydı. *Aksiyon* dergisinde
yayımlanan ise 19 sayfaydı. Asıl önemlisi, Tuncay Güney'de ele

geçirilen belgede bulunmayan bazı hususlar, *Aksiyon* dergisinde yayımlandı. Ve şu cümle özellikle dikkat çekiciydi:

"TSK bünyesinde faaliyet gösteren Ergenekon'a bağlı olarak ..."

Yani gizli bir el, belgeye ilaveler yapmıştı. İlavelerden de, TSK'nın Ergenekon davasında hedef alınacağı açık şekilde görülüyordu. Ergenekon davası işte böyle karmaşık bir şekilde başladı. Gittikçe de içinden çıkılamayacak şekilde karmaşık ve anlaşılamaz hale getirildi. Karanlık olayları aydınlatması, "derin devleti" ortaya çıkarması beklenen Ergenekon davası, ilgisiz 23 iddianamenin birleştirilmesi, "devlet içinde devlet" tavırlarının sergilenmesi, hukuk cinayetlerinin işlenmesi ile aslında hiçbir zaman karanlık olayları aydınlatma gayesinde olmadığını, gerek yargılama sürecinde gerekse 5 Ağustos 2013 tarihinde açıklanan kararıyla gösterdi. Oyunun birinci perdesi, böylece 5 Ağustos 2013 tarihinde kapandı. Nasıl mı?

Mahkemenin o gün açıkladığı karar ile, Danıştay Başkanlığındaki görevi başında Sayın Mustafa Yücel Özbilgin'in şehit edilmesinde azmettirici rolü oynadığı, ağır ceza mahkemesi tarafından hükme bağlanan kişinin beraat ettirilmesi, 21. yüzyıl Türkiye'sinin tarihine kara bir leke olarak geçti. Bu durum, Türk milletinin büyük çoğunluğu tarafından kabul görmedi. Gezici araştırma şirketinin yaptığı araştırmada, kişilere yöneltilen sorulardan birisi şöyleydi:

"Ergenekon davası kapsamında müebbet hapis cezasına çarptırılan Genelkurmay eski Başkanı Org. İlker Başbuğ'un ceza almasını nasıl yorumluyorsunuz?"

Sonuç şöyleydi:

"Hayır, yanlış buluyorum" diyenlerin oranı yüzde 67,8 idi. Bu cevap, Türk milletinin yüzde 70'e varan çoğunluğunun, 26. Genelkurmay Başkanı'na terör örgütü yöneticisi ve darbeci denilmesini vicdanen ve aklen kabul etmediğini gösteriyordu. Toplum, Genelkurmay Başkanına ve dolayısıyla TSK'ye yönelik kini ve düşmanlığı açık olarak söylemek yerine, ortaya uyduruk "İnternet Andıcı" davasının konulduğunun farkındaydı. Kendi döneminde, Genelkurmay internet sitelerinin hiçbirinde hükümeti hedef alan bir kara propagandanın yer almadığı, aksine önceden var olan sitelerin kapattırıldığını neredeyse herkes anlamıştı.

İddia edilen İrtica ile Mücadele Eylem Planı için de aynı durum söz konusudur. Hemen soruşturma açılmıştır. Bilgisayarlara el konulmuştur. İddia edilen planın izine rastlanılamamıştır. Nitekim 13. Ağır Ceza Mahkemesi Naip Hâkimi de aynı sonuca ulaşmıştır. Ortada yalnızca maniple edilmiş, çürük bir dijital veri vardır. Toplum bunun da farkındadır. Darbeye teşebbüsle suçlanıyoruz. Mağdur durumunda bulunan hükümetin başkanı ise şunları söylüyor:

"Silahlı kuvvetlerle münasebetlerimiz, Başbuğ Paşa'yla da iyi yürüdü."

Görüldüğü gibi mahkemenin kararı böyle. Mağdur durumunda bulunan ise farklı şeyler söylüyor.

MAHPUSHANE VUKUATI

"Cümle âlem malumat sahibi olmalı ki, cümleten mahpushanede mahpus edilerek mağduriyete maruz bırakıldık." 20. yüzyılın başında, bugün yaşamakta olduklarımızı anlatmak isteseydik, herhalde böyle derdik. Bugün 21. yüzyılın başındayız. Yüz yıl geçmiş. Bugün bizim yaşadıklarımızı dün başkaları da yaşadı. Onları tam anlayabildik mi? Yaşadıklarımızı, bugünün diliyle ifade edelim. Bütün dünya bilmeli ki, bizler hapishanelerde, haksız yere tutsak edilerek zor durumda bırakıldık, mağdur edildik. Mağdur olmak, haksızlığa uğratılarak zor durumda bırakılmak demektir. Mağdur edilenler sadece hapishanelerde bulunanlar değildir. En büyük mağduriyeti, onların eşleri ve çocukları başta olmak üzere yakın aile bireyleri ve sevenleri yaşamaktadır. Sevdiklerinden ayrı bırakılmak, hayatın güzelliklerini paylaşamamak insanlara verilen en büyük cezadır. Ancak, herkesi ayakta tutan duygu ve düşünce, ortada büyük bir haksızlığın olduğu ve bu haksızlığın bir gün mutlaka sona ereceğidir.

Hapishane hayatı elbette zordur. İşte hapishane hayatından bazı notlar:

✓ Hapishane hayatı ayrılık demektir. Özgürlüğünüzün elinizden alınması demektir. Ancak düşünce özgürlüğü sizinle beraberdir. Düşünce özgürlüğünüzü hiçbir güç elinizden alamaz.

✓ Hapishanede en önemli husus fiziki ve ruhsal sağlığın korunmasıdır. Aksi takdirde, buradaki yaşam çok zorlaşır.

✓ Ruhsal sağlığınız için kendinizi dava, televizyon ve gazete üçgenine hapsetmeyeceksiniz. Her gün davayla ilgili hususları düşünmek, özellikle haber kanallarındaki tartışma programlarını izlemek ve bütün gazeteleri ciddiye alarak saatler boyunca okumaya çalışmak bize göre ruhsal sağlığınız için zararlıdır.

✓ Mutlaka bu dar üçgenin dışına çıkmalısınız. İlginizi çeken farklı konulardaki kitapları okumak yapılacak ilk şeydir.

✓ Eğer okumanın yanında, yazma uğraşınız da varsa bu belki de hapishanede yapılabilecek ve size en büyük özgürlük alanını açabilecek, mükemmel bir faaliyettir. Sadece hapishanede de değil, yaşamda yazmanın yerini doldurabilecek bir faaliyet düşünemiyorum.

Hapishanede sizin için diğer önemli bir husus da size gönderilen mektuplar, iletilen mesajlardır. Binlerce mektup, binlerce mesaj... Bunlar size büyük bir güç vermektedir. İmkân olsa da hepsine ayrı ayrı cevap verebilseniz. Gelen mektup ve mesajlardan kitap oluşturulabilir. Gelen mektuplardan biri, alışılmadık şekilde A3 boyutunda bir kâğıda yazılmıştı. Mektubu gönderen A3 kâğıdına yazmanın kendisine büyük bir özgürlük kazandırdığına inanıyordu.

Koğuşa altı adet günlük gazete alıyoruz. Okuyan, araştıran, düşünen, önyargısız olan ve her şeyden önce de "bağımsız" olarak düşündüklerini kâğıda dökebilen gazetelerdeki yazar sayısı o kadar az ki, bu da gazetelere olan ilgimizin azalmasına neden oluyor.

Mahpushanede tecrit edilenlerin ekseriyeti, bugün sakalları ağarmış olan mahpuslardır. Yani hapishanelerde soyutlanarak hapsedilenlerin büyük çoğunluğunun bugün sakalları da ağarmaktadır. 637 gündür haksız ve asılsız iddialarla hapishanede tutulmaktayım. Sakalları ağaranların yaşamlarının son döneminden çalınan günlerin hesabını kim verecektir?

AKLIMA MUKAYYET OL

Türkiye'de inanılmaz olaylar yaşanıyor. Yaşanan olaylar karşısında, insanların akıl sağlığını koruyabilmeleri gerçekten çok zor. Prof. Dr. Sayın Sami Selçuk bir konuşmasında şöyle diyor: "Bir Genelkurmay Başkanının bir örgütün başı olabileceğini benim aklım almıyor. Hukuki olarak sorarsanız, bunun güneşin batıdan doğması kadar doğadışı bir şey olduğunu düşünüyorum."

Prof. Dr. Sayın İzzet Özgenç ise kitabı *Suç Örgütleri*'nde yer alan bir dipnotta şunları söylüyor:

"Türkiye'de Genelkurmay Başkanlığı görevini yapmış ve görevden yaş haddinden emekli olarak ayrılmış olan bir kişinin, görevi başındayken terör örgütü yöneticisi olarak faaliyet icra ettiğini iddia etmek bir akıl tutulmasının yansımasıdır."

Sayın Sami Selçuk böyle bir iddiayı benim aklım almıyor derken, Sayın Özgenç de böyle bir iddiayı ileri sürenlerin ve bu iddiayı kabul edenlerin bir akıl tutulması yaşadıklarını söylemektedir. Türkiye'deki bir ağır ceza mahkemesi, İstanbul 13. Ağır Ceza Mahkemesi ise birçok hukuksuzluğun yanında iki seçkin hukuk adamının sözlerine de kulaklarını tıkayarak 5 Ağustos 2013 tarihinde açıkladığı karar ile Türkiye'nin 26. Genelkurmay Başkanı hakkında aşağıdaki hükmü verdi:

"Sanık Mehmet İlker BAŞBUĞ hakkında TCK 314/1 ve 312/1 maddeleri gereğince ayrı ayrı cezalandırılması talebi ile kamu davası açılmış ise de, sanığın eylemleri bir bütün halinde TCK 312/1 maddesindeki suçu oluşturduğu anlaşıldığından, neticeten müebbet hapis cezası ile cezalandırılması ..."

Bu karar ile, terör örgütü yöneticisi suçlamasıyla açılan kamu davası düşmemiştir. Bu durum ancak suçlamadan dolayı mahkemenin beraat kararı vermesi ile gerçekleşebilir. Sadece Yargıtay içtihatları çerçevesinde terör örgütü yöneticisi olmaktan ayrıca ceza verilmemiştir. Peki, mahkemenin verdiği bu karar hangi gerekçelere dayanmaktadır? Bilmiyoruz, çünkü hüküm tutanağında gerekçelere ilişkin bir kelime bile yoktur. Yasalara göre mahkeme, hükmün gerekçesini 15 gün içinde dava dosyasına koymakla yükümlüdür. Mahkemenin karar vermesinin üzerinden iki ay geçti. Daha kaç ay geçecek bilmiyoruz. Burası Türkiye! İnsanların haksız ve gereksiz yere cezaevlerinde tutulmasının ne mahsuru olabilir ki! Herhalde hâkimler önce karar verdiler, şimdi de verdikleri bu kararın gerekçelerini yazmak üzere yoğun şekilde meşgul olmalılar!

İşin ilginç yönü, savcılar mütalaalarında terör örgütünün varlığına ve terör örgütü yöneticilerinin ve üyelerinin, varlığını ileri sürdükleri bir örgüte nasıl yönetici veya üye olduklarına ilişkin somut deliller ortaya koyamadılar. Duruşma tutanakları, savunmalar ve mütalaa ortada iken, mahkeme kovuşturma esnasında ortaya konulamayan somut delilleri gerekçeli kararda nasıl gösterecektir? Büyük bir olasılıkla gerekçeli karar savcıların hazırladığı mütalaaya dayandırılacaktır. Savcılar mütalaada "genel örgüt tanımı" ile "Ergenekon Terör Örgütü vardır" dediler ancak, örgüt içinde yer aldığını iddia ettikleri kişiler arasında da inandırıcı, kabul edilebilecek hiçbir somut bağ ortaya koyamadılar. Bu nedenle "Ergenekon Terör Örgütü vardır ve bu kişiler de bu örgüte mensuplardır" denmesi, sadece ve sadece bir varsayımdır. Hukukta da varsayımların yeri yoktur. Ama burası Türkiye!

İnsanın aklını karıştıran bir diğer nokta ise, terör örgütlerinin var olup olmadığının ortaya çıkarılması mahkemelerin işi midir yoksa devletin istihbarat birimlerinin mi? Bakınız... Devletin istihbarat birimlerinden hiçbiri mahkemeye "Ergenekon Terör Örgütü diye bir örgütü tespit ettik, böyle bir örgütü biliyoruz" şeklinde bilgi sunmadı. Bunlar dikkate alındı mı? Hayır. Çünkü burası Türkiye!

Bütün bu yaşananlar yetmezmiş gibi Türkiye'deki bir sulh ceza mahkemesi, Yalova 2. Sulh Ceza Mahkemesi, 1 Ekim 2013 tarihinde bir karara imza atıverdi. Sulh Ceza Mahkemesi, 23 Ocak 2012 tarihinde, yani bizim tutuklanmamızdan 17 gün sonra oturduğu apartmanın duyuru panosuna elyazısıyla "Ergenekon ve PKK Terör Örgütü lideri Genelkurmay Başkanı Orgeneral Emekli İlker Başbuğ" yazan kişi hakkında, TCK'nın 125. maddesi uyarınca "hakaret" suçu işlediği kararını verdi. Verdiği kararın açıklanmasının da geri bırakılmasına yer olmadığına "ayrıca" karar verdi.

Şimdi aklınız iyice karıştı değil mi? Benim de öyle... Yalova 2. Sulh Ceza Mahkemesi, dikkat edilirse bu kararını 13. Ağır Ceza Mahkemesi'nin 5 Ağustos 2013 tarihinde açıklanan kararından sonraki bir tarihte, yani 1 Ekim 2013 tarihinde vermiştir. Türkiye'de bir ağır ceza mahkemesi, hukuk normlarını altüst ederek değerli hukukçuların bile aklının alamayacağı şekilde, üstelik hiçbir somut delile dayanmadan bir Genelkurmay Başkanının "terör örgütü yöneticisi" olduğuna karar verirken, Türkiye'de bir sulh ceza mahkemesi, aynı Genelkurmay Başkanına "terör örgütü lideri" denilmesini hakaret suçu olarak kabul etmiştir. Eğer ülkemizde hâlâ aklı başında olan insanlar kalmışsa, yaşanılan bu ve benzeri olaylar karşısında onların yapacağı tek şey, "Allah'ım, ne olur aklıma mukayyet ol (aklımı koru)" demek olmalıdır.

Bugün ülkemizin içinde bulunduğu durum, hepimizin içinde bulunduğu durumdan daha önemli görünse de artık "Burası Türkiye..." demeyin. Adalet bir ülkenin her şeyidir. Adaletin olmadığı bir yerde, diğer şeylerin var olmasının hiçbir anlamı yoktur. Bu hafta, Türk yargısının kendisini test etme haftası olarak tarihteki yerini alacaktır!

BALYOZ!

Yargıtay 9. Ceza Dairesi, 9 Ekim 2013 tarihinde Balyoz davasına ilişkin almış olduğu kararı açıkladı.

Bu karar, Türkiye'de olduğu kadar yurtdışında da uzun süre tartışılacaktır. Daha önce de belirttiğim gibi Balyoz adı verilen dava kullanılarak Türk Silahlı Kuvvetleri'nden çok sayıda askeri personelin tasfiye edilmesini bir tesadüf olarak görmüyorum. Bu tasfiye ile bugünün ve yarının komuta kademelerinde yer alabilecek niteliklere sahip personel ordudan uzaklaştırılmıştır. Türk ordusunun zayıflatılması Türkiye Cumhuriyeti'nin bekasını ilgilendiren bir sorundur.

KURBAN BAYRAMI MESAJI

Bugün, toplumumuzun barış ve esenliğe dünden daha fazla ihtiyacı vardır. Çünkü kültürel farklılıklar, çeşitli nedenlerle insanların emeklerinin karşılığını tam olarak alamamaları ve özellikle son yıllarda yargı alanında yaşatılan zulümler ve birtakım hakların çiğnenmesi toplumumuzun zihniyeti ve davranışları ile birbirlerini dışlayan parçalara bölündüğünü göstermektedir. Gün geçtikçe de bu bölünmüşlük derinleşmektedir. Buna karşın, barış ve esenlik için değer üretmek, insanlığa hizmet etmektir. Yargı alanında haksızlıklara ve zulme uğrayanların sesine, toplumun bütün kesimleri duyarlı olmalıdır. Toplumumuzun ihtiyaç duyduğu barış ve esenlik bunu zorunlu kılmaktadır. Ayrıca, unutulmasın ki yüce Allah, "Haksızlığa ve zulme uğradıktan sonra kendilerini savunanlar kınanmaz ve böyleleri aleyhinde bulunulmaz" diye buyurmuştur.

Dini bayramların bir amacı da, toplumdaki barış ve esenlik duygularını pekiştirmek, bölünmüşlüğü azaltmak ve böylece toplumun birlik ve bütünlüğünü güçlendirmektir. Bu temennilerle herkesin kurban bayramını kutlar, barış ve esenlikler dilerim.

29 EKİM 2013, CUMHURİYET BAYRAMI MESAJI

Bugün Cumhuriyet'in 90. yıldönümünü kutluyoruz.

Kurtuluş Savaşı'nı kazanan ve Cumhuriyet'i kuran başta Gazi Mustafa Kemal Atatürk ve onun silah arkadaşları olmak üzere ebediyete intikal etmiş bütün şehitlerimizi ve gazilerimizi rahmetle anar, aziz hatıraları önünde saygı ve şükranla eğiliriz.

Atatürk'ü sadece kalplerimizde bir hatıra gibi değil, bugün de düşüncelerimize yön veren bir canlı gerçek olarak yaşatmaya dünden daha fazla ihtiyacımız vardır. Atatürk, 10. Yıl Nutku'nda **milli kültür, milli birlik ve milli ülkü** için neler söylemişti, hatırlayalım:

"Milli kültürümüzü muasır (çağdaş) medeniyet (uygarlık) seviyesinin üstüne çıkaracağız."

"Milli birlik duygusunu devamlı ve her türlü vasıta ve tedbirlerle besleyerek geliştirmek, **milli ülkümüzdür."**

Bugün Cumhuriyet'in 90. yıldönümünü kutluyoruz. Milli kültürümüzün, çağdaş uygarlık seviyesinin üstüne çıkarılmasını öngören Atatürk'ün koymuş olduğu hedefin neresindeyiz? Milli kültür ortak değerlere dayanır. Bunun yanında, bir ülkede kültürel farklılıkların olması da doğaldır ve buna saygı gösterilmelidir. Ancak, kabul edilemeyecek olan, çeşitli nedenlere dayandırılan kültürel farklılıkların her türlü vasıta ve tedbirlerle beslenerek milli kültürün önüne geçmesine olanaklar sağlanmasıdır. Bu durum milli birlik duygusunun geliştirilmesine değil, ülke içindeki bölünmüşlük duygusunun gelişmesine yol açar ki, sonuçları o ülke için bir beka sorununa dönüşebilir.

Çare mi? Çare ve çözüm, yine Atatürk'ün 10. Yıl Nutku'nda mevcuttur:

"Türk milleti **milli birlik** ve beraberlikle güçlükleri yenmesini bilmiştir."

HER YER "KARA PROPAGANDA"

Karanlık olayları aydınlatması, "derin devleti" ortaya çıkarması beklentisi yaratılan Ergenekon davası, ilgisiz 23 iddianamenin birleştirilmesi, "devlet içinde devlet" tavırlarının sergilenmesi, hukuk cinayetlerinin işlenmesi ile aslında hiçbir zaman karanlık olayları aydınlatma gayesinde olmadığını, gerek yargılama sürecinde gerekse 5 Ağustos 2013 tarihinde açıklanan kararla gösterdi. Danıştay Başkanlığı'ndaki görevi başında Sayın Mustafa Yücel Özbilgin'in şehit edilmesinde azmettirici olduğu Ankara'daki Özel Yetkili Mahkemece karara bağlanan kişi beraat ettirildi, değerli aydın ve askerlere ise ceza yağdırıldı.

9 Ekim 2013 tarihinde de, Yargıtay 9. Ceza Dairesi Balyoz davasına ilişkin kararını açıkladı. Daha önce de belirttiğim gibi Balyoz adı verilen dava kullanılarak Türk Silahlı Kuvvetleri'nde bugünün ve yarının komuta kademelerinde yer alabilecek niteliklere sahip personel ordudan uzaklaştırılmış oldu. Sorunun özünü teşkil eden bu noktayı ve emeklilik hakkını kazanamayan genç rütbeli personelin ve özellikle ailelerinin karşı karşıya kalacağı trajik du-

rumu göz ardı ederek yapılan değerlendirmelerin de doğru ve yerinde olmadığını düşünmekteyim. Bu noktada, Avrupa Birliği'nce geçtiğimiz günlerde yayımlanan ilerleme raporuna değinmekte fayda var.

Rapora göre, **"Savcılar tarafından hazırlanan iddianamelerin kalitesi düşüktür ve iddianameler gerekçelerden yoksundur. Savunmanın dava dosyalarına erişimi sınırlıdır. Mahkemelerde tanık ve sanıkların çapraz sorgulamalarına savunmanın katılımı yetersizdir".**

Rapor, Ergenekon olarak adlandırılan davada mahkemenin mahkûmiyet kararlarını aktardıktan hemen sonra da şu saptamayı yapıyor: **"Türk adalet sisteminde yukarıda bahsi geçen defolar, kararın Türk toplumunun bütün kesimleri tarafından kabul görmesini güçleştirmiş ve karar siyasi hesaplaşma iddialarıyla lekelenmiştir."**

Yapılan bu tespitler, Türkiye'de adil yargılama yapılmadığını göstermektedir. Buna rağmen, Türkiye'de bu mahkemelerde adil yargılama yapıldığını söylemek veya düşünmek sadece ve sadece gülünçtür. AB Raporunda da belirtildiği gibi Ergenekon ve Balyoz gibi davalara ilişkin kararlar, toplumun büyük çoğunluğu tarafından kabul edilmedi. Yapılan bir anket de Türk halkının yüzde 70'inin, 26. Genelkurmay Başkanı'na terör örgütü yöneticisi ve darbeci suçlamasını vicdanen ve aklen kabul etmediğini gösteriyor. Çünkü toplum, 26. Genelkurmay Başkanı'nı tanıyor ve hukuk yönünden de internet sitelerini kapattıran kişilerin "kara propaganda" yaptıkları suçlamasıyla cezalandırılmalarına insanların gönülleri hiç razı olmuyor. Her şeyden önemlisi de, bir Genelkurmay Başkanına savcıların "terörist, terör örgütü yöneticisi" iddiasında bulunması, hâkimlerin de bu iddiayı kabul etmesi, iddia konusu cebir ve şiddet kullanarak hükümeti ortadan kaldırmaya veya görevlerini yapmasını kısmen veya tamamen engellemeye teşebbüs suçlamasının doğrudan muhatabının hayret, şaşkınlık ve hatta öfkeyle karşıladığı bu durumu, dış kamuoyu da gülünç ve akıldışı bulmaktadır. Kamuoyunda bu açıdan büyük bir öfke ve isyan vardır. Bu durumdan rahatsızlık duyanlar, kamuoyunu aksi yönde etkilemeye çalışmaktadırlar.

Onlar, 26. Genelkurmay Başkanı'na terörist denilmesinin nedeni olarak TMK'nın 2. maddesini gösterdiler. Oysa bu söylem gerçeği tam olarak yansıtmamaktadır. Çünkü 26. Genelkurmay Başkanı hakkında açılan davada, TCK'nın "silahlı örgüt" başlığı altındaki 314. maddesinden de suçlama bulunmaktadır. Dolayısıyla onların dediği gibi TMK'da yeni bir düzenleme yapılsa bile, 314. maddeden de dava açılmış olması nedeniyle 26. Genelkurmay Başkanı'na "terör örgütü yöneticisi" söyleminde bir değişiklik olmaz. Hakikatler ve halkın tepkisi karşısında çaresiz kalan bazı çevreler, "kara propaganda" yapmakla suçlanan şahsıma karşı insafsızca "kara propaganda" yapmaya devam etmektedirler. İşte bazı örnekler:

2008 yılı Ağustos ayında Genelkurmay Başkanlığı'na atanmam beklenmekteydi. Haziran ayı içerisinde bu atamayı engellemeye yönelik, medya üzerinden, birileri tarafından bir "karalama kampanyası" başlatıldı. 2004 yılında, Genelkurmay 2. Başkanı iken İsrail'e resmi bir ziyaret yapmıştım. Resmi programda Kudüs'teki Ağlama Duvarı ile Mescid-i Aksa'yı ziyaret de yer almaktaydı. Ev sahibinin yaptığı tekliflere uymak ve özellikle inançlarına karşı saygılı davranmak her şeyden önce bir nezaket ve insanlık kuralıdır. 12 Haziran 2008 tarihinde, Kudüs'teki Ağlama Duvarı'nda çekilen fotoğraflar bir gazetede yayımlandı. Osmanlı İmparatorluğu'nun, zamanında tamir ettirerek koruduğu Ağlama Duvarı'nı ziyaret esnasında, Fatiha Suresi'ni okuyarak dua ettik. Daha sonra da Mescid-i Aksa'yı ziyaret ettik. Biz Müslümanlar için ayrı bir önemi olan bu camide dua ederken çekilmiş fotoğraflarımız da var, ancak kendilerinde insanların inançlarını, imanını sorgulama hakkını görenler bu fotoğrafları görmezden geldiler. Ağlama Duvarı'nda çekilmiş bu fotoğrafları kara propaganda amaçları için kullananlar, her sıkıştıklarında bu fotoğraflara dört elle sarıldılar. İftiralarına, hakaretlerine devam ettiler. Hakaret ettikleri kişinin, belki de ilk defa Türk ordusunun en yaygın adlarından birinin de "Peygamber Ocağı" olduğunu dile getirmiş olmasına da kulaklarını tıkadılar; çünkü onlar kör ve sağırdırlar. Bu iftiracıları Allah'a havale etmenin yanında, yasal zeminde de mücadelemiz devam etmektedir ve edecektir. Bu kapsamda, Silivri 2. Sulh Ceza Mahkemesi, 2 Ekim 2013 tarihinde Ağlama Duvarı'nda çekilen fotoğraf üzerinden facebook isimli sitede yapılan hakaret içeren beyanlar nedeniyle yargılanmakta olan üç kişinin, TCK'nın 125. maddesi gereğince "hakaret suçunu" işlediklerinden cezalandırılmaları kararını verdi. Her şeye rağmen Türkiye'de "adalet dağıtan yargıçlar" da var.

Haziran 2008'de maruz kaldığımız ikinci kara propaganda olayı ise ne büyük tesadüftür ki 13 Haziran 2008 tarihinde, yani bir yerlerden adeta bir düğmeye basılmış gibi bir gün sonra gerçekleşti. Dönemin Anayasa Mahkemesi Başkanvekili'nin Şubat 2008'de Irak'ın kuzeyine icra edilen harekât nedeniyle, 4 Mart 2008 tarihinde makamımıza yaptığı nezaket ziyareti, çarpıtılarak 13 Haziran 2008 tarihinde bir gazetede haber oldu. Gerekli açıklama, Genelkurmay Başkanlığı tarafından derhal yapıldı.

Diğer bir örnek ise, Poyrazköy'de yapılan kazılarda gömülü olarak bulunan beş adet boş, kullanılmış Law'a tarafımdan "boru" denildiği iddiasıdır. Bu söylem insanların aklına o kadar yerleştirildi ki, ben bile "boru" tabirini kullandığımı sanıyordum, ta ki daha sonra yapılan bir araştırma sonucunda "boru" tabirini benim değil bir siyasi liderin kullanmış olduğunu öğreninceye kadar. Daha sonra basın toplantısında, "boru" demediğim, *Hürriyet* gazetesinin 16.01.2013 tarihli sayısında haber oldu. "Boru" denmesi suç mudur? Hayır. O zaman rahatsızlığın asıl nedeni nedir? Askerler boş, kullanılmış Lawların bir daha kullanılmayacağını bilir. İşe yaramayacak boş Lawları toprak altına gömmenin anlamsızlığını bilir. O zaman bu boş Lawları oraya kimler gömmüş olabilir? Bu sorunun cevabını aramak yerine, benim "boru" demediğim bilindiği halde hâlâ bu konu üzerinden polemik yapılması en hafif deyimiyle "ahlaksızlıktır!"

Sık kullanılan bir diğer konu da, 26 Haziran 2009 tarihinde yapılan basın toplantısında, iddia edilen "İrtica ile Mücadele Eylem Planı"nın fotokopisine, "kâğıt parçası" denilmesidir. Dikkat edilsin ki, o gün elde bulunan bir fotokopidir. Fotokopiye "kâğıt parçası" denilmesi suç mudur? Hayır. Ancak, ortada sadece bir fotokopinin olması ve bu nedenle Genelkurmay Savcılığı'nın soruşturmasından da doğal ve hukuk çerçevesinde -istedikleri gibi- bir sonuç çıkmaması, yine bazılarını ciddi şekilde rahatsız etmiştir. Kovuşturma esnasında, Genelkurmay Başkanlığı bilgisayarlarında iddia planın bulunmadığı tespit edilmiştir.

Bütün bu haksız itham ve iftiralar yetmiyormuş gibi son günlerde bazıları, 28 Şubat sürecinde yurtdışında görevde olduğum halde benim o süreçte MGK Genel Sekreteri Başyardımcısı olduğumu utanmadan ileri sürdüler. Bu iddialarının da boş çıkması üzerine, daha sonraki yıllarda bulunduğum bu görevde iken, MGK Genel Sekreterliği'ne istihbarat birimlerinden gelen istihbaratı, MGK Genel Sekreteri adına incelenmesi amacıyla ilgili makamlara gönderilmiş olan yazıları karalama amaçlı olarak kullanmaya çalışmaktadırlar.

En son olarak da, bir gazetenin asılsız haberine dayanarak 22 Ekim 1993 tarihinde Tuğg. Bahtiyar Aydın'a "Lice'ye git" emrinin tarafımdan verildiği yalanına dört elle sarıldılar. Tuğg. Aydın, beraberindekilerle Lice'nin güneyinde planlanan bir operasyonu yönetmek üzere saat 6.30-7.30 arasında hava yoluyla Lice'ye intikal etmişti. Operasyon başladıktan sonra, 9.30 civarında Lice olayları başladı. Tuğg. Aydın, saat 11.45'te yaralandı ve maalesef kurtarılamayarak şehit oldu.

Her ne kadar bizlere, yapmadığımız şeyleri yaptınız deseler de, ilgimizin olmadığı ve olamayacağı hususlardan sorumlu tutmaya çalışsalar da, bir fotoğraf veya bir görüşme üzerinden iftira atsalar da, haksızlık ve eziyet etseler de bizleri yıkamayacaklar çünkü bir şeyi unutuyorlar: Bizler "ebedi Başkomutanımız" Mustafa Kemal Atatürk'e gerçekten yürekten inanan ve bağlı olan generaleriz, amiralleriz, subaylarız, astsubaylarız!

BAŞKOMUTAN'A AÇIK MEKTUP

Ebedi Başkomutanım Mustafa Kemal Atatürk,

Cumhuriyet'in Onuncu Yıl Nutku'nda söylemiş olduğunuz, "Az zamanda çok ve büyük işler yaptık. Bu işlerin en büyüğü, temeli Türk kahramanlığı ve yüksek Türk kültürü olan Türkiye Cumhuriyeti'dir. Bundaki başarıyı, Türk milletinin ve onun değerli ordusunun bir ve beraber olarak, azimkârane yürümesine borçluyuz" şeklindeki sözlerinizin, bugünlerde daha çok anlam ve önem kazandığını görmekteyiz, idrak etmekteyiz.

Bu sözleriniz bir gerçeği ortaya koymaktadır: Başarının sırrı, Türk milleti ile onun bağrından çıkan Türk ordusunun bir ve beraber hareket etmesidir. Bu gerçekten hareket ederek hayatınız boyunca, Türk milletinin desteği ve sevgisi olmadan Türk ordusunun, güçlü Türk ordusu olmadan da Türk milletinin varlığını sürdüremeyeceğine inandınız. Bu nedenle de, her zaman Türk ordusunun sizin gönlünüzdeki yeri bambaşka olmuştur.

Öyle ki, 29 Ekim 1938 tarihinde Cumhuriyet Bayramı nedeniyle, son yazılı mesajınızı Türk ordusuna verdiniz. Elbette, bunun özel bir anlamı vardır. Başvekil Celal Bayar tarafından Ankara Hipodromu'nda okunan mesajınızda Türk ordusuna şöyle hitap ettiniz:

"Zaferleri ve mazisi insanlık tarihi ile başlayan, her zaman zaferlerle beraber medeniyet nurlarını taşıyan kahraman Türk ordusu! Büyük Türk milletinin huzurunda kahraman ordu, sana kalbi şükranlarımı beyan ve ifade ederken, büyük ulusumuzun iftihar hislerine de tercüman oluyorum."

Başkomutanım,

Sizin bu duruşunuza karşı, Cumhuriyet'in 90. yılına girdiğimiz bugünlerde esefle ve üzüntüyle görüyoruz ki, bazı çevreler, asılsız iddialarla Türk ordusunu ve onun personelini Türk milletinin gözünde karalamaya ve itibarsızlaştırmaya çalışmaktadır. Aslında saldırılan sizsiniz, sizin eserleriniz.

Amaç, Türk milleti ile ordusunun arasındaki, sizin özenle kurduğunuz tarihi bağı kopararak Türk Silahlı Kuvvetleri'nin gücünü kırmaktır. Ancak, bu tarihi ilişkinin mayası o kadar sağlamdır ki, Türk milletinin büyük çoğunluğu, yargı eliyle Türk ordusuna karşı yürütülen bu uygulamalara karşıdır ve tepkilidir.

Azim Başkomutanım,

Bir konuşmanızda bizlere "Hayat demek mücadele ve müsademe demektir" demiştiniz. Başkomutanının izinden giden ve gücünü Türk milletinden alan Mustafa Kemal Atatürk'ün askerlerini hiçbir güç yıkamaz! Size ve eserlerinize olan bağlılıktan vazgeçiremez!

Aziz hatıran önünde saygı ve şükranla eğiliriz. Ruhun şad olsun...

SOKRATES'İN TARİHİ SAVUNMASI

Atina demokrasi tarihinin en karanlık noktalarından biri, kuşkusuz MÖ 399'da Sokrates'in ölüme mahkûm edilmesidir. Kendisini suçlayanların bile onun dürüst, özverili ve yasalara saygılı bir insan olduğunu bildikleri halde bu mahkûmiyet kararının verilmesi günümüze kadar konuşulan bir konu olmuştur. Sokrates, kentin inandığı tanrılara inanmamakla ve gençleri yoldan çıkarmakla suçlanmıştı. Sokrates savunmasını kendisi üstlenmiştir. Ve savunmasına şu sözlerle başlamıştır:

"Atinalılar, beni suçlayanların sizi nasıl etkilediğini bilemiyorum. Ama öyle ikna edici konuşuyorlardı ki, az kalsın ben bile kim olduğumu unutacaktım. Buna karşın, tek bir doğru laf etmediklerini söylemem gerekir."

Savunmasının devamında değindiği bazı noktalar ise şunlardır:

"Bugün yetmiş yaşımda, ilk kez mahkeme önüne çıkıyorum ve bu nedenle de burada kullanılan dile tamamen yabancıyım.

Kıskançlıkları ve iftiralarıyla sizi ayartanlarla ya da kendileri ikna oldukları için sizi de ikna etmeye çalışanlarla baş etmek zordur.

Alıngan, saldırgan ve çok sayıda olduklarından ve ısrarla ikna edici şekilde aleyhimde konuştuklarından, eskiden olduğu gibi, bugünlerde de kulaklarınızı ağır iftiralarla dolduruyorlar.

Daha önce de söylediğim gibi, hemen hemen hiçbir doğru söz çıkmadı ağızlarından. Onları, sorular yöneltmek üzere buraya çağıramam.

Yasaları ihlal etmediğim konusunda kendimi uzun uzadıya savunmama gerek yok sanırım.

Eğer mahkûm edilirsem, beni mahkûm ettirecek suçlamalar değil, iftiralar ve haset olacak. Bildiğiniz gibi, iftirayla haset başka birçok dürüst insanı mahvetti ve mahvetmeye devam edecek sanırım.

Kötülerin iyilere zarar vermesi doğru ve adil değildir.

Yargıçlara yalvararak beraat etmeye çalışmak bana pek adil gelmiyor.

Yargıç adaleti lütuf gibi dağıtmak için değil, yasalara göre hüküm vermek için o mevkiye getirilir. Hatta hoşuna gidenlere lütufkâr davranacağına değil, yasalara göre karar vereceğine yemin eder.

Sokrates adında bir bilge, gökyüzündeki olaylarla ilgileniyor, yeraltını araştırıyor ve önemsiz lafı önemli gösteriyormuş. Atinalılar, beni suçlayanların en tehlikelileri işte bu söylentileri yayanlardır; çünkü onları dinleyenler böyle uğraşları olanların tanrılara inanmadıklarını sanıyor.

Atinalılar, tanrıların varlığına, beni suçlayan herkesten daha çok inanıyorum. Benim ve sizin için en iyi sonuçları verecek şekilde hakkımda hüküm vermeyi de size ve tanrıya bırakıyorum."

Sokrates, mahkemenin suçlu olduğuna hükmetmesinden sonra kürsüye çıkar ve ikinci konuşmasını yapar. Değindiği bazı noktalar şöyledir:

"Yoksa bir para miktarı belirleyerek para cezasını ödeyene kadar zindanda kalmayı mı yeğlemeliyim? Ancak, cezayı ödeyebilecek param yok. O zaman sürgünü teklif edeyim! Bu cezayı belki de kabul edersiniz. Ama bunu teklif etmek için fazlasıyla canıma düşkün ve yurttaşım olan sizlerin felsefi arayışlarımla sözlerime katlanamadığını, rahatsız olup kızdığını ve onlardan kurtulmak istediğini göz ardı edecek kadar düşüncesiz olmam gerekir. Kendimi şimdi savunduğum şekilde savunduktan sonra ölmeyi, yalvarıp yakararak ölümden kurtulmaya yeğ tutarım."

Sokrates, mahkeme tarafından ölüme mahkûm edildikten hemen sonra tekrar konuşur. Sözlerinden bazı noktalar şöyledir:

"Atinalılar, yaşımı görüyorsunuz daha şimdiden hayata uzak ve ölüme yakınım.

Bunları herkese değil, sadece ölmem için oy kullanan yargıçlara söylüyorum. Benden büyük memnuniyetle duymayı beklediğiniz sözleri söylemediğim için mahkûm oldum. Ağlayıp dövünmedim ve başkalarından duymaya alışkın olduğunuz ama bana yakışmayan şeyler yapıp söylemedim. Ölümden sakınmak o kadar zor değildir, zor olan kötülükten sakınmaktır.

Beni ölüme mahkûm ederek hayatlarınızın hesabını vermekten kurtulacağınızı sandınız, ancak size söylediğim gibi tam tersiyle karşılaşacaksınız.

İnsanları öldürerek, sizi doğru yaşamamakla suçlayacak birilerinin ortaya çıkmasını engelleyeceğinizi sanıyorsanız, yanılıyorsunuz. Başkalarının sizi eleştirmesini engellemek yerine, mümkün olduğunca daha iyi olmaya çalışmalısınız."

Sokrates konuşmasını şu cümle ile tamamlar:

"Artık ayrılma vakti geldi çattı. Ben ölmeye, sizler de yaşamlarınızı sürdürmeye gidiyorsunuz. Hangisinin daha iyi olduğunu sadece tanrı bilebilir."

279

Sokrates, savunmasında her zaman yasalara saygılı olduğunu ve herhangi bir suç işlemediğine inandığını söylemiştir. Ancak onun, hayatta kalabilmek için yalvarıp yakarmaması, pişmanlık belirtileri göstermemesi, af dilememesi üzerine yargıçlar onu suçlu bulmuşlardır. Herhalde, Sokrates yargıçların nasıl bir karar vereceğini en başından beri tahmin ediyordu. Atina'da mahkemelerde "sayın yargıçlar" hitabı kullanılıyordu. Ancak, Sokrates yargılarına güvenmediğini belirtmek için mahkemede bilinçli olarak 44 kez "Atinalılar" hitabını kullanmıştır. Yalnızca mahkeme kararının açıklanmasından sonra, kendisi lehine oy kullanan yargıçlara hitaben 4 kez "sayın yargıçlar" hitabını kullanmıştır.

Sokrates'in yargılanmasının üzerinden neredeyse 2.400 yıl geçmiş. 2.400 yıl geçmiştir de, bugün ülkemizde yargıda yaşanan olaylar, ülkemizi 2.400 yıl öncesine mi yoksa olması gereken 2.400 yıl sonrasına mı getirmektedir?

Yorum sizlere aittir...

MAHKEMENİN ÖNEM TAŞIYAN BELGELERİ İNCELEMEDEN KARAR VERMESİ

28 Kasım 2013 tarihinde, bir gazetede "Gülen'i Bitirme Kararı 2004'te MGK'da Alındı" başlıklı bir haber yer aldı.

Haberde "MGK'nın 25 Ağustos 2004 tarihinde yapılan toplantısında Türkiye'deki Nurculuk faaliyetleri ve Fethullah Gülen konusunun gündeme geldiği, bu konuda bir eylem planının hazırlanmasının uygun görüldüğü ve konuya ilişkin tavsiye kararının hükümete bildirilmesine karar verildiği" belirtilmektedir.

Bu haber Türkiye'nin gündemine oturdu. Söz konusu MGK kararının uygulanmadığını ileri süren açıklamalar üzerine aynı gazetede, 30 Kasım 2013 günü "Uygulaması Var" başlığıyla bir haber daha çıktı. Bu haber ise Başbakanlık'ın 28 Ekim 2004 tarihli Ek Eylem Planı-1 ve 17 Mart 2005 tarihli Ek Eylem Planı-2'ye ilişkindi.

Genelkurmay Başkanlığı, İnternet Andıcı soruşturması aşamasında İstanbul Cumhuriyet Başsavcılığı'nın internet siteleriyle ilgili bilgi istemesi üzerine, 26 Ekim 2010 tarihli bir yazı gönderdi. Yazının Ek-A'sında "Konu ile ilgili bilgi içerebileceği düşünülen direktif, genelge ve MGK kararlarının" listesi vardı. Oldukça uzun olan listede, Milli Güvenlik Kurulu'nun 25 Ağustos 2004 tarihli kararı ile 28 Ekim 2004 tarihli Ek Eylem Planı-1 ve 17 Mart 2005 tarihli Ek Eylem Planı-2 de vardı.

İnternet Andıcı davası duruşmasının başlangıcında Av. İlkay Sezer, 16 Eylül 2011 tarihinde mahkemeye bir dilekçe verdi. Dilekçede "Başbakanlık Müsteşarlığı'na müzekkere yazılarak Genelkurmay Başkanlığı'nın 26 Ekim ve 30 Aralık 2010 tarihli yazılarında bazı karar ve direktiflere atıfta bulunulması dolayısıyla; soruşturma aşamasında istenmemiş ya da istenmiş olmasına rağmen gönderilmemiş olanların gönderilmesi ve ayrıca MGK Genel Sekreterliği'nden de Bölücü Faaliyetlere Yönelik Eylem Planı Uygulama Direktifinin istenmesi" talebi yer almaktadır.

Bu talebi kabul eden mahkeme, 22 Eylül 2011 tarihinde Genelkurmay Başkanlığı'nın yazılarını da ek yapmak suretiyle, Başbakanlık Müsteşarlığı'na müzekkere yazarak aralarında 25 Ağustos 2004 tarihli MGK kararı ile 28 Ekim 2004 ve 17 Mart 2005 tarihli eylem planlarının da bulunduğu ilgili yazıların ve eklerinin onaylı suretlerinin gönderilmesini istemiştir. **Ancak, mahkemenin bu ara kararının bugüne kadar yerine getirilmediği, mahkemenin de talebini yinelemediği anlaşılmaktadır.**

Milli Güvenlik Kurulu Hukuk Müşavirliği'nin getirdiği ve mahkeme heyetince incelenen "Bölücü Faaliyetlere Yönelik Eylem Planı Uygulama Direktifi"nin Genelkurmay Başkanlığı'na internet üzerinden yayın yapması görevini verdiği görülmüş ve bu husus tutanağa geçirilerek dosyaya alınmıştır.

Hatırlanacağı üzere mahkeme, 30 Aralık 2011 tarihinde yapılan duruşmada 26. Genelkurmay Başkanı hakkında suç duyurusunda bulunmuştur. Suç duyurusunda bulunulmasının nedeni ise 07 Eylül 2012 tarihli duruşmada üye hâkim tarafından açıkça ifade edildiği gibi İnternet Andıcı'dır. Bu andıcın ne olduğu kamuoyuna birçok kez açıklanmıştır.

İstanbul 13. Ağır Ceza Mahkemesi 05 Ağustos 2013 tarihinde davaya ilişkin nihai kararını açıklamıştır. **Mahkeme, kararını**

Başbakanlık Müsteşarlığı'ndan istediği ancak dosyaya gelmeyen direktif ve kararları incelemeden vermiştir. Milli Güvenlik Kurulu Genel Sekreterliği'nden istenilen "Bölücü Faaliyetlere Yönelik Eylem Planı-2006"nın 45 no.lu tedbiri ile **Genelkurmay Başkanlığı'na internet faaliyetlerinde bulunma görevinin verildiği dikkate alınırsa, eksik inceleme ile verilmiş olan kararın vahameti net olarak ortaya çıkmaktadır.** Bu durum, adil yargılama yapılmadığının bir kez daha ortaya koyulması açısından çok önemlidir, hayatidir. İnsanlar hakkında müebbet hapis cezası dahil en ağır cezalar verilmiştir. Mahkemenin kararını açıklamasının üzerinden neredeyse dört ay geçmesine rağmen "Gerekçeli Karar" hâlâ ortada yoktur. Söylentiler, gerekçeli kararın çıkması için bir dört ay daha geçeceğini göstermektedir. Ancak, insanların cezaevlerinde tutuklulukları devam etmektedir. Bu vahim tablo karşısında yetki ve sorumluluk taşıyan Hâkimler ve Savcılar Yüksek Kurulu'nun, Yargıtay Başkanlığı'nın ve Anayasa Mahkemesi'nin ne düşündüğü merak edilmektedir? Kulaklarını tıkayıp, sessizliklerini koruyacaklar mıdır? Yoksa duruma müdahale ederek vicdanları kanatan, Türkiye'de adalet sistemini yerle bir eden bu gibi durumlara karşı tavır mı alacaklardır?

"SEHVEN" İŞLENEN BİR HUKUK CİNAYETİ DAHA VAR!

Av. İlkay Sezer'in talebi üzerine İstanbul 13. Ağır Ceza Mahkemesi, 17 Eylül 2011 tarihinde, Başbakanlık Müsteşarlığı'na bir müzekkere (resmi yazı) yazarak Genelkurmay Başkanlığı'nın 26 Ekim ve 30 Aralık 2010 tarihli yazılarında yer alan ve internet siteleriyle ilgili bilgileri içerebileceği düşünülen direktif, genelge ve MGK kararlarının istenilmesine karar verdi.

Başbakanlık Müsteşarlığı'na gönderilen 22 Eylül 2011 tarihli müzekkere, Başbakanlık Müsteşarlığı tarafından herhangi bir işlem yapılmaksızın 06 Ekim 2011 tarihinde Genelkurmay Başkanlığı'na gönderildi. Bundan sonra ne olduğu ise Genelkurmay Adli Müşavirliği'nin 17 Ekim 2011 tarihli, İstanbul 13. Ağır Ceza Mahkemesi'ne gönderdiği yazıdan açık ve insanları hayrete düşürecek şekilde anlaşılmaktadır. Yazıda şunlar denilmektedir:

İstanbul 13. Ağır Ceza Mahkemesi Zabıt Kâtibi -ismi yazıda yer almaktadır- ile Genelkurmay Adli Müşavirliği arasında geçen telefon konuşmasında zabıt kâtibi şöyle demiştir:

"Başbakanlık Müsteşarlığı'na gönderilen 22 Eylül 2011 tarihli müzekkere 'SEHVEN' yazılmıştır. İşlemsiz olarak iade ediniz."

Bu konuşma cereyan ederken, İstanbul 13. Ağır Ceza Mahkemesi'nin bu konuya ilişkin olarak aldığı ara karar ortadadır, kalkmamıştır. Daha sonra durum 13. Ağır Ceza Mahkemesi'nin 27 Ekim 2011 tarihli tutanağına da şöyle geçmiştir:

"17 Eylül 2011 günü alınan ara karar gereği, Genelkurmay Başkanlığı'na yazılan yazıya MUAMELETEN cevap verildiği görüldü."

Uygulamada "MUAMELETEN" ifadesinin, talebin karşılanmadığı ancak bir işlem yapıldığını ifade etmek için kullanıldığı bilinmektedir. Mahkemeye göre ise konu kapanmıştır. Ama nasıl? Mahkeme, verdiği ara karar ortadayken **Başbakanlık Müsteşarlığı'na gönderdiği yazıya "SEHVEN" yazılmış demiş ve bu yazının işlem yapılmaksızın iadesini** istemiştir. Ortada çok vahim bir hukuk ihlali vardır. Aşağıda belirtilen konulara mahkemenin açıklık getirmesi ve Türkiye'deki değerli hukuk adamlarının da bu konuyu değerlendirmesi gerekmektedir:

a. Bir Mahkeme ara karar verip, bu kararının gereği olarak ilgili makama bir müzekkere gönderdikten sonra, konuya ilişkin almış olduğu karar ortada dururken, gönderdiği müzekkerenin telefon ile "SEHVEN" yazıldığını ve işlem yapılmadan iade edilmesini hangi hakla ve yetkiyle isteyebilir? Böyle bir durum daha önce acaba yaşanmış mıdır?

b. Mahkemeyi bu şekilde hareket etmeye sevk eden nedenler nedir?

c. Genelkurmay Başkanlığı tarafından "İnternet Andıcı"yla ilgili olabileceği değerlendirilen ve incelenmesi gerektiği belirtilen söz konusu direktif, genelge ve MGK kararları görülmeden, incelenmeden 26. Genelkurmay Başkanı hakkında 13. Ağır Ceza Mahkemesi, 30 Aralık 2011 tarihinde nasıl suç duyurusunda bulunabilir? Tutuklama kararı nasıl alınabilir?

d. İşin daha da vahim olan noktası, başta İnternet Andıcı sanıkları olmak üzere, Ergenekon davası olarak bilinen davanın diğer sanıklarının da durumlarını etkileyebilecek söz konusu direktif, genelge ve MGK kararları 13. Ağır Ceza Mahkemesi tarafından görülmeden, incelenmeden, "EKSİK İNCELEME" yapılarak 5 Ağustos 2013 tarihinde nasıl nihai kararını verebilir? **Ortada, akıl tutulmasına neden olabilecek, yasal olarak yapılan bir işlemin "SEHVEN" yapıldığı telefonla söylenerek işlenen bir "hukuk cinayeti" vardır.** Mahkemenin kararını açıklamasının üzerinden dört ay geçti. "Gerekçeli Karar" hâlâ ortada değil. Daha ne kadar zaman geçeceği de belli değil. Bu vahim tablo karşısında yetkili ve sorumlu makamlar çok kere yaşandığı gibi yine "Bu sorunlar temyiz sürecinde çözülebilir, ne olacak. Suçsuz insanlar biraz daha cezaevlerinde yatmaya devam etsinler, ömürlerini tüketsinler, bundan ne çıkar" mı diyecekler?

Tüm bunların üzerine bizler de "Adalet Mülkün Temelidir" sözünün Türkiye'de anlamsız bir tekerlemeye dönüştüğünü haykırırsak acaba sesimizi duyanlar olur mu? Doğrusu çok merak ediyorum!...

FOTOĞRAFLAR

DİZİN

302